中国市场营销
道德问题与反思

宁德煌　马　琳　著

云南科技出版社
·昆　明·

图书在版编目（CIP）数据

中国市场营销道德问题与反思 / 宁德煌，马琳著．
昆明：云南科技出版社，2024. 6. -- ISBN 978-7-5587-5362-6

Ⅰ. F713.50

中国国家版本馆 CIP 数据核字第 2024LD9526 号

中国市场营销道德问题与反思

ZHONGGUO SHICHANG YINGXIAO DAODE WENTI YU FANSI

宁德煌　马　琳　著

出 版 人：温　翔
责任编辑：王　韬
封面设计：常继红
责任校对：孙玮贤
责任印制：蒋丽芬

书　　号：ISBN 978-7-5587-5362-6
印　　刷：昆明瑆煋印务有限公司
开　　本：787mm × 1092mm　1/16
印　　张：15.5
字　　数：285 千字
版　　次：2024 年 6 月第 1 版
印　　次：2024 年 6 月第 1 次印刷
定　　价：60.00 元

出版发行：云南科技出版社
地　　址：昆明市环城西路 609 号
电　　话：0871-64192372

目　录

CONTENTS

第四章 目标市场营销战略中的营销道德问题与反思

第五章 产品策略中的营销道德问题与反思

第六章 定价策略中的营销道德问题与反思

第七章 分销策略中的营销道德问题与反思

第八章 促销策略中的营销道德问题与反思

第一章 营销道德及其准则

第一节 道 德

在《牛津哲学词典》中，道德（ethics）是指对实践推理中涉及的相关概念的研究，这些概念有：善行、权利、责任、义务、美德、自由、理性、选择。

在《现代汉语词典》（第5版）中，道德是指社会意识形态之一，是人们共同生活及其行为的准则和规范。道德通过人们的自律或通过一定的舆论对社会生活起约束作用。

经济学家茅于轼教授认为："道德是人类社会特有的，是调剂人与人的社会关系的准则。人懂得约束自己，所以人类社会才有道德。" "道德是一种鼓励人们向上的积极力量，它促使人们去关心别人。" "道德是现代社会的稳定剂。" "简言之，道德是为了大家的利益而要求牺牲自己一时利益的行为规范。"

茅于轼教授认为：道德有两个重要属性，即"公共服务"和"社会共识"。①道德是一种公共服务。道德是一种公共服务，"可以认为道德是个人和社会的单方面的不成文的契约。契约内容是我愿意为社会提供道德服务。如果社会上每一个人都作出同样的承诺，此种契约隐含的一个结果是我可以享受社会为我提供的道德服务"。"道德是一种公共服务，它的反面是缺乏道德，这成为社会的祸害"。②道德是社会的共识。"道德是社会的共识这一说法包含两层意思：首先，道德的判据是社会的长远利益，而且这个社会包含的范围越大，判据越是具有支配性；其次，道德的是非判断不是单个人的认识，而是全社会的或至少是社会绝大部分成员的认识。" "仅就道德的基本要素而言，如仁爱、诚实、守信、慷慨、宽容等，则是全人类应有的共同的道德信仰。" "由于道德是一种共识，它是每个人发自内心的是非判断，丝毫也不受来自外界的强制性，也正因为这样，道德才具有不可规避的约束力”。“诚实和知耻是道德要素中带有根本性的重要组成部分。正因为每个人都能作出自己的道德判断，如果他又是诚实和知耻的，他就会受到很强的道德约束”。“道德是非的判断在很大程度上是理性判断，而道德的实践则纯属价值判断，即他如何评价自身利益与众人利益的轻重”。

第二节 道德和法律的关系

在《现代汉语词典》（第5版）中，法律是指由立法机关或国家机关制定，国家政权保证执行的行为规则的总和。包括宪法、基本法律、普通法律、行政法规和地方性法规等规范性文件。

道德是法律的基础，法律是道德的保障。二者互相促进、互相配合、互相补充。

法律的规定原则上不可违反道德准则，否则这种法律就成为非正义的。

法律是国家制定或认可的，而道德则是在社会生活中自发形成的。

法律，由国家强制力保障实施，有强大的暴力机关在背后做后盾。道德，由社会舆论及人们的自律等来维持实现。但往往，舆论的压力是直击人心的。合法的行为不一定合乎道德，而违法的营销活动也不一定就是违反道德的，如表1–1所示。

表1–1 道德和法律

	道德	不道德
合法	合法且合乎道德	合法但不道德
违法	违法但合乎道德	违法且不道德

（资料来源：（英）史蒂芬·达尔.社交媒体营销：理论与实践[M].北京：清华大学出版社，2019：173）

“违法但合乎道德”的典型的案例是陆勇案（电影《我不是药神》原型）。需要长期服用抗癌药品的陆勇从海外购买抗癌药并帮助其他病友代购药物，一度因违反国家药品管理法被起诉涉嫌销售假药。在当时国内抗癌药品昂贵的情形下，陆勇的行为客观上延续了很多人的生命，被患者视为“药神”。虽然最终法院认定其行为不构成销售假药罪，但陆勇购买和帮助他人购买未经批准进口的抗癌药品的行为还是违反了《中华人民共和国药品管理法》（2013年修正）的相关规定。

“合法但不道德”的案例广泛存在。在某些国家和地区代孕市场合法，但其将女性和孩子商业化的方式有悖人类伦理，还给女性健康和生命权带来潜在危险。再比如在我国食品制造领域，部分企业为了降低成本，利用法律真空和标准缺失的空档以最低标准进行原料采购和食品加工、销售。现行法规对牛肉丸产品的牛肉含量没有要求，市场上以“牛肉丸”命名的产品品质参差不齐，其生产、销售虽然符合法规要求但是对消费者明显不公平。按照该类产品行业标准《速冻调制食品》（SB/T 10379—2012），牛肉丸只要符合最低8%的牛肉成分要求，还可以添加猪肉、鸡肉、鸭肉等肉类成分。2016年，国内首个牛肉丸食品安全地方标准——《广东省食品安全地方标准 汕头牛肉丸》（DBS 44/005—2016）明确规定：只有牛肉含量大于90%的牛肉丸，才能叫“汕头牛肉丸”；2021年，潮州发布《潮州牛肉丸团体标准》（T/CZBXBZ 01—2021），标准中明确规定：牛肉丸中牛肉含量不少于80%，且不含其他动物肉才能叫“潮州牛肉丸”。

经济学家茅于轼教授认为：“不自私和不损人是道德和法律的界限。道德的底线要求不损人，它的高标准要求人们不自私，而法律只要求不损人。”“不损害别人的行为尽管不犯法，但其仍旧有是非善恶之分”。

中国社会科学院研究生院张曙光教授认为：“道德要求可以有三个不同的层次：第一个层次是单纯的为己利己的自利行为，既不损人也不利人，这是最低的和起码的道德要求；第二个层次是为己利人，或利己利人的互利行为，这是最普遍的道德要求；第三个层次是为人利人，无私奉献，这是最高的道德理想和道德要求。”

法律是最低限度的道德，法律其实是对人最低的道德要求。法律只制裁严重违反道德的行为，对轻微的违反道德，由社会进行评价和道德制裁。

法律是成文的道德，道德是内心的法律。法律是社会主义道德的底线和后盾，凡是法律禁止的，通常也是社会主义道德反对的；凡是法律鼓励的，通常也是社会主义道德支持的。社会主义道德是法律的高线和基础，是法律具有合理性、正当性与合法性的内在依据。法律的价值、精神、原则等大多建立在社会主义道德的基础上，道德所要求或者禁止的许多行为，往往是法律作出相关规定的重要依据，而多数调整社会关系和规范社会行为的立法，都是道德法律化的结果。法安天下，德润人心。国家法律和社会主义道德都具有规范社会行为、调节社会关系、维护社会秩序的作用，在国家治理中都有其地位和功能。

北京航空航天大学高全喜教授认为：法律与道德不可偏废。对于一个社会、一个国家来说，提升人们的道德修养十分重要，制定法律规则同样重要。法律与道德二者各有各的边界，道德是道德，法律是法律，它们有各自发挥作用的范围，是完全不同的两个范畴，不能简单偏重于某一个方面。对于法律规则来说，无论是国家立法机关制定的法律，还是社会习俗演化而成的法律，都适用于社会公共行为领域。在法律规则管辖的公共领域，维护社会正义、任何人不得侵犯他人权利是根本要求。而道德更多涉及个人内心的自我修为，它可以高标特立，但只能针对自己，不能强迫他人。因此，法律以公共利益为指针，道德以效法圣贤为理想；法律讲求的是底线与正义，道德追求的是高尚人格。

上海政法学院谢可训教授认为：道德是自律的不成文的规范，较为笼统不确定；法律是他律的成文规范，相对稳定明确。道德是法律背后的民族精神，处于潜意识层面，是不假思索而即时反应的，不懂法者也有其道德判断；法律是民族精神的具体呈现，居于意识层面，是经深思熟虑而反应滞后的，是结合道德判断做出的综合分析评判。法律强调理性和正义，仰仗暴力防人作恶；道德诉诸良知和舆论，依赖情感引人向善。道德是属于普罗大众的常识，常识人人都有；法律是由精英主导形成的知识，须由研习得来。常识不等于知识，知识来源于常识而高于常识，法律也有常人难以理解的专业性，但法律不能够悖于常理、常识、常情。道德是法律存在的基础和运行的背景，贵能防患于未然；法律是维护社会正义的最后一道防线，重在事后补救。法律和道德虽大幅度地吻合，但不可能也不应该完全重合，两者各有短长，须相辅为用而不可偏废。

目前，我国立法机关或国家机关制定的与市场营销相关的法律、法规和管理办法共 21 部，即：《中华人民共和国消费者权益保护法》《中华人民共和国个人信息保护法》《中华人民共和国反不正当竞争法》《中华人民共和国反垄断法》《中华人民共和国商标法》《中华人民共和国产品质量法》《中华人民共和国食品安全法》《中华人民共和国价格法》《中华人民共和国电子商务法》《中华人民共和国广告法》《中华人民共和国刑法》《中华人民共和国民法典》《中华人民共和国著作权法》《中华人民共和国个人所得税法》《中华人民共和国税收征收管理法》《直销管理条例》《禁止传销条例》《网络直播营销管理办法（试行）》《互联网广告管理办法》《互联网信息服务算法推荐管理规定》《国务院反垄断委员会关于平台经济领域的反垄断指南》等。我国商业立法管制有三个主要的目的：保护消费者免受不正当商业行为侵害，保护公司免受不公平竞争和保护社会利益免遭不受控制的商业行为的损害。

第三节　营销道德

20 世纪 60 年代，《哈佛商业评论》（Baumhart, 1961）刊登了对商业经理人道德实践的早期研究，对商业道德的研究开始流行起来。后来，商业道德成为研究的一个单独领域，重点放在组织的公共责任和启动早期实验，以衡量不同政策和环境条件下不道德的决策行为。其中，“公司内最经常受到道德滥用指控的职能是营销”。

在《牛津市场营销学词典》中，营销道德（marketing ethics）是指进行营销实践时要遵循的准则和规范。商业丑闻会使一家行为不道德的公司在市场声誉上受到损害。不道德营销的例子，包括：①欺骗性广告，例如，向潜在客户的广告受众承诺一些无法真正交付的东西，或在关键信息方面用“小字体”印刷，这种合法而不符合营销道德的事情。②误导性销售宣传资料或销售策略，尤其是高压销售，迫使人们在没有“冷却”期的情况下购买。③价格垄断或卡特尔式串通，例如，飞机票价、手机收费或石油价格。④不公平地攻击竞争对手，例如，对竞争对手产品质量或性能进行误导性指控。⑤通过欺骗手段获取竞争对手的信息，例如，与竞争对手的员工进行假工作面试，目的只是从他们那里获取竞争对手信息。

美国著名营销学家菲利普·科特勒教授认为，一些商业行为是明显不道德或不合法的。这些行为包括贿赂、窃取商业秘密、虚假欺骗性广告、排他性销售、捆绑协议、质量或安全问题、虚假质保、错误标签、价格操纵或者非法歧视、进入壁垒和掠夺性竞争。

企业必须拟定并宣传一份明文规定的道德守则，建立合乎道德的企业行为传统，并督促其员工对道德和法律条文的遵守全权负责。过去，1 个不满意的顾客可能会向 12 个人抱怨某公司不道德或表现很差；今天，通过互联网，他或她可以告诉上千人。

菲利普·科特勒提出了可持续营销理论。可持续营销（sustainable marketing）要求企业承担对社会和环境的责任，既要满足顾客和企业的当前需求，也要满足顾客和企业的未来需求。

良好的营销道德规范是可持续营销的基础。从长远来看，不道德的市场营销行为会伤害顾客和整个社会的利益。而且，最终它会毁掉企业的声誉和效率，进而危及企业的生存。因此，只有实施符合道德规范的市场营销行为才能实现可持续营销，达到维护长期顾客关系和企业利益的目的。

第四节 营销道德准则

正视营销中广泛存在的道德风险，消除营销道德风险产生的环境，才能有效降低交易成本。尽管营销学界对于营销道德并没有统一的定义，基于消费者视角和基于企业视角的企业营销道德判断均要求企业从事的营销活动应该符合道德行为准则。

经济学家弗里德曼提出，企业应在法律和基本的道德准则约束下追求利润，在良好的法律保障及自由市场秩序下，参与市场经济活动的主体可以平等参与交易、分工和合作，从而在满足自己利益的同时促进他人乃至社会的整体利益。

在营销领域，无知和冲突是道德行为的两个主要阻碍。有良知的市场营销人员面临着许多道德困境，常常不知道怎样处理才最好。由于不是所有的管理者都具有很高尚的道德观，因此，企业需要制定营销道德准则，即企业所有员工都必须遵守的主要准则。这些准则应该包括经销商关系、广告标准、客户服务、定价、产品开发和一般的道德准则等。

一、市场营销协会道德准则

许多行业和专业协会已经制定出道德准则，而且许多企业正在采用它们自己的准则。例如，美国营销协会（American Marketing Association，简称AMA）（本书著者注：一个由营销经理和学者们组成的国际性协会）就制定了一套道德准则，号召市场营销人员遵守以下道德准则，如表 1-2 所示。

表 1–2　美国营销协会道德准则

美国营销协会道德准则

美国营销协会的成员承诺遵守有道德的专业行为。他们一起签署了本道德准则，包括下列主题：

营销人员的责任

营销人员必须对其行为的后果承担负责，并尽一切努力确保他们决定、建议和行为能够识别、服务和满足所有相关公众：顾客、组织和社会。

营销人员的专业行为必须遵循以下职业操守：

1. 职业道德的基本准则：决不故意伤害。

2. 遵守所有适用的法律和法规。

3. 准确反映他们的教育、培训和经验。

4. 积极支持、实践和推广本道德准则。

诚实与公平

营销人员应当通过以下方式维护和提升市场营销职业的诚实、名誉与尊严：

1. 诚实地为消费者、客户、员工、供应商、分销商和公众服务。

2. 未经事先通知所有相关方，不得故意参与到利益冲突之中。

3. 建立公平的收、支费用明细表，包括日常的、惯例上的和 / 或合法的营销交换报酬。

各方在营销交换过程中的权利与责任

营销交换过程的参与者应当能够期望：

1. 所提供的产品和服务是安全的，并适合他们的预期用途。

2. 关于所提供的产品和服务的传播不具有欺骗性。

3. 所有各方都打算真诚地履行其财务和其他义务。

4. 存在合适的内部方法，以公平调整和 / 或补偿有关购买的不满。

营销人员除了上述责任以外，还存在下列各项责任：

在产品开发和管理方面：

* 披露与产品或服务使用相关的所有重大风险。

* 标明任何可能在物质上改变产品或影响购买者购买决策的产品成分替代品。

* 标明需额外收费的产品附加特性。

在促销方面：

* 避免虚假的和误导性的广告。

* 拒绝高压操纵或误导性销售策略。

* 避免使用欺骗或操纵手段做销售促进。

续表 1-2

美国营销协会道德准则 美国营销协会的成员承诺遵守有道德的专业行为。他们一起签署了本道德准则，包括下列主题：
在分销方面： * 不为了开拓市场的目的而操纵产品的可用性。 * 不在营销渠道中采用胁迫手段。 * 不对经销商选择经营的产品施加过多的影响。 在定价方面： * 不参与价格垄断。 * 不实行掠夺性定价。 * 披露与任何购买相关的全价。 在营销调研方面： * 禁止打着进行营销调研的幌子进行销售或筹款。 * 通过避免歪曲事实和遗漏相关营销调研数据，来保持研究的完整性。 * 公平对待外部客户和供应商。 **组织关系** 营销人员应该意识到他们的行为可能会影响或影响到组织关系中其他人的行为。他们不应该要求、鼓励或使用胁迫手段，以在与他人（如员工、供应商或客户）的关系中达到不道德的目的。 ①在涉及特权信息的职业关系中实行保密和匿名。 ②及时履行其在合同和双方协议中的义务和责任。 ③避免在对原创者或所有者未给补偿或未经同意的情况下，将他人的工作成果全部或部分占为己有，或直接从中受益。 ④避免以不公正方式剥夺或损害其他团体利益，操纵利用局势最大限度地提高个人福利。 任何被发现违反本道德准则任何条款的美国营销协会会员可能会被暂停或撤销其协会会员资格。

（资料来源：K.Douglas Hoffman, Michael R.Czinkota, Peter R.Dickson, et al.Marketing Principles & Best Practices 3rd ed.[M].Mason：South-Western,2005：80；菲利普·科特勒，等.市场营销原理（亚洲版）[M].北京：机械工业出版社，2006：419-420）

二、市场营销调研准则

市场营销调研道德是市场营销调研所涉及各方行为规范的总和，其本质上是企业执行营利和道德双重标准，以保证企业能够以合乎道德习俗和法律法规的方式从事市场营销调研活动、使用调研结果。

企业市场营销调研活动涉及调研委托方、调研执行方以及被调查者等多方利益关系，相互之间难免产生冲突和分歧。符合规范的市场营销调研是化解冲突和分歧、保障调研效果的必要前提，也是引导市场良性运转、推动社会文明进步的基本条件。除了法律法规的约束，市场营销调研道德还需要依靠企业自律以及道德习俗的协调与规范。其中，行业准则是规范市场营销道德的重要指导准则和基本准则，对规范调研行为，监督市场调查活动的有效性、真实性起着不可替代的作用。

1948 年，欧洲民意与市场研究协会（European Society for Opinion and Marketing Research，简称ESOMAR）出版《市场营销和社会调研业务国际准则》。这部准则旨在保障公众以及被调查人的权利，为从事市场、舆论和社会研究以及数据分析的人员提供一个全面的自我监管框架。其后，各国市场研究协会和国际商会（International Chamber of Commerce，简称ICC）等机构也拟订了许多相关准则，例如美国市场营销协会《市场调研道德规范》（Code of Ethics for Marketing Research）、ICC/ESOMAR《市场、观点、社会调查和数据分析国际准则》（ICC/ESOMAR International Code on Market, Opinion and Social Research and Data Analytics）等。

中国加入世界贸易组织后，中国市场研究行业协会为了与国际接轨，决定从 2002 年起，沿用由国际商会和欧洲民意与市场研究协会制定的《市场研究和社会研究国际准则》。2012 年，中国信息协会市场研究业分会借鉴ICC/ESOMAR国际准则，制定并发布了《中国市场研究行业准则》。该协会以ESOMAR相关标准、《信息安全技术—个人信息安全规范》（GB/T 35273—2020）等为参照，制定了诸如《中国网络市场调研行业工作标准》《市场研究个人信息安全保护要求》等标准，作为市场调研行业的规范。此外，中国信息协会市场研究业分会还引入了《神秘顾客（MSPA）专业标准与道德行为通用守则》，用以规范会员道德行为、树立行业形象。

2016 年，ICC/ESOMAR发布的国际准则中提出市场调研的三条基本原则，这三条原则在中国市场营销调研实践中也得到广泛运用。

原则一，调研者必须向资料提供者明确调查资料的收集目的和去向。包括：当以调查研究为目的而从资料提供者那里收集个人信息时，调查研究员必须明确地告诉对方所需资料包含哪些？为何征集这些资料？征集之后又有谁会以何种方式得到这些资料？

原则二，调研者必须严密保管被调查者的个人信息。调查研究员必须保证这些用于调查研究的个人信息被严密保管好。未被批准的其余人士无法看到这些信息。

未经资料提供者允许，调查者也不得私自传播这些信息。

原则三，调查者必须具备良好的职业责任，包括调查研究员必须具有良好的礼貌和作风。严禁调查者做出任何能导致资料提供者受到伤害的行为，也不允许做出有损市场、观点和社会调查名誉的行为。此外，市场营销调研必须按照通常理解和可接受的公平竞争原则来进行。

根据国际通行的准则，市场营销调研道德问题主要涉及调研机构（信息收集、管理者）、调研委托方的行为规范，以确保调研对象的正当权益得到维护。

第一是调研机构行为的道德规范。调研机构是市场调研行为的主体，接受客户（调研委托者）的委托或者自主从事市场营销调研活动。在调研过程中，调研者必须尊重调研对象的隐私权、知情权和自决权，严格保护被调查者的个人信息。对于委托方，调研者应注重商业信誉，公平交易、信守合同、实事求是，保证数据收集的完整性，避免调研结果的误用和滥用。

第二是调研委托方行为的道德规范。调研委托方出于对市场信息的需求向调研者提出相应要求，并最终使用调研数据和结论。因此，委托方使用市场调研资料时，同样应尊重和保护调研对象隐私权。

第三是调研活动涉及调研对象及特殊群体的利益保护，包括采取一切合理防范措施确保调研对象不会因为参加某一市场调研项目而受到直接伤害和不利影响。调研对象拥有隐私权、知情权和自决权，与调研机构的合作完全是自愿。例如，调研对象应该被告知是否使用了相关观察技术及记录设备；调研对象要求清除记录时，调研机构应该满足调研对象的要求；当调研对象为儿童时，必须首先征得其父母或监护人的同意。

三、关于营销道德准则的反思

美国营销协会的道德准则不是万灵药。道德准则本身并不能阻止“敲诈”、产品篡改、倾销、费用填补等行为的发生。职业道德准则只有在被作为绝对的道德判断标准时才有意义。这更接近道义论（deontology）的观点，即营销行为是否符合道德不是取决于结果，而是由行为本身内在特性所决定的。营销人员遵循道德章程、恪守道德决策，相信道德上正确的行为会带来正面的结果。道义论是道德评价的基本理论，而事实上传统道德和效益主义道德论（utilitarianism）在营销管理实践中也发挥了指导作用。

传统道德并没有绝对的标准，道德是建立在社会习俗和团体共识上的。比如餐厅服务员或者导游接受小费代表额外服务的费用，在一些国家被认为是符合道德的普通行为，而在一些国家也许是不可接受的。重点是社会公众如何看待营销中的道德标准。在实用主义道德观（situation ethics）看来，社会认同成为正确与错误的终极判断。

效益主义道德论的判断标准取决于结果。营销道德关注的是营销行为对个人、公司、行业乃至整个社会的影响，营销活动如果能为最大多数人带来最大效益就是符合道德的。

营销决策是各种社会力量所持有的道德原则的综合体现。冲突是必然的，两难困境和棘手难题时有发生。某些道德模糊性的情况考验企业和营销人员的道德判断。一个例子是，如果企业在销售过程中对产品瑕疵或者交付能力的某些错误信息保持沉默，未及时向买方披露错误信息。营销人员是继续保持沉默还是应该向市场直言不讳？如果营销人员保持沉默，则间接卷入了谎言；如果向公众或者用户直言不讳，则可能会导致企业陷入困境。"吹哨人"向外部告密的行为本身仍旧存在争议。当营销人员个人的道德观与企业道德观无法匹配时，营销决策应该遵从何种原则？有研究提出了四个应对上述问题的道德原则，如表 1–3 所示。

表 1–3　针对棘手案例和困境的四项道德原则

原则	说明
双重效应原则	个人行为有两种结果，道德上好的和道德上坏的。除非满足四个条件，否则就是不道德的：①好的效果大于坏的效果；②无意产生不良影响；③行为本身在道德上好的或者中性的；④好效果不是坏效果的结果
罪责原则	真正的行动自由导致罪责
善终与不良手段原则	仅仅因为道德上不好的行为可能带来道德上的好处，就做出道德上的无罪判断
自决原则	任何人都无权剥夺他人的自决权

（资料来源：Edward J.O'Boyle，Lyndon E.Dawson Jr.The American Marketing Association Code of Ethics：Instructions for Marketers[J].Journal of Business Ethics,1992,11（12）：930.）

美国哲学家罗尔斯提出的社会公正理论在营销道德的讨论中有广泛应用。公正理论提出两条原则——自由原则和差异原则。自由原则指在社会和谐稳定的前提下，尽可能地使人们拥有同样的、平等的权利。差异原则补充和修正了自由原则，它提出社会制度应当普遍适合社会成员，更应当照顾处于社会底层的人们的利益，避免出现以强凌弱的状况。在营销领域，自由原则应体现在企业、营销人员和消费者权利平等；同时还应该确保弱势群体的权益。企业和营销人员不能基于信息不对称、行业垄断欺瞒和压榨消费者，这一理论对企业树立营销观念具有重要指导意义。

自 20 世纪 60 年代起，研究者不断探索营销道德理论，尝试运用理论模型对影响道德决策的因素展开分析，进而判断、评价企业营销道德。学界先后提出了卡瓦纳道德决策树模型（The Cavanagh's Ethics Decision-making Tree Model，1981）、莱兹尼克问题式模型（The Laczniaks Questionnaire Model，1983）、亨特-维特尔模型（The Hunt-Vitell Model，1986）、布兰查德-皮尔道德核查模型（The Blanchard-Peale Ethics-Checking Model，1988）、史密斯营销道德连续体模型（The Smiths Marketing Ethics Sequential System Model，1993）、整合营销道德模型（2005）等道德模型。这些模型为理解企业的营销道德应对提供了多元化的视角和方法。

综合上述营销道德准则、评判理论以及模型，营销道德可以从以下几方面进行判断：①合乎道德的营销行为符合预期顾客的利益。②合乎道德的营销行为坚持了诚实、守信、公正等基本道德规范。③故意损害预期顾客利益或非故意损害预期顾客利益但未能充分补偿预期顾客的利益损失，则是不道德的。④鉴于法律是最低限度的道德，当营销行为有悖法律时，营销道德必然存在瑕疵，应该结合营销行为对社会公众、其他利益相关者等因素的影响进行判断。

第五节　营销道德与企业社会责任

最早提出企业社会责任概念的Sheldon（1924 年）认为企业社会责任含有道德因素，企业对社区的服务有利于增进社区利益。

20 世纪 70 年代起，伴随石油危机、环境污染加重等社会经济问题的出现，消费者保护运动与环保活动盛行，民众要求企业顾及社会整体利益的呼声持续高涨。菲利普·科特勒认为，单纯以顾客利益为中心的市场营销观念与社会长远利益之间难以平衡，企业需要为其营销行为及影响承担更大的责任。

国外关于企业社会责任的观点主要有广义和狭义两种社会责任观。广义企业社会责任观的代表人物Carrol （1979 年）认为企业社会责任等同于企业责任，企业社会责任包括经济责任、法律责任、道德责任和慈善责任等四要素，即企业社会责任四成分说。Carrol绘制了一个金字塔模型，如图 1–1 所示，从经济责任到法律责任、道德责任、慈善责任，逐渐提升。其中，经济责任指企业盈利，利润是所有其他责任的基础。但假如企业只满足了经济责任，却未履行法律责任或道德责任，则该企业是营销道德缺失的企业；若企业已履行经济责任和法律责任，并同时履行了部分道德责任，即未使社会产生不满，该企业是在营销道德方面没有缺失；若企业已履行经济责任和法律责任，并同时基本履行了道德责任，则社会满意，这类企业会被视为拥有营销道德的企业；若企业不仅同时满足了以上四个要素，还超出了法律及社会要求和期待的，则该企业可以纳入营销道德优秀的企业。狭义社会责任观的代表人物、美国学者Brummer （1991 年）认为，企业责任可划分为经济责任、法律责任、道德责任和社会责任四种。其中，企业社会责任是不同于经济、法律、道德责任的独立责任形态。无论广义还是狭义责任观都认为企业应当遵守法规和商业道德、保障生产安全和职业健康、保护劳动者合法权益、保护环境和自然资源、支持慈善公益事业、保护弱势群体等。

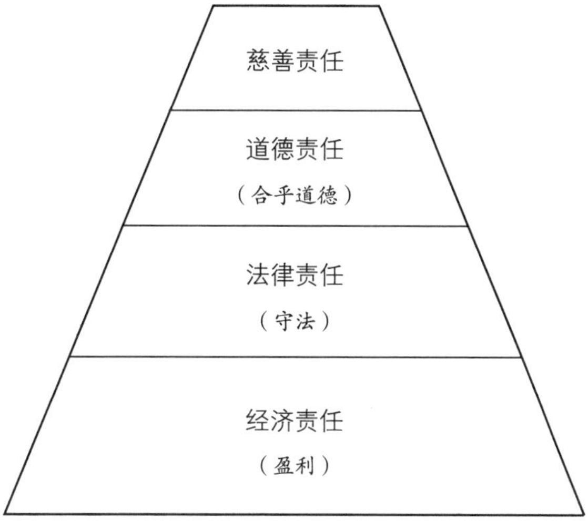

图 1–1　企业社会责任金字塔

（资料来源：Carroll, Archie B.The pyramid of Corporate Social Responsibility：Toward the Moral Management of Organizational Stakeholders[J].Business Horizons,1991：42.）

企业应该承担社会责任已经成为了广泛共识。除利润目标之外，企业还应当积极承担社会责任并致力于社会问题的解决。企业营销活动在为企业和顾客带来利益的同时，还需要符合其他利益相关者以及社会的整体利益。科特勒将之称作“社会营销观念”。许多企业将企业社会责任与营销活动结合在一起，如实施善因营销（Cause Marketing）、设置首席可持续发展官（CSO），以平衡社会责任与公司盈利。企业在社会责任中承担更为积极的角色，会被视为有利于客户、员工、社区、环境以及股东。

第二章

市场营销调研中的营销道德问题与反思

第一节　滴滴违规收集信息案及其反思

一、滴滴违规收集信息案

滴滴是一家年轻的互联网科技企业，其发展与中国数字经济的崛起几乎同步。滴滴公司成立于2013年1月，相关境内业务线主要包括网约车、顺风车等，其产品包括“滴滴出行”“滴滴车主”“滴滴顺风车”“滴滴企业版”等41款APP。2015年，滴滴和快的合并。2016年，滴滴宣布收购优步（Uber）中国的品牌，之后滴滴逐渐成长为国内最大的网约车平台。2021年6月30日，滴滴出行低调登陆纽交所挂牌上市，成为国内网约车在美上市第一股。

作为拥有5亿用户的国民应用，滴滴掌握着中国人出行的重要数据以及核心的公共数据。这些数据包括用户个人信息、各种使用习惯、亲情关系、地址信息、打车路线、车内全程语音/视频数据、中国城乡道路实时高清测绘数据等。

2021年7月2日，国家互联网信息办公室发布公告称，为防范国家数据安全风险，维护国家安全，保障公共利益，依据《中华人民共和国国家安全法》《中华人民共和国网络安全法》，网络安全审查办公室按照《网络安全审查办法》，对“滴滴出行”实施网络安全审查。为配合网络安全审查工作，防范风险扩大，审查期间“滴滴出行”停止新用户注册。

2021年7月4日，国家互联网信息办公室发布通告称，“滴滴出行”APP存在严重违法违规收集使用个人信息问题。国家互联网信息办公室依据《中华人民共和国网络安全法》相关规定，通知应用商店下架“滴滴出行”APP，要求滴滴出行科技有限公司严格按照法律要求，参照国家有关标准，认真整改存在的问题，切实保障广大用户个人信息安全。

至此，“滴滴出行”APP正式下架，新用户将不能下载、注册“滴滴出行”。2021年12月3日，滴滴启动在纽约证券交易所退市工作。

2022年7月21日，国家互联网信息办公室发布公告称，经查实，滴滴全球股份有限公司违反《网络安全法》《数据安全法》《个人信息保护法》的违法违规行为事实清楚、证据确凿、情节严重、性质恶劣。国家互联网信息办公室依据《网络安全法》《数据安全法》《个人信息保护法》《行政处罚法》等法律法规，对滴滴全球股份有限公司处以人民币80.26亿元罚款，对滴滴全球股份有限公司董事长兼CEO程维、总裁柳青各处以人民币100万元罚款。

根据国家互联网信息办公室的调查，滴滴公司共存在16项违法事实，归纳起来主要是8个方面。

（1）违法收集用户手机相册中的截图信息1196.39万条。

（2）过度收集用户剪贴板信息、应用列表信息83.23亿条。

（3）过度收集乘客人脸识别信息1.07亿条、年龄段信息5350.92万条、职业信息1633.56万条、亲情关系信息138.29万条、“家”和“公司”打车地址信息1.53亿条。

（4）过度收集乘客评价代驾服务时、APP后台运行时、手机连接监视记录仪设备时的精准位置（经纬度）信息1.67亿条。

（5）过度收集司机学历信息14.29万条，以明文形式存储司机身份证号信息5780.26万条。

（6）在未明确告知乘客情况下分析乘客出行意图信息539.76亿条、常驻城市信息15.38亿条、异地商务/异地旅游信息3.04亿条。

（7）在乘客使用顺风车服务时频繁索取无关的“电话权限”。

（8）未准确、清晰说明用户设备信息等19项个人信息处理目的。

网络安全审查中，滴滴公司还被发现存在严重影响国家安全的数据处理活动，以及其他违法违规问题。

国家互联网信息办公室认为，该案件中，由于滴滴公司对境内各业务重大事项具有最高决策权，制定的企业内部制度规范对境内各业务全部适用，且对落实情况负有监督管理责任，最终违法行为主体认定为滴滴公司。滴滴公司董事长兼CEO程维、总裁柳青，对违法行为负主要责任。

国家互联网信息办公室提到对滴滴公司的网络安全审查相关行政处罚，与一般的行政处罚不同，具有特殊性。一是违法行为性质恶劣。滴滴公司置国家网络安全、数据安全于不顾，给国家网络安全、数据安全带来严重的风险隐患，且未在监管部门责令改正情况下进行全面深入整改。二是违法行为持续时间长达 7 年。三是违法行为严重侵犯用户隐私，严重侵害用户个人信息权益。四是违法处理个人信息数量巨大，且包括多类敏感个人信息。五是违法行为涉及多个 APP，涵盖过度收集个人信息、强制收集敏感个人信息、APP 频繁索权、未尽个人信息处理告知义务、未尽网络安全数据安全保护义务等多种情形。

二、滴滴违规收集信息案的反思

1. 网络数据收集技术与企业道德自觉

人民网评论指出，随着互联网的广泛应用，网络安全问题越来越突出。我国是互联网应用大国，各类互联网平台众多，几乎覆盖了人们衣、食、住、行等方方面面。这些平台或掌握了海量的公民个人数据，或在一个领域内掌握具有垄断性的用户信息。

违规收集用户信息在市场营销调研中并非个案。随着互联网信息技术的发展，市场调研中的数据收集方式迅速改变，网络成为用户行为信息和文本信息的重要来源。数据技术正在以前所未有的规模推动用户数据收集和分析，利用网络展开市场调研、获取数据的方式得到更多应用。

技术进步对企业营销来说是一大福音。菲利普·科特勒提到 “全球化、社会责任和科技这三股力量赋予企业新能力”，营销人员可以通过互联网开展营销研究，收集更充分、更丰富的市场信息。越来越多的企业利用互联网技术大量收集、使用个人信息，他们可以利用个人信息为消费者定制产品、服务，给人们生活带来便利；消费者市场受益于技术进步所带来的便利，同时也面临技术安全、个人权益、社会公平等方面的风险。

网络调研技术在道德上是中性的。使用网络调研技术的个人、企业由于目的、动机的不同，导致调研过程或者结果产生积极或消极的影响。

市场营销调研道德原则在网络调研环境下面临巨大的挑战。以在线购物、物联网、人工智能等为代表的技术本质上就是数字信息交换的产物，网络调研使用数字服务在数字世界中搜索信息，市场不得不在“要么接受，要么离开”之间进行选择。由于互联网广泛性、开放性、隐蔽性和无约束性等特征，网络调研早已突破传统道德规范，违背道德的调研行为更为隐蔽和缺乏约束。滴滴违法行为持续7年后才被进行审查正是反映了网络数据收集的隐蔽性。

一方面，企业通常希望获取更多的客户数据，为自己的营销、经营做精准分析，提升企业利润率，降低相应的业务风险。另一方面，网络数据收集意味着信息流动，如何使用和确保信息数据的安全是对企业能力以及营销道德的挑战。当信息的内在价值得到市场认可时，信息本身会转换为信息商品，进而成为交易对象。一旦信息交换的经济利益超过市场风险，部分企业总会受利润诱惑而背离营销道德。以人脸信息识别技术为代表的网络调研技术野蛮生长而使调研对象遭受利益侵害的事情时有发生，随意采集、使用、传播信息将使公民的个人信息、个人隐私可能受到威胁和侵害。邱仁宗等（2014）研究指出：“大多数消费者或用户不知道他们的数据如何被利用，也不能够主动进行管理和控制，而是希望他们的数字身份得到负责任的和公开的对待。”

根据社会公正理论，消费者有权根据自己的意志选择产品，有权获得关于产品或服务方面的完备信息，有权获得安全、可靠的产品。企业在营销过程中应充分尊重、维护消费者的这些权利。但现实是，用户在网络调研中处于弱势地位，用户在不知情的情况下被收集非必要的个人信息，从而为企业信息滥用埋下隐患。消费者网络购买信息和购买行为被记录并且被企业用来分析和利用已经是公开的秘密。依据产品维持使用中所涉及的信息，网络调研获取的用户信息可以分为必要个人信息和非必要个人信息。必要个人信息的获取应在法律允许的框架下由用户授权给企业；非必要个人信息的获取则必须由企业征求用户同意。

因此，具有先天技术优势的企业，其道德自觉成为市场营销调研中保护用户信息安全的关键环节。2017年9月，阿里巴巴等12家大数据相关企业签署了《个人信息保护倡议书》，这些大数据企业包括电信、移动、联通三大运营商在浙江的分支机构，以及阿里巴巴、杭州网易质云科技有限公司、浙江核新同花顺网络信息股份有限公司等互联网企业。倡议书承诺保障用户信息控制权益，不使用“一揽子协议”的方式强迫用户打包授权对个人信息的收集。这些企业承诺将遵照国家相关标准要求，采取充分有效的安全技术和管理措施，防止个人信息泄露、毁损、丢失。12家大数据企业承诺，加大个人信息保护技术的创新，加强网络安全产品的研发和应用。企业自觉自律将对用户信息安全以及数据时代可持续发展起到重要作用。

2. 法律健全与市场监管

滴滴公司因为违法违规被政府机构处以 80.26 亿元巨额罚款，除了过度收集多类敏感个人信息以及未尽个人信息处理告知义务，还与其长期违规违法行为相关。

法律是最低限度的道德。从获取信息的便利性、准确性角度判断，用户信息收集构筑了强大的市场数据来源渠道，有利于企业的营销策略优化。但在实际运行中，企业在信息收集、使用时往往存在有意或者无意损害用户隐私权、知情权等违背道德的情况。

近年来，我国在数据保护方面相关标准及法律法规相继出台，如表 2–1 所示，从法规层面对企业的市场数据收集、处理、发布等行为做出规范，以保障数据的合法、合理运用。2018 年，中国实施的《信息安全技术个人信息安全规范》对个人信息及个人敏感信息的收集、保存、使用、对外提供等均做出规定，为企业合规提供了指引。在该标准中，特别明确了"匿名化"和"去标识化"的规定。互联网应用开发者在对用户数据分析使用时，原始数据必须进行脱敏化处理。

随着国内市场监督机制、行业自律以及数据保护立法的日益完善，恶意搜集用户信息的商业行为受到一定约束，对特定群体的保护也逐渐健全。

表 2–1　近年来我国数据保护相关标准及法律法规

时间	内容
2012 年	国内首个个人信息包含国家标准《信息安全技术公共及商用服务信心系统个人信息保护指南》编制完成，2013 年 2 月 1 日起施行，该文件于 2015 年失效
2016 年 11 月	《中华人民共和国网络安全法》颁布，2017 年 6 月 1 日起施行
2017 年 12 月	国家推荐标准《信息安全技术个人信息安全规范》（GB/T 35273—2017），2018 年 5 月 1 日起施行
2019 年 10 月	《儿童个人信息网络保护规定》2019 年 10 月 1 日施行
2020 年 10 月	修订后的《信息安全技术个人信息安全规范》（GB/T 35273—2020）2020 年 10 月 1 日正式实施
2021 年 6 月	《中华人民共和国数据安全法》正式颁布，2021 年 9 月 1 日起施行
2021 年 8 月	《中华人民共和国个人信息保护法》审议通过，2021 年 11 月 1 日起施行

以滴滴为代表的互联网企业近年来纷纷在海外市场拓展业务，遵循国际数据保护法规成为这些企业市场营销的必修课。2018 年 5 月，欧盟出台被称为世界上最严格的数据保护法案《通用数据保护条例》（General Data Protection Regulation，简称 GDPR），违反者将面临高达 2000 万欧元或全球营业额 4% 的罚款。该法案将个人敏感数据定义为种族或民族出身、政治观点、宗教/哲学信仰、工会成员身份、涉及健康、性生活或性取向的数据、基因数据等。无论企业是否在欧盟境内，只要与欧盟企业发生业务往来，或涉及存储、处理、交换任何欧盟公民的数据，都必须严格遵守该条例。

目前，国内在市场监管方面与欧盟仍然存在差距。例如欧盟《通用数据保护条例》和“隐私盾协议”中都有设立个人数据监管部门的要求，而我国并没有专门统筹监督个人信息保护的法律法规执行的相关部门。对于企业而言，无论是否存在市场监管机构，市场数据收集和处理前必须进行违法违规行为的风险和成本评估，以尽量降低公司潜在的风险。

3. 经济利益与国家安全

2015 年颁布的《国家安全法》明确了“网络空间主权”的概念，提出网络信息数据的安全可控。2016 年颁布的《国家安全法》第五条规定：国家采取措施，监测、防御、处置来源于中华人民共和国境内外的网络安全风险和威胁，保护关键信息基础设施免受攻击、侵入、干扰和破坏，依法惩治网络违法犯罪活动，维护网络空间安全和秩序。

武汉大学等机构联合发布的《网络主权：理论与实践（2.0 版）》声明，网络主权是国家主权在网络空间的自然延伸，是一国基于国家主权对本国境内的网络设施、网络主体、网络行为及相关网络数据和信息等所享有的最高权和对外独立权。

2022 年 8 月，《中国网信》杂志刊文称，网络空间已经成为继陆、海、空、外太空之后的“第五疆域”，是国家捍卫主权、保障安全和发展利益的重点领域。

滴滴公司在调查中被发现存在严重影响国家安全的数据处理活动。这些数据对国家安全构成风险和威胁。这一案例再次说明，当企业经济利益与国家安全发生冲突时，国家利益高于一切。

第二节　瑞幸咖啡伪造数据事件及其反思

一、瑞幸咖啡伪造数据事件

瑞幸咖啡（Luckin Coffee）是中国新零售咖啡的代表。自 2017 年成立后，瑞幸咖啡快速扩张，并依靠不计成本的补贴和优惠活动，吸引了众多用户的关注。在资本加持下，瑞幸咖啡于 2019 年 5 月 17 日成功登陆美国纳斯达克证券交易所，刷新了中国公司美国上市的最快纪录。2023 年 6 月 5 日，随着厦门中山路旗舰店的开业，瑞幸咖啡在中国市场的门店数量已达 10000 家，成为中国首家突破万店的连锁咖啡品牌，也是中国目前门店数量最多的连锁咖啡品牌。

2020 年 1 月底，知名调查机构浑水（MuddyWaters Research）在 Twitter 上发布了一份关于瑞幸公司的特殊报告。该报告称，瑞幸公司从 2019 年第三季度开始捏造财务和运营数据，股价在 2 个多月时间里上涨了 160% 以上。

浑水发布的报告里详细说明了瑞幸捏造财务和运营数据的事实。报告列举了瑞幸涉嫌欺诈的 5 项铁证。

铁证一：长达 11260 小时的门店流量监控视频显示，2019 年第三季度和 2019 年第四季度，每家门店每天的销量分别至少夸大了 69% 和 88%。我们动员了 92 名全职员工和 1418 名兼职员工，在 981 个工作日进行监控和记录门店客流量，覆盖了 100% 的营业时间。门店的选择是基于城市和地点类型的分布，这与瑞幸完全直接经营的门店组合是一样的。

铁证二：瑞幸的“每笔订单商品数”从 2019 年第二季度的 1.38 降至 2019 年第四季度的 1.14。

铁证三：我们收集了 25843 份客户收据，发现瑞幸将每件商品的净售价至少提高了 1.23 元或 12.3%，人为地维持了这种商业模式。在实际情况中，门店层面的损失高达 24.7%~28%。不包括免费产品，实际销售价格为上市价格的 46%，而不是管理层声称的 55%。

铁证四：第三方媒体跟踪显示，瑞幸将 2019 年第三季度的广告支出夸大了逾

150%，尤其是在分众传媒上的支出。瑞幸有可能将其被夸大的广告费用重新用于增加收入和店面利润。

铁证五：瑞幸 2019 年第三季度 “其他产品” 的收入贡献仅为 6% 左右，根据 25843 份客户收据及其报告的增值税数字，这一数字夸大近 400%。

通过收集海量小票、门店录像、内部微信聊天记录、第三方每天跟踪等数据，研究者发现瑞幸平均每店货物数据在 2019 年第三季度和第四季度都存在虚增。该报告指出，瑞幸确切地知道投资者在寻找什么，怎样操纵哪些关键指标来最大化投资者信心。

在浑水报告发布后，瑞幸股价应声下跌，这份报告堪称瑞幸上市以来遭遇的最严峻的市场质疑。2020 年 2 月 3 日，瑞幸针对浑水 1 月 31 日公开的匿名报告做出回应，称报告中展示的数据与公司自身系统里的数据之间存在重大不一致，坚决否认报告中的所有指控。瑞幸认为该报告的论证方式存在缺陷，报告中包含的所谓证据无确凿事实依据，且报告中的指控均基于毫无根据的推测和对事件的恶意解释。

2020 年 4 月 2 日，在浑水发布报告 2 个月后，瑞幸承认在 2019 年第二至第四季度期间凭空虚增了 22 亿人民币交易额。

2020 年 4 月 3 日下午，中国证监会回应瑞幸财务造假，对该公司财务造假行为表示强烈的谴责。不管在何地上市，上市公司都应当严格遵守相关市场的法律和规则，真实、准确、完整地履行信息披露义务。2020 年 6 月 29 日，瑞幸咖啡股票在纳斯达克正式停牌，进行退市备案。瑞幸从上市到退市只用了 13 个月的时间。国家市场监督管理总局对瑞幸咖啡（中国）有限公司、瑞幸（咖啡）北京有限公司（以下合称瑞幸公司）涉嫌虚假交易等不正当竞争行为开展调查，查实瑞幸在多家第三方公司帮助下，虚假提升瑞幸咖啡 2019 年度相关商品销售收入、成本、利润率等关键营销指标，并于 2019 年 8 月至 2020 年 4 月，通过多种渠道对外广泛宣传使用虚假营销数据，欺骗、误导相关公众，违反《中华人民共和国反不正当竞争法》第八条第一款 “经营者不得对其商品的性能、功能、质量、销售状况、用户评价、曾获荣誉等作虚假或者引人误解的商业宣传，欺骗、误导消费者” 的规定，构成虚假宣传行为。2020 年 9 月 18 日，国家市场监督管理总局及上海、北京市场监管部门，对瑞幸咖啡（中国）有限公司、瑞幸咖啡（北京）有限公司及 45 家涉案公司作出行政处罚决定，处罚金额共计 6100 万元。

二、瑞幸咖啡伪造数据事件的反思

1.调研数据真实性

市场调研中利益相关方虚报瞒报等人为因素会干扰调查数据、影响调查数据质量。企业如果谋求个体利益最大化而违反市场一般规则或要求，比如瑞幸通过虚报数据以强化市场信心，数据可靠性则难以保障。

事实上，市场营销调研涉及调研委托方、调研执行方以及被调查者等多方利益关系。任何一方的不道德行为都可能影响调研数据质量。比如，调研过程中由于可控性较低、调研过程缺乏调查人员的监督与解释，被调查者随意答题导致调研误差；网络调研数据丢失、数据真伪无法辨别、数据过量而无法处理等情况下也会导致数据的不可靠性。按照市场营销调研的流程，调研方式、样本代表性、回复率、调研平台等因素都可能限制数据质量。网络调研环境中，数据质量也面临着样本真实性与唯一性、有效甄别样本、规避虚假流量等挑战。

获得高质量数据是市场营销调研成功与否的关键。市场调研的高质量数据不仅依赖调研机构的执行能力，还与市场调研机构的道德规范密切相关。

2.市场调研诚信性

从表面上，瑞幸数据造假事件似乎是瑞幸为了迎合资本市场的需要、以高增长的数据强化投资者信心。实质上，瑞幸利用市场数据欺骗客户的这种行为侵害了包括投资人在内的权益，触及商业诚信的底线。清华大学快营销研究员孙巍说：“商业逐利，无可厚非，但不能破了商业诚信的底线，这是生意和交易的基础。显然，瑞幸咖啡的诚信机制有了问题。”

一般认为，传统市场营销调研中的不道德行为主要来自市场调研机构，常见的不道德行为包括：①调研设计欺骗客户。调研机构盲目增加调研样本量，拖延调研时间、抬高价格；或者拼凑低质量调查报告蒙骗客户。②调研数据迎合客户。为了迎合客户需求进行有偏采样，或者故意忽略相关数据，从而在调研结论方面支持客户的观点。③侵犯客户权益。未经客户同意，为了实现不当目的而故意向第三方泄漏调研成果。④调研过程不尊重调研对象。对于调研对象态度粗暴、简单，或者未经调研对象允许获取个人信息，并随意泄漏调研对象的隐私。现实中，往往由于调研机构以及委托方违背市场调研客观性原则、准确性原则、保密性原则而出现道德问题。

在瑞幸伪造数据事件中，瑞幸作为被调查对象伪造数据，对市场形成误导。最终市场也给了瑞幸深刻的反馈和教训。浑水报告利用缜密的市场调研方法对瑞幸的运营和财务数据抽丝剥茧，利用详实的调研数据向公众揭示了瑞幸造假的真相；美国多家律所对瑞幸咖啡提起集体诉讼，控告瑞幸咖啡作出虚假和误导性陈述，违反美国证券法；国家监管机构对瑞幸及其关联公司做出行政处罚；瑞幸相关责任人被停职，瑞幸面临成立以来前所未有的信任危机。

大多数市场营销调研都能使企业和客户双方受益。通过市场营销调研，企业能够发现市场机会、规避市场风险，进而有资源和能力满足客户需求，从而为投资者带来利益。但是，当企业赚取利润的同时，也应保证其他利益相关者不受侵害，这是判断市场营销调研道德的基本原则。

第三节　人脸识别精准营销事件及其反思

一、人脸识别精准营销事件

顾客在毫不知情的情况下，其人脸信息可能已经被企业掌握并“编号”，进而被用于精准营销。

2021 年，在以“提振消费从心开始”为主题的央视“3·15”晚会上，多家提供人脸识别摄像头的企业被点名。这些号称提供“人脸互动营销解决方案”的科技公司，为商家的线下门店安装可以采集顾客人脸信息的摄像头设备。安装了这种摄像头设备的商家，利用科技公司提供的数据，能够实现对进店客户的“实时动态分析”，进而完成“精准销售”。

科勒卫浴在全国上千家门店安装了具有人脸识别功能的摄像头。消费者在不知情的情况下，进入门店就会被摄像头捕捉并自动生成编号。此后顾客无论前往哪家门店，商家都会在后台获取其人脸信息。

名创优品在门店入口处和收银台安装人脸识别摄像头，人脸信息对接其收银系统，从而统计转化率和分析客群画像。一旦门店转化出现问题，可以依据数据及时调整。

此外，无锡宝马汽车 4S 店、港汇恒隆 Max Mara 专卖店的门店也被发现安装了具有人脸识别功能的摄像头。

随着现代科技的不断发展，人脸识别技术已经广泛应用于各个领域。深圳某科技公司网站宣称：AI摄像头智能抓取人脸，准确收集客户到访信息，不仅可以精准判别到访客户，还可以根据风控规则自动生成风险数据精准识别风险客户、智能识别风险客户、减少营销费用支出，提升客户转化率。人民网记者采访发现，售楼部人脸识别摄像头精准“识客”，还能在不同渠道产生利益分歧时起到“举证”作用。

一位从事人脸识别身份验证解决方案的供应商告诉记者，摄像头带有人脸识别的主要目的是采集客户基础信息，主要为了精准“识客”，防止开发商的客户与渠道销售的客户“撞客”产生利益分歧。项目销售人员向记者表示：“我们这里的摄影头都装有人脸识别系统，只要您来过一次，会被认为是自然到访的客户，不能再通过中介等渠道分销。”该销售人员进一步表示：“若确定签约，您需要到财务部做人脸识别对比，主要是把您交钱时的影像跟到访售楼处的影像进行对比，当然这是比较隐蔽的，您本人是不会发现的。”

虽然部分消费者在现场能看到“您已进入监控区域”的字样，但消费者并未被明确告知摄像头进行人脸信息采集。

人脸信息属于个人独有的生物识别信息，一旦泄露，将严重威胁用户的财产安全、隐私安全等。国家市场监管总局发布的《个人信息安全规范》明确规定，收集人脸信息时应获得个人信息主体的授权同意。央视记者在全国多地先后调查了20多家装有人脸识别系统的商户，但没有一家商户明确告知顾客其人脸信息已被获取。

全国各地售楼处滥用人脸识别设施及系统非法采集个人信息的背后，房地产领域的人脸识别技术供应商已将其发展成为一项带来巨大商业利益的生意。

针对公众普遍关注的“人脸识别”等信息安全问题，各地市场监管部门已作出不少处罚，多地已经叫停或限用人脸识别系统。

2020年9月2日，广州市花都区住房和城乡建设局发布关于规范使用人脸识别设施的通知。通知规定，各房地产开发企业、中介机构不得随意使用人脸识别设施收集市民身份信息，不得泄露、买卖市民身份信息。已在房产项目场所安装人脸识别设施，需使用人脸识别设施收集客户信息的，应在进入经营场所的醒目位置张贴获取人脸信息的提醒公告并取得客户授权同意。

据不完全统计，佛山、苏州、宁波等多地查处并通报了售楼处使用人脸识别技术收集个人信息的违法行为与典型案例。还有惠州、昆明、南京、广州等多个城市先后发文要求规范售楼处使用人脸识别设施及系统。

以宁波为例，2020年12月，市场监管部门的执法人员在对海曙区某房产项目售楼处进行检查时，发现前台放置着一台人脸认证机器。在监控室，执法人员看到了“旺小宝路由器”“旺小宝交换机”“旺小宝人证机”“旺小宝服务器”等各种网络设备。通过登录“旺小宝”品牌后台管理系统，执法人员找到了大量被该系统关联摄像头记录的人脸信息数据。

（资料来源：许维娜，夏晓伦．“个保法”严管人脸识别 部分售楼处仍存“偷脸”行为[EB/OL]. 人民网，http：//m.people.cn/n4/2022/0105/c125-15381419.html）

《人民法院报》指出，人脸识别技术已经广泛应用于商业领域，这一技术在带来便利的同时，也带来了个人信息安全、隐私保护等方面的风险隐患。在商业活动中，企业控制营销成本无可厚非，但手段方式应合理合法。人脸信息作为生物识别信息，属于个人信息的范畴，使用人脸识别系统需要严格遵守法律规定。本案中，开发商为了防止中介“撬客”，以人脸识别系统获取的人脸信息作为区分自访客户还是渠道拜访客户的依据，本属于企业自主经营行为，但开发商既未征得购房人或来访人的同意，亦未如实告知运用人脸识别系统进行采集、储存、使用等事项，其行为构成侵权，应当承担侵权责任。

二、人脸识别精准营销事件的反思

1. 生物信息安全与法律保护

随着生物、医学与信息技术的不断发展，个人的面部、指纹、视虹膜、基因（DNA）等生物信息识别技术被广泛应用到社会生活各个领域。生物识别信息可能会侵犯个人信息数据权利，危及生物信息安全甚至国家安全。2019 年 10 月，浙江理工大学副教授郭兵因不同意杭州野生动物世界使用人脸识别对其进行用户认证而提起侵权诉讼，被称为“人脸识别第一案”。该案审理时，个人信息保护法正在酝酿中，《最高人民法院关于审理使用人脸识别技术处理个人信息相关民事案件适用法律若干问题的规定》尚未制定出台。法院提出生物识别信息作为敏感个人信息，更应谨慎处理和严格保护，并参照适用“违反约定处理个人信息”“停止提供产品或者服务”的删除规则精神，依法保护了消费者对人脸等生物识别信息享有的合法权益。2020 年 11 月 20 日，法院判决野生动物世界赔偿郭兵合同利益损失及交通费 1000 余元，删除原告办理指纹年卡时提交的包括照片在内的面部识别信息。

除《网络安全法》《民法典》《生物安全法》以外，2020 年 11 月 27 日，工信部组织发布了《APP收集使用个人信息最小必要评估规范 人脸信息》团体标准（以下简称《APP人脸信息规范》），明确了APP收集使用个人信息的“最小必要”原则，并对收集、存储、使用、删除人脸信息的行为进行了具体规范。

2021年实施的《中华人民共和国个人信息保护法》要求，在公共场所安装图像采集、个人身份识别设备，应当为维护公共安全所必需，遵守国家有关规定，并设置显著的提示标识。所收集的个人图像、身份识别信息只能用于维护公共安全的目的，不得用于其他目的；取得个人同意的除外。《中华人民共和国个人信息保护法》第十七条第一款规定：“个人信息处理者在处理个人信息前，应当以显著方式、清晰易懂的语言真实、准确、完整地向个人告知下列事项：（1）个人信息处理者的名称或者姓名和联系方式；（2）个人信息的处理目的、处理方式，处理的个人信息种类、保存期限；（3）个人行使本法规定权利的方式和程序；（4）法律、行政法规规定应当告知的其他事项。”第三十条规定：“个人信息处理者处理敏感个人信息的，除本法第十七条第一款规定的事项外，还应当向个人告知处理敏感个人信息的必要性以及对个人权益的影响；依照本法规定可以不向个人告知的除外。”

2.精准营销的边界

市场调研通过收集用户信息进而实现精准化、个性化广告推荐，是目前市场营销调研最普遍的应用。对于用户来讲，根据个人的需求更快获取自己想要的商品，这个功能节约了用户购买商品花费的时间；对于企业来讲，更精准地把自己的产品推送到目标客户手里，从而降低产品的推广费用，增加利润。利用市场调研技术和数据信息能够更加精准地把企业的产品推送给潜在的目标受众，意味着企业和用户双赢。

类似语音助理、人像采集等技术应用，在收集大量的个人信息同时也引发消费者对隐私问题和不当信息交换的忧虑。Siri会泄露用户位置、联系方式和应用数据的用户数据等私人信息；饿了么美团被指“偷听用户隐私”。人们担心个人产生的数据信息脱离个人掌控而成为组织企业之间交易的商品。在物联网和移动化场景中，人们担忧营销者过度了解消费者的生活，进而利用这些信息来获取不公平的利益。

李志祥（2022）提出，数字隐私构成了当代个人隐私的主要形态，而隐私数字化则是诱发新隐私危机的关键因素。人脸信息、健康信息、家庭住址、个人财产、行为等消费者个人隐私在网络调研中通常容易受到侵犯。多数网络用户基于对企业的信任和使用需要，尽数满足企业权限要求。即便关注网络隐私和信息安全的成年人也难以全面理解和应对各类信息收集声明的专业术语、强制授权条款。2018年，中国消费者协会《APP个人信息泄露情况调查报告》指出，在安装和使用手机APP时，总是阅读应用权限和用户协议或隐私政策的用户仅占总数的 18.1%，而从不阅读相关条款的用户比例高达 26.2%。调查报告显示相当数量的用户个人信息保护意识欠缺、自我个人信息安全观念不足。

当隐私以数字化的形式存在时，市场调研技术的不当使用、法律框架的不完善以及个人信息自主权的缺失都将意味着道德风险的存在。

为了更好保护消费者隐私，一些企业开始实施保护政策。例如，苹果公司于2021年推出应用跟踪透明度政策（APP tracking transparency，即ATT弹窗），iphone用户可以选择是否允许数据追踪，企业在征得用户同意后才能出于广告目的在其他应用和网站上跟踪用户的数据和活动。据英国《金融时报》报道，ATT政策当时给Snap、Facebook、Twitter和YouTube等造成了 98.5 亿美元的损失。这项改动带来的结果使企业无法精准地向购买意向高的用户推送可能感兴趣的广告，最终导致所有卖家整体成效下降了 30%左右。从数据上看，企业保护调研对象隐私的行动在短期内造成了企业成本的增加以及效率的降低。

不过，哥伦比亚大学和麻省理工的研究人员 Guy Aridor、Yeon-Koo Che 和 Tobias Salz 利用在线旅游行业数据的研究显示，具有隐私意识的用户会从效率较低的隐私保护转向明确的选择退出；但是，剩余用户对广告商的平均价值有所增加，抵消了选择退出的用户的大部分损失；企业预测用户行为的能力并没有因为《通用数据保护条例》引起的变化而显著恶化。

市场营销调研使用网络调研技术，遵守法律和道德规范是必要条件。调研机构应尊重网站所有者的权益、尊重信息发布方的意愿以及知识产权，随意抓取受版权保护的数据或者窃取他人的个人信息都有可能触及法律风险以及道德规则。

三、网络调研技术应用的反思

网络调研技术的进步让公司能够基于用户想要寻找的产品信息准确地修正产品设计、提供服务，以满足顾客的需求。实际上，不管是上网还是用手机（尤其是带有GPS定位功能的智能手机），用户已经将个人信息共享给所有市场调研机构或者市场调研委托方（无论用户是否知情）。市场营销调研人员面对的最大的道德问题是，应该在多大程度上了解消费者。

个人信息保护意识薄弱与能力、技术进步过程中法规约束与市场监督滞后以及相关企业营销道德涉险低成本这三个因素是网络市场调研中滋生道德风险的关键。尽管被调研者个人信息保护意识亟须加强，但市场调研机构和企业更应积极承当责任、自觉遵守行业规范、确保被调研者的权益。

1.法规约束与市场监督

在著名的HIQ与LinkedIn诉讼案中，法院多次认定HIQ Labs抓取数据的行为不违法，其依据是颁布于1996年的《计算机欺诈及滥用法令》（CFAA）“不禁止公司抓取可在互联网上公开访问的数据”。而事实上，HIQ Labs大规模收集数据远远超出任何个人查看公共资料可带来的后果。法规滞后导致市场监督对大数据时代不断涌现的市场调研技术和方法滥用情况无能为力。

随着市场监督机制、行业自律以及数据保护立法在各国的日益完善，恶意搜集网络信息的商业行为受到一定约束，对特定群体的保护也逐渐健全。比如面对患者数据相关的日益严重的隐私问题，欧美等国通过立法方式防止个人信息的外泄。美国《学生数字隐私和父母的权利法案》禁止公司将学生的在线信息卖给第三方，除非信息分享与学校目标相关。

由于儿童不具有自主性或者不具备完全行为能力，相关法规对获取和处理未成年人个人信息进行了详细规定。近年来，国内数据保护相关标准和法律法规陆续出台（参见表2-1）。2021年实施的《中华人民共和国个人信息保护法》中明确规定：不满14周岁未成年人的个人信息属于敏感个人信息，个人信息处理者处理不满14周岁未成年人个人信息时，应当取得未成年人的父母或者其他监护人的同意，还应当制定专门的个人信息处理规则。美国《儿童在线隐私保护法案》（Children's Online Privacy Protection Act，COPPA）也制定了详细规则，包括在收集13岁以下儿童个人信息前，网络从业者必须首先获得其家长的同意。

欧盟早在2002年推出ePrivacy Directive，以保护用户免受网络跟踪、用户分析、未经请求的营销策略和第三方非自愿收集数据的侵扰。

法律约束和市场监督使企业在数据收集和处理前往往需要进行违规行为的风险和成本评估，以减少公司负担。

2.技术改进

一般来说，任何技术都有可能被滥用。科学地分析风险、处置风险，将风险控制在可接受范围内，技术就能给人类创造价值。去标识化处理在营销实践中得到普遍应用，快递、外卖、医疗、网约车、电商、在线教育等行业为了避免因消费者隐私信息泄露导致消费者和商家损失，通常对订单中的消费者敏感信息进行脱敏处理。国内诸多在线教育平台如爱课程、中国高校外语慕课平台等，根据《个人信息保护法》的要求，运用数据脱敏技术对参加MOOC平台学习的所有学生个人信息进行处理，尽可能保护用户个人信息不被滥用。

3. 个人信息保护意识与能力

尽管公众对信息保护的重视程度愈发提升，并且也开始注重在互联网当中保护自身个人信息，但是仍然存在部分人群个人信息方面防范意识薄弱的问题，他们缺乏信息泄漏可能性的认知以及对信息泄漏危害的认知。由于年龄差异、区域信息化差异、信息安全教育差异、技术差异等客观存在，企业在网络营销调研中往往处于信息优势，个人即便拥有信息保护意识和自主权，在保护能力方面依旧处于劣势，企业与用户的不平等现象依旧存在。

第三章

市场营销竞争战略中的营销道德问题与反思

第一节　阿里巴巴集团“二选一”案及其反思

一、阿里巴巴集团“二选一”案

京东集团由刘强东创办于2004年，并于2004年正式涉足电商领域。京东集团定位于“以供应链为基础的技术与服务企业”，目前业务已涉及零售、科技、物流、健康、产发、工业、自有品牌、保险和国际等领域。

阿里巴巴集团控股有限公司（以下简称阿里巴巴集团）由以马云为首的18人于1999年在中国杭州创立。自推出让中国中小企业接触全球买家的首个网站以来，阿里巴巴作为控股公司持有6大业务集团：淘天集团、阿里国际数字商业集团、云智能集团、本地生活集团、菜鸟集团、大文娱集团，以及各种其他业务。淘宝、天猫为阿里巴巴集团旗下业务。淘宝创立于2003年，淘宝是中国最大的数字零售平台，它为来自大城市和欠发达地区的消费者提供高度互动的个性化购物体验。天猫创立于2008年，天猫是全球最大的面向品牌与零售商的第三方线上及移动商业平台，它致力服务日益追求更高品质的产品与极致购物体验的消费者。

2015年11月3日晚，京东集团在其官方微信公号突然发布一篇针对中国电商巨头阿里巴巴集团的声明，指责其在“双十一”促销活动中胁迫商家“二选一”，并称已经向国家工商总局实名举报阿里巴巴扰乱电子商务市场秩序。京东集团表示，阿里巴巴集团向商家传递的信息是：如果参加天猫“双十一”主会场活动，就不允许参加其他平台“双十一”主会场活动；对于已经和其他平台达成合作意向的，则要求商家直接退出，否则会在流量和资源等方面进行处罚或制裁。

2017年，京东集团（北京京东世纪贸易有限公司、北京京东叁佰陆拾度电子商务有限公司）向北京市高级人民法院正式起诉浙江天猫网络有限公司、浙江天猫技术有限公司、阿里巴巴集团控股有限公司。京东集团诉讼请求具体如下：①确认三被告在本案所确定的相关市场具有市场支配地位。②判令三被告停止滥用市场支配地位的行为，包括停止限定商家只能与被告进行交易、停止限定商家不得与两原告进行交易等行为。③判令三被告向两原告连带赔偿因其实施的滥用市场支配地位行为给两原告造成的经济损失人民币10亿元。④判令三被告向两原告赔礼道歉、消除影响，具体形式包括三被告在官网域名为tmall.com、taobao.com的相关网站首页，以及相应APP主页上刊登经法院认可的道歉及消除影响声明。⑤判令三被告连带承担两原告在本案中为维权而支付的合理开支，包括公证费、经济分析费用、律师费等暂计人民币200万元。京东集团认为：2013年以来，三被告不断以各种手段实施包括但不限于要求在天猫商城开设店铺的服饰、家居等众多品牌商家不得在两原告运营的京东商城参加“618”“双十一”等促销活动、不得在京东商城开设店铺进行经营，甚至只能在天猫商城一个平台开设店铺进行经营行为（以下简称“二选一”行为）。三被告在中国大陆B2C网上零售平台市场上具有市场支配地位，实施了包括“二选一”行为在内的滥用市场支配地位行为，损害了中国B2C网上零售平台市场的正常竞争秩序，侵犯了两原告、商家及广大消费者的合法权益，三被告应当对其滥用市场支配地位的侵权行为承担相应的法律责任。

而天猫方面主张此案应由浙江省高级人民法院审理，北京市高级人民法院一审驳回天猫法院管辖权异议，天猫不服提出上诉至中华人民共和国最高人民法院，因此该案件一度陷入法院管辖权之争。

2019年7月3日，中华人民共和国最高人民法院终审裁定：驳回了天猫提出的“案件应由浙江省高级人民法院审理”的主张，认定“北京市高级人民法院对此案有管辖权。”

2020年11月，北京市高级人民法院对京东集团诉阿里巴巴集团“二选一”垄断案组织了不公开质证。

在京东集团与阿里巴巴集团的诉讼期间，2020年12月，国家市场监督管理总局依法对阿里巴巴集团实施“二选一”涉嫌垄断行为立案调查。

二、国家市场监督管理总局对阿里巴巴集团“二选一”垄断行为作出行政处罚

2020 年 12 月，国家市场监督管理总局依据《中华人民共和国反垄断法》对阿里巴巴集团控股有限公司（以下简称阿里巴巴集团）在中国境内网络零售平台服务市场滥用市场支配地位行为立案调查。

国家市场监督管理总局成立专案组，在扎实开展前期工作基础上，对阿里巴巴集团进行现场检查，调查询问相关人员，查阅复制有关文件资料，获取大量证据材料；对其他竞争性平台和平台内商家广泛开展调查取证；对本案证据材料进行深入核查和大数据分析；组织专家反复深入开展案件分析论证；多次听取阿里巴巴集团陈述意见，保障其合法权利。确保本案事实清楚、证据确凿、定性准确、处理恰当、手续完备、程序合法。

经查，阿里巴巴集团在中国境内网络零售平台服务市场具有支配地位。自 2015 年以来，阿里巴巴集团滥用该市场支配地位，对平台内商家提出“二选一”要求，禁止平台内商家在其他竞争性平台开店或参加促销活动，并借助市场力量、平台规则和数据、算法等技术手段，采取多种奖惩措施保障“二选一”要求执行，维持、增强自身市场力量，获取不正当竞争优势。

调查表明，阿里巴巴集团实施“二选一”行为排除、限制了中国境内网络零售平台服务市场的竞争，妨碍了商品服务和资源要素自由流通，影响了平台经济创新发展，侵害了平台内商家的合法权益，损害了消费者利益，构成《中华人民共和国反垄断法》第十七条第一款第四项禁止“没有正当理由，限定交易相对人只能与其进行交易”的滥用市场支配地位行为。

2021 年 4 月 10 日，国家市场监督管理总局根据《中华人民共和国反垄断法》第四十七条、第四十九条规定，综合考虑阿里巴巴集团违法行为的性质、程度和持续时间等因素，依法作出行政处罚决定，责令阿里巴巴集团停止违法行为，并处以其 2019 年中国境内销售额 4557.12 亿元 4% 的罚款，计 182.28 亿元。同时，按照《中华人民共和国行政处罚法》坚持处罚与教育相结合的原则，向阿里巴巴集团发出《行政指导书》，要求其围绕全面规范自身竞争行为、严格落实平台企业主体责任、完善企业内部合规控制制度、保护平台内经营者和消费者合法权益、积极维护公平竞争促进创新发展等方面进行全面整改，并连续 3 年向市场监管总局提交自查合规报告。

附：国家市场监督管理总局行政处罚决定书（国市监处〔2021〕28 号）（略）

国家市场监督管理总局行政指导书（国市监行指反垄〔2021〕1号）（略）

（资料来源：https：//www.cnca.gov.cn/xwjj/scjgyw/art/2021/art_c951e8754f274d8a97596dd43ebff1ee.html）

2021年4月10日上午，阿里巴巴集团发布《公告》《致客户和公众的一封信》，对国家市场监督管理总局行政处罚作出回应。

附：阿里巴巴集团的《公告》《致客户和公众的一封信》

公告

今天，我们收到《国家市场监督管理总局行政处罚决定书》，对此处罚，我们诚恳接受，坚决服从。我们将强化依法经营，进一步加强合规体系建设，立足创新发展，更好履行社会责任。

阿里巴巴集团

2021年4月10日

致客户和公众的一封信

尊敬的阿里巴巴的商家、消费者、合作伙伴以及投资者们：

今天，我们收到国家市场监督管理总局对阿里巴巴集团的行政处罚决定。对此处罚，我们诚恳接受，坚决服从。借此机会，阿里巴巴及全体阿里小二，对商家、消费者、合作伙伴以及投资者给予我们的信任和包容，表达我们的感恩，也坦诚地表达我们对未来长远健康发展的思考和行动。

过去几个月，我们全力配合调查，认真学习国家对平台经济的政策和要求；在保证业务平稳运行的同时，进行系统的自审自查与完善升级。我们认识到，今天的处罚，是对我们的警醒和鞭策，是对行业发展的规范和呵护，是国家维护公平竞争市场环境、推动平台经济高质量发展的重要举措。

平台经济是新一轮技术革命催生的全新生产关系。过去二十多年，得益于国家经济的发展，得益于互联网技术的进步，得益于管理部门对创新的支持和包容，阿里巴巴有机会和千万中小商家、亿万消费者一起，探索创造出淘宝、天猫等平台模式，降低了经营和创业成本，提高了社会效率，打通了经济末梢循环。今天，平台经济发展进入全新阶段，深入到人们的日常生活，关系到社会经济的方方面面。时代和社会对平台企业提出了全新的要求，我们深刻认识到平台企业在国家经济社会发展中的责任。同时我们会牢记，平台的价值是整合、分享资源，是通过帮助他人成功而取得成功，是不断为社会创造价值而实现自我价值。

我们深知，只有永不停步地顺应时代和国家发展，永不停步地倾听、了解、服务好成千上万的商家和消费者，永不停步地追寻技术创新，才是我们的生存之本。我们将进一步强化客户价值、聚焦客户体验，并继续出台一系列降平台经营门槛、减平台经营成本的措施，为所有商家和合作伙伴创造更开放、更公平、更高效、共享发展成果的平台环境。

今天是阿里巴巴集团发展历程中至关重要的一天，我们将以此为新的起点，直面问题，锐意革新。政府的监管与服务，社会各界的批评、包容和支持，是阿里巴巴一路成长的关键。对此，我们心怀感恩，也同时心存敬畏。客户第一，做一家为社会不断创造长期价值的好公司，既是我们的初心，也是我们存在和发展的最大意义。我们对此充满信心，绝不动摇。

阿里巴巴集团

2021 年 4 月 10 日

（资料来源：https：//m.thepaper.cn/baijiahao_12140209）

三、北京市高级人民法院对京东集团诉阿里巴巴集团“二选一”案的判决

2023 年 12 月 29 日，北京市高级人民法院对京东集团诉浙江天猫网络有限公司、浙江天猫技术有限公司、阿里巴巴集团控股有限公司“二选一”案做出一审判决，认定其滥用市场支配地位实施“二选一”的垄断行为成立，对京东集团造成严重损害，并判决向京东集团赔偿 10 亿元。

据“京东黑板报”微信公众号，2023 年 12 月 29 日，京东集团发布关于京东诉阿里巴巴“二选一”案一审胜诉的声明。全文如下：

关于京东诉阿里巴巴“二选一”案一审胜诉的声明

京东黑板报 2023-12-29 16:50 发表于北京

12 月 29 日，北京市高级人民法院对京东诉浙江天猫网络有限公司、浙江天猫技术有限公司、阿里巴巴集团控股有限公司“二选一”案做出一审判决，认定其滥用市场支配地位实施“二选一”的垄断行为成立，对京东造成严重损害，并判决向京东赔偿 10 亿元，我们感谢法院的公正判决！感谢社会各界对京东维护自身权益、追求公平正义的支持！

此次判决不仅是京东反抗“二选一”垄断行为的一次公正裁决，更是以法治维护市场公平竞争秩序的标志性时刻，也将是中国反垄断法治进程中浓墨重彩的一笔。

公平竞争是市场经济的核心，“二选一”等垄断行为不仅限制了市场竞争，损害了品牌、商家和消费者的合法权益，更削弱了市场发展的创新和活力。从 2017 年京东为反抗“二选一”举断发起的诉讼，到 2023 年，京东采销打破“超级主播价格垄断”的行业潜规则，京东始终为品牌和商家谋发展、为消费者争低价，此次判决极大地鼓舞了京东始终坚守正道成功的商业信仰，我们将以更坚定的信心投身到助力实体经济高质量发展中去。

京东集团

2023 年 12 月 29 日

（资料来源：https：//baijiahao.baidu.com/s?id=1786615700335259715&wfr=spider&for=pc）

2023 年 12 月 29 日下午，阿里巴巴集团对其与京东“二选一”案败诉作出回应称：“我们已获悉此消息，我们尊重法院的判决结果。”

四、阿里巴巴集团“二选一”案的反思

所谓“二选一”，是指平台企业利用优势地位和商家对其的依赖性，要求入驻商家与其开展排他性独家合作，通过与商家签订类似独家协议，平台企业以此吸引更多的消费者，从而达到排挤其他平台的竞争目的。

“二选一”是一种垄断行为。电商平台之间为了自己的利益，使用垄断性地位胁迫商家“二选一”这种办法不可取，它排除、限制了竞争，阻碍了电商行业发展，消费者、中小商家和部分电商平台均会受到伤害。从消费者的角度看，电商平台胁迫商家“二选一”，消费者的选择多样性就会受到一定影响；从中小商家角度看，中小商

家知名度较弱，如果只能“二选一”，少一个选择电商平台，不利于消化库存，势必对整体销量造成一定影响。

公平竞争是市场经济的核心，“二选一”垄断行为不仅限制了市场竞争，损害了品牌、商家和消费者的合法权益，更削弱了市场发展的创新和活力。

提到我国现行法律对于“二选一”现象的限制，主要涉及两部法律：《中华人民共和国反垄断法》《中华人民共和国电子商务法》。

《中华人民共和国反垄断法》（2007 年）第十七条第一款第四项禁止“没有正当理由，限定交易相对人只能与其进行交易”的滥用市场支配地位行为。

《中华人民共和国电子商务法》（2018 年）第二十二条规定：“电子商务经营者因其技术优势、用户数量、对相关行业的控制能力以及其他经营者对该电子商务经营者在交易上的依赖程度等因素而具有市场支配地位的，不得滥用市场支配地位，排除、限制竞争。”第三十五条规定：“电子商务平台经营者不得利用服务协议、交易规则以及技术等手段，对平台内经营者在平台内的交易、交易价格以及与其他经营者的交易等进行不合理限制或者附加不合理条件，或者向平台内经营者收取不合理费用。”

“二选一”从司法解读来看，就是违反法律的，而不是一般的市场竞争手段。

在阿里巴巴集团“二选一”案中，阿里巴巴集团在中国境内网络零售平台服务市场具有支配地位。天猫为阿里巴巴集团旗下业务，天猫是全球最大的面向品牌与零售商的第三方线上及移动商业平台，是市场领导者。阿里巴巴集团滥用市场权力实施“二选一”垄断行为，违反了《中华人民共和国反垄断法》第十七条第四项规定。

国家市场监督管理总局对阿里巴巴集团滥用市场权力实施“二选一”垄断行为，处以其 2019 年中国境内销售额 4557.12 亿元 4% 的罚款，计 182.28 亿元。该项罚款额度为中国反垄断执法历史上对单个经营主体处罚额最高纪录。国家市场监管总局在本案中公布了行政指导书，行政指导书内容要求阿里巴巴集团全面规范其自身竞争行为，不仅是禁止从事滥用市场支配地位的行为，同时也涉及垄断协议和经营者集中申报。本案认定的阿里巴巴集团滥用市场支配地位“二选一”行为形式多样：①禁止平台内经营者在其他竞争性平台开店。这种行为通过口头或协议获得实施。②禁止平台内经营者参加其他竞争性平台促销活动。这种行为通过口头或协议获得实施。③当事人采取多种奖惩措施保障“二选一”要求实施，包括减少促销活动资源支持、取消促销活动参加资格取消、实施搜索降权、取消平台内经营者在当事人平台上的其他重大权益等，这些行为借助市场力量、流量支持、人工检查和互联网技术手段监控、平台规则和数据、算法等技术手段实施。本案着重分析了阿里巴巴集团垄断行为限制了消费者自由选择权和公平交易权，损害了消费者利益，以及从长远看会对社会总体福利水平带来潜在损害，正是充分体现了反垄断法的立法目的以及竞争法的核心价值。这一层面的分析亦为我们学习、运用《中华人民共和国反垄断法》提供了启示。

阿里巴巴集团因为滥用市场支配地位实施“二选一”垄断行为，被北京市高级人民法院判决向京东集团赔偿10亿元。北京市高级人民法院关于京东集团诉阿里巴巴集团“二选一”案做出的判决，对于促进互联网行业的公平竞争和保护消费者权益具有重要意义。通过打击“二选一”等排除、限制竞争的行为，可以维护市场秩序，防止互联网平台滥用市场优势地位排除、限制其他竞争者的发展，保护消费者和其他经营者的合法权益。同时，该案件也提醒互联网企业要遵守法律法规，尊重市场竞争规则，避免采取不正当手段获取竞争优势。

从世界范围看，各国特别是欧美等发达经济体普遍重视加强反垄断，通过强有力的反垄断执法，保护市场公平竞争，促进经济发展。从美国1890年颁布《谢尔曼法》算起，反垄断法已经有130多年的历史。特别是近年来随着数字经济快速发展，垄断问题逐步显现，各国纷纷加强反垄断监管执法，欧盟推出《数字服务法》和《数字市场法》两项法案，强化大型互联网平台的监管措施，并积极开展一系列执法行动。

互联网平台行业在世界各国反垄断执法中都是最受关注的领域。2021年2月，我国制定出台《国务院反垄断委员会关于平台经济领域的反垄断指南》，加大了平台反垄断监管执法力度。《国务院反垄断委员会关于平台经济领域的反垄断指南》第十五条限定交易规定：“具有市场支配地位的平台经济领域经营者，可能滥用市场支配地位，无正当理由对交易相对人进行限定交易，排除、限制市场竞争。”而要求平台内经营者在竞争性平台间进行“二选一”，构成限定交易行为，属于被法律禁止的滥用市场支配地位行为。查处阿里巴巴集团“二选一”案，美团“二选一”案，是强化平台经济反垄断监管的重大成就，充分体现了国家公平公正持续强化平台经济反垄断监管、规范平台经济领域竞争秩序的态度和决心。

第二节　美团“二选一”案及其反思

一、美团“二选一”案

美团是一家科技零售公司。美团的公司使命是“帮大家吃得更好，生活更好”。

美团外卖是美团于 2013 年推出的外卖服务。据美团外卖官网介绍，美团外卖是专业品质外卖网,饿了订外卖就上美团外卖。美团外卖覆盖全国各城市优质外卖商家、快餐和特色美食,拥有优秀的外卖网上订餐平台和外卖送餐团队,提供 24 小时叫外卖、外卖网上订餐服务。

2021 年 4 月，国家市场监督管理总局依据《中华人民共和国反垄断法》对美团在中国境内网络餐饮外卖平台服务市场滥用市场支配地位行为立案调查。

国家市场监督管理总局成立专案组，依法扎实高效推进案件查办，广泛开展调查取证，获取大量证据材料并全面深入分析，查明案件事实；组织专家反复深入开展研究论证；多次听取美团陈述意见，保障其合法权利；确保本案事实清楚、证据确凿、定性准确、处理恰当、手续完备、程序合法。

经查，2018 年以来，美团滥用在中国境内网络餐饮外卖平台服务市场的支配地位，以实施差别费率、拖延商家上线等方式，促使平台内商家与其签订独家合作协议，并通过收取独家合作保证金和数据、算法等技术手段，采取多种惩罚性措施，保障“二选一”行为实施，排除、限制了相关市场竞争，妨碍了市场资源要素自由流动，削弱平台创新动力和发展活力，损害平台内商家和消费者的合法权益，构成《中华人民共和国反垄断法》第十七条第一款第四项禁止“没有正当理由，限定交易相对人只能与其进行交易”的滥用市场支配地位行为。

2021 年 10 月 8 日，国家市场监督管理总局根据《中华人民共和国反垄断法》第四十七条、第四十九条规定，综合考虑美团违法行为的性质、程度和持续时间等因素，依法对美团作出行政处罚决定，责令美团停止违法行为，全额退还独家合作保证金 12.89 亿元，并处以其 2020 年中国境内销售额 1147.48 亿元 3%的罚款，计 34.42 亿元。同时，向美团发出《行政指导书》，要求其围绕完善平台佣金收费机制和算法规则、维护平台内中小餐饮商家合法利益、加强外卖骑手合法权益保护等进行全面整改，并连续3年向国家市场监督管理总局提交自查合规报告，确保整改到位，实现规范创新健康持续发展。

附：国家市场监督管理总局行政处罚决定书（国市监处罚〔2021〕74号）（略）

国家市场监督管理总局行政指导书（国市监行指〔2021〕2号）（略）

（资料来源：https：//www.samr.gov.cn/xw/zj/art/2023/art_31910760066b4f69aa119a20dee250ad.html#）

随即，美团回应被处罚，美团发布《公告》。

公告

美团 Meituan　今天

今天，我们收到了国家市场监督管理总局对美团作出的行政处罚决定。对此，我们诚恳接受，坚决落实，按照《行政处罚决定书》和《行政指导书》全面深入自查整改，杜绝“二选一”。美团将以此为戒，依法合规经营，白觉维护公平竞争秩序，切实履行社会责任，更好地服从和服务于经济社会发展大局，努力为国家经济高质量发展多做贡献。

美团

2021年10月8日

（资料来源：https：//baijiahao.baidu.com/s?id=1713040349674999857&wfr=spider&for=pc）

二、美团“二选一”案的反思

竞争是市场经济的基石，垄断是市场经济的大敌。如今，我国已成为世界第二大经济体，要实现由“大”到“强”和创新驱动的高质量发展，对市场公平竞争的需求比任何时候都更为强烈。加强反垄断监管，有利于更好激发市场活力，厚植平台企业不断涌现、蓬勃生长的良好土壤。

《中华人民共和国反垄断法》作为市场经济的基本法律制度，旨在保护竞争这一市场机制的核心，提高经济运行效率，维护消费者利益和社会公共利益，促进社会主义市场经济健康发展。

平台企业实施“二选一”等垄断行为，破坏公平竞争市场环境，平台内中小企业的经营自由受到限制，合法权益遭到侵害，不仅难以获得更好的发展，甚至可能危及生存。同样，垄断行为还限制了消费者的选择，使其无法获得更优质的价格和服务，合法权益也不能得到充分保障。

《国务院反垄断委员会关于平台经济领域的反垄断指南》（2021）第十五条限定交易规定："具有市场支配地位的平台经济领域经营者，可能滥用市场支配地位，无正当理由对交易相对人进行限定交易，排除、限制市场竞争。"而要求平台内经营者在竞争性平台间进行"二选一"，构成限定交易行为，属于被法律禁止的滥用市场支配地位行为。

在美团"二选一"案中，美团因为滥用市场支配地位，违反了《中华人民共和国反垄断法》（2007）第十七条第一款第四项禁止的规定，即"没有正当理由，限定交易相对人只能与其进行交易"。美团因此受到国家市场监督管理总局的行政处罚：责令停止违法行为，处以其 2020 年中国境内销售额 1147.48 亿元 3% 的罚款，计 34.42 亿元。

本案作为阿里巴巴集团"二选一"垄断案后又一例平台经济领域"二选一"行为垄断案。国家加强平台经济领域反垄断监管，严厉打击"二选一"等垄断行为，就是要避免我国平台经济陷入低水平竞争的循环，规范和引导平台企业转换竞争赛道，致力于通过技术创新和提升效率获得竞争优势，不断提高竞争层次和水平，进而推动技术和产业深层次变革，使不断涌现新的优质平台企业始终成为可能，使我国平台经济发展更有后劲、更可持续，拥有更加光明、更加繁荣的未来。

平台作为要素流通和资源配置的重要节点，理应发挥畅通国民经济循环、促进中小企业协同发展、便利人民生活、繁荣市场经济的重要作用，而不应滥用具有的市场支配地位实施垄断行为，损害中小企业和消费者利益。国家持续强化平台经济领域反垄断监管，就是要依法查处垄断行为，恢复市场竞争秩序，并通过个案的示范和警示作用，引导督促平台企业自觉服从和服务于经济社会发展大局，为各类市场主体特别是中小企业创造更加广阔的发展空间，推动形成大型平台企业和中小企业良性互动、协同发展的良好格局，更好地保护消费者利益，让各类市场主体分享平台经济发展成果，实现共同繁荣。

第三节 茅台、五粮液公司价格垄断案及其反思

一、茅台、五粮液公司价格垄断案及其反思

贵州茅台酒股份有限公司（以下简称茅台公司）总部位于贵州省遵义市仁怀市茅台镇，主导产品贵州茅台酒是我国大曲酱香型白酒的鼻祖和典型代表。

五粮液集团公司（以下简称五粮液公司）总部位于四川省宜宾市，主导产品五粮液酒是我国浓香型白酒的典型代表。

2012 年末，为避免经销商在销售寒冬中竞相低价出货，茅台对 12 省区市的 18 家经销商进行处罚；五粮液也对 11 省市的 14 家 “低价、跨区、跨渠道违规销售”的经销商开出罚单。

由于《中华人民共和国反垄断法》第十四条明确禁止经营者与交易相对人达成“限定向第三人转售商品的最低价格”，国家发展和改革委员会价格监督检查与反垄断局随即介入调查。这也成为中国针对 “纵向价格垄断协议”的第一个执法案例。

2013 年 2 月 22 日，茅台、五粮液公司因实施价格垄断行为，分别被贵州省物价局和四川省发展和改革委员会依法处以 2.47 亿元、2.02 亿元的罚款。这是《中华人民共和国反垄断法》（2007）颁布 5 年以来，国家发展和改革委员会价格监督检查与反垄断局首次对国内行业巨头开出的反垄断罚单。

1. 茅台公司价格垄断案

2013 年 2 月 22 日，贵州省物价局发布公告，对贵州省茅台酒销售有限公司开出 2.47 亿元的罚单。

公告指出，2012 年以来，贵州省茅台酒销售有限公司通过合同约定，对经销商向第三人销售茅台酒的最低价格进行限定，对低价销售茅台酒的行为给予处罚，达成并实施了茅台酒销售价格的纵向垄断协议，违反了《中华人民共和国反垄断法》第十四条规定，排除和限制了市场竞争，损害了消费者的利益。

公告表示，贵州茅台酒销售有限公司的上述行为受到调查后，该公司积极配合调查，主动退还违法扣减的保证金，按照法律要求及时进行了深入整改。鉴于以上事实，对该公司依法处以 2.47 亿元的罚款。

2.五粮液公司价格垄断案

2013年2月22日，四川省发展和改革委员会依据《中华人民共和国反垄断法》对宜宾五粮液酒类销售有限责任公司限定全国经销商向第三人转售商品最低价格，与经销商达成并实施白酒销售价格纵向垄断协议的行为进行了处罚，罚款2.02亿元。

2009年以来，五粮液公司通过书面或网络的形式，与全国3200多家具有独立法人资格的经销商达成协议，限定向第三人转售五粮液白酒的最低价格，并通过业务限制、扣减合同计划、扣除保证金、扣除市场支持费用、罚款等方式对不执行最低限价的经销商予以处罚。2011年，五粮液公司给予四川一家大型连锁超市停止供货的处罚，迫使超市承诺不再低于规定价格销售五粮液产品。2012年，五粮液公司对北京、天津、河北、辽宁、吉林、黑龙江、山东、湖南、四川、云南、贵州等11个地区的14家经销商“低价、跨区、跨渠道违规销售五粮液”行为，给予扣除违约金、扣除市场支持费用等处罚。

五粮液公司利用自身的市场强势地位，通过合同约定、价格管控、区域监督、考核奖惩、终端控制等方式，对经销商向第三人销售白酒的最低价格进行限定，达成并实施了白酒销售价格的纵向垄断协议，违反了《中华人民共和国反垄断法》第十四条规定，排除和限制了市场竞争，损害了消费者的利益。

五粮液公司作为白酒龙头企业，享有极高的品牌效应和消费者忠诚度，五粮液公司实施的价格垄断行为对市场公平竞争、经济运行效率和消费者利益具有多方面不利影响：一是排除了同一品牌内各个经销商之间的竞争。五粮液公司通过限定转售白酒的最低价格实施品牌内部限制，制定实施了一整套严格的监督考核和惩罚措施，排除了经销商之间的价格竞争，损害了经济运行效率。二是限制了白酒行业不同品牌之间的竞争。五粮液公司的价格垄断行为在行业内起到了负面的示范效应，已经有其他白酒品牌开始对经销商进行类似限制和处罚，进一步扩大了对竞争的限制和损害。三是损害了消费者利益。五粮液公司设定最低限价，排除了消费者购买低价商品的机会。特别是五粮液在浓香型白酒中具有重要地位，产品可替代性低，严重制约了消费者的选择。

五粮液公司积极配合国家发展和改革委员会价格监督检查与反垄断局和四川省发展和改革委员会的反垄断调查，迅速对外发布公告纠正违法行为，并已撤销对经销商的处罚，退还扣减的市场支持费用，按照法律要求进行了整改，四川省发展和改革委员会依法予以从轻处罚，处公司上一年度涉案销售额1%的罚款2.02亿元。

二、茅台、五粮液公司价格垄断案及其反思

茅台公司、五粮液公司是中国白酒行业的龙头企业。茅台公司是我国大曲酱香型白酒的市场领导者、五粮液公司是我国浓香型白酒的市场领导者。茅台、五粮液公司的价格垄断行为违反了《中华人民共和国反垄断法》（2007）第十四条第二项规定。

《中华人民共和国反垄断法》（2007）第十四条规定："禁止经营者与交易相对人达成下列垄断协议：（一）固定向第三人转售商品的价格；（二）限定向第三人转售商品的最低价格；（三）国务院反垄断执法机构认定的其他垄断协议。"第四十六条规定："经营者违反本法规定，达成并实施垄断协议的，由反垄断执法机构责令停止违法行为，没收违法所得，并处上一年度销售额百分之一以上百分之十以下的罚款；"

在茅台、五粮液公司价格垄断案中，其处罚意义重大，提高了《中华人民共和反垄断法》的权威。被罚的公司是两家大型国企，可以看出在反垄断方面我国对国内外企业一视同仁。此次两家白酒行业龙头企业因价格垄断被罚有可能让白酒价格降下来，让消费者得到实惠，并对白酒行业龙头企业会起到警示作用，也希望白酒行业龙头企业今后不再利用其强势地位来控制和压迫经销商。

在茅台、五粮液公司价格垄断案中，茅台公司被贵州省物价局罚款 2.47 亿元、五粮液公司被四川省发展和改革委员会罚款 2.02 亿元，从罚款金额来看，均属于从轻处罚，罚款金额仅占两家公司上一年度（2012）销售额的 1%。国家行政主管部门是按法律规定的最底线"销售额 1%"来处罚，且并未没收其违法所得，这样的处罚仍嫌过轻，能否真正有效预防和制止茅台、五粮液公司的价格垄断行为，也是全社会最关心的问题之一。

第四节　知网滥用市场支配地位案及其反思

一、知网滥用市场支配地位案

中国知网（以下简称"知网"）是由清华大学、清华同方发起的中国知识基础设施工程，建于 1999 年 6 月，英文名称China National Knowledge Infrastructure，缩写为CNKI，是集学术期刊、博士论文、硕士论文、会议论文等于一体的网络出版平台。

2022年5月，国家市场监督管理总局对知网在中国境内中文学术文献网络数据库服务市场滥用市场支配地位行为立案调查。经查，2014年以来，当事人为阻碍其他中文学术文献网络数据库服务平台发展，维持、巩固、强化自身市场地位，滥用在中国境内中文学术文献网络数据库服务市场的支配地位，限定学术期刊出版单位、高校只能与当事人进行交易，并采取多种奖惩手段保障行为实施；以不公平的高价销售中文学术文献网络数据库服务，获得高额垄断利润。当事人为获取超额利润，滥用具有的市场支配地位，通过连续大幅提高服务价格、拆分数据库变相涨价等方式，实施了以不公平的高价销售中文学术文献网络数据库服务的行为。当事人排除、限制了相关市场竞争，侵害了用户的合法权益，破坏了良好的学术生态，影响了中文学术文献网络数据库服务市场规范健康创新发展，违反《中华人民共和国反垄断法》第二十二条第一款第一项、第四项禁止的"以不公平的高价销售商品"和"没有正当理由，限定交易相对人只能与其进行交易"的规定，构成滥用市场支配地位行为。

2022年12月26日，国家市场监督管理总局根据《中华人民共和国反垄断法》《中华人民共和国行政处罚法》相关规定，对知网作出行政处罚决定，责令知网停止独家合作行为，不得限制学术期刊出版单位、高校等与其他竞争性平台开展学术资源合作；不得以不公平的高价销售数据库服务，应以公平、合理、无歧视的价格销售数据库服务，并处以其2021年销售额17.52亿元5%的罚款，计8760万元。同时，坚持依法规范和促进发展并重，监督知网全面落实整改措施、消除违法行为后果，要求其围绕解除独家合作、减轻用户负担、加强内部合规管理等方面进行全面整改，促进行业规范健康创新发展。

附：国家市场监督管理总局行政处罚决定书（国市监处罚〔2022〕87号）（略）

（资料来源：https：//www.samr.gov.cn/fldys/tzgg/xzcf/art/2023/art_573401760f0e4ec98700f28a0c6d6ca5.html）

2022年12月26日，知网方面发布公告回应，他们诚恳接受，坚决服从该处罚，并在广泛征求意见的基础上，制定了彻底整改独家合作、大幅降低服务价格、保护作者合法权益、持续优化相关服务、全面加强合规建设等15项整改措施。

附：知网公告和知网整改方案

知网公告

自5月13日国家市场监督管理总局对知网涉嫌垄断立案调查以来，我们全力配合，深刻反省，全面自查。今天，我们收到《国家市场监督管理总局行政处罚决定书》，对此处罚，我们诚恳接受，坚决服从。

我们认真学习贯彻党的二十大精神，以习近平总书记关于学术资源信息平台的重要讲话精神为根本遵循，在广泛征求意见的基础上，制定了彻底整改独家合作、大幅降低服务价格、保护作者合法权益、持续优化相关服务、全面加强合规建设等15项整改措施。现予以公布，接受社会监督。

作为平台企业，我们将坚定“服务科技创新、促进学术传播、承担社会责任”的发展定位，坚守“以用户为中心”的经营理念，自觉维护公平竞争秩序，努力将知网打造成中国特色、世界一流的学术资源信息平台。

同方知网（北京）技术有限公司

同方知网数字出版技术股份有限公司

《中国学术期刊（光盘版）》电子杂志社有限公司

2022年12月26日

知网整改方案

今日，国家市场监督管理总局依法对知网垄断案作出行政处罚决定。对该处罚决定，知网诚恳接受、坚决服从。按照行政处罚决定，结合社会各方面的意见和建议，知网制定了以下5个方面共15项整改措施，现对外公开，接受各方监督。

（一）彻底整改与期刊、高校的独家合作

1.推进行业非独家合作模式。积极倡导并主动推进行业放弃独家授权权利，探索平等合作、共赢发展的非独家合作模式。

2.解除独家合作协议。停止新签续签独家合作协议，积极主动与期刊、高校协商尽快解除现有独家合作协议。

（二）大幅降低数据库服务价格

3.降低销售价格。用户的学术文献数据库服务实际成交价格三年内下调30%以上，降价不降低服务质量。

4.完善定价机制。依据公平、合理、无歧视原则，建立科学、公开、透明的服务定价机制。取消“并发用户数”计价方式，以成本为基础，合理制定服务价格。

5.纠正不合理销售模式。全面取消各类“个刊”“单刊”，停止拆分数据库单独销售的模式。

6. 建立价格沟通机制。以用户为中心，成立用户委员会，建立数据库服务价格调整用户沟通机制。

7. 扩展免费服务项目。进一步扩大过刊免费范围，免费开放“高校用户校外访问系统”。

8. 强化平台公益属性。坚持把社会效益放在首位，确立“服务科技创新、促进学术传播、承担社会责任”的发展定位，平衡好平台的商业性和公益性。

（三）保护作者合法权益

9. 依法获得著作权人授权。着力解决知网与著作权人，以及期刊、高校等主体之间的授权链条不完整、不规范问题，依法合规取得著作权人授权。

10. 完善稿酬支付办法。与上游期刊社完善文献作者稿酬支付办法，为作者提供线上线下相结合、方便快捷的稿酬申请、结算和发放渠道；与行业协会、著作权集体管理组织协商制定著作权保护实施方案并予以严格落实。

11. 健全作者服务机制。成立作者服务中心，开发作者服务平台，切实保护作者合法权益。

（四）持续优化相关服务

12. 开放个人论文查重服务。回应广大师生和科研人员合理需求，面向个人开放论文查重服务，定价不高于市场主流产品。

13. 提升学术不端检测技术水平。完善学术不端检测系统的技术手段、规则算法、数据来源、版权保护等，有效提升用户学术不端检测质量。

（五）全面加强合规建设

14. 健全合规管理体系。建立并完善企业全方位、全流程的合规管理体系，加强对业务行为的有效管控。

15. 加强合规风险管理。设立合规管理部门，开展反垄断和版权合规风险筛查，完善合规咨询、审查、培训和考核机制，确保依法合规开展经营。

同方知网（北京）技术有限公司

同方知网数字出版技术股份有限公司

《中国学术期刊（光盘版）》电子杂志社有限公司

2022 年 12 月 26 日

（资料来源：https：//news.bjd.com.cn/2022/12/26/10277469.shtml；CNKI 知网微信公众号）

二、知网滥用市场支配地位案的反思

知网在中国境内中文学术文献网络数据库服务市场具有支配地位，它是市场领导者。

在知网滥用市场支配地位案中，知网通过签订并实施独家合作协议，要求学术期刊出版单位、高校只能向它提供学术文献数据，并以不公平的高价销售中文学术文献网络数据库服务，排除、限制了相关市场竞争，侵害了用户的合法权益，破坏了良好的学术生态，影响了中文学术文献网络数据库服务市场规范健康和创新发展，违反了《中华人民共和国反垄断法》第二十二条第一款第一项、第四项的规定，构成滥用市场支配地位行为。

《中华人民共和国反垄断法》（2022 年）第二十二条规定："禁止具有市场支配地位的经营者从事下列滥用市场支配地位的行为：（一）以不公平的高价销售商品或者以不公平的低价购买商品……（四）没有正当理由，限定交易相对人只能与其进行交易或者只能与其指定的经营者进行交易……"

总而言之，知网实施的独家合作和不公平高价行为排除、限制了中文学术文献网络数据库服务市场竞争，侵害了多方用户合法权益，影响了学术交流传播；知网的垄断行为，损害了学术生态环境，影响了中文学术文献网络数据库服务市场的技术进步和创新发展。

知网滥用市场支配地位实施垄断行为被国家监督管理总局行政处罚，这个案例警醒企业一定要重视竞争合规工作，企业要建立体系化的竞争合规机制。竞争合规制度是指企业为了遵守相关竞争的法律法规,采取一系列制度和规范,确保企业在市场竞争中遵守游戏规则,维护公平竞争秩序的一种管理机制。

国务院反垄断委员会专家咨询组成员、中国政法大学时建中教授认为，国家市场监督管理总局对知网开展反垄断调查并进行行政处罚，目的不是罚款，而是规范知网的经营行为，尽快恢复相关市场竞争秩序，充分激发市场活力和创新动力，促进行业持续健康发展，更好地保护消费者利益和社会公共利益。国家市场监督管理总局依法查办知网垄断案，有利于促进行业规范健康发展。行政处罚决定是恢复相关市场竞争、维护用户利益的必要措施；行政处罚决定有助于推动中文学术文献网络数据库服务市场创新发展；行政处罚决定充分考虑了知网自查整改措施的可能效果；行政处罚决定秉持了发展与规范并重的监管思路。平台经济一直处于创新和竞争相互冲突的发展过程中，《中华人民共和国反垄断法》为企业的创新发展提供了必要的法治空间。

因此，平台企业在创新经营模式和业务发展中必须平衡创新发展与竞争者秩序、消费者利益，在法律许可的范围内开展商业活动。对于平台经济，反垄断执法机构一直坚持依法规范和促进发展并重的监管思路。平台经济创新发展需要公平竞争的市场秩序，市场自身无法有效提供。维护公平竞争的市场秩序需要政府的有形之手，更好地发挥政府的作用。因此，推动平台经济高质量发展，不仅需要竞争和创新的良性互动，还需要更好地实现有效市场和有为政府的结合。通过实施常态化的反垄断监管，能够有效预防和制止垄断行为，持续净化平台经济领域的竞争环境，维护和激发创新的动力和活力，保障平台经济更加健康地高质量发展，更好地发挥平台经济在推动科技创新和繁荣经济、便利人民生活、参与国际竞争等方面的积极作用。

第五节　海霸王“挂羊头卖狗肉”案及其反思

一、海霸王“挂羊头卖狗肉”案

海霸王官网信息显示，海霸王国际集团是一家集餐饮、速冻食品、地产、旅店和商贸物流为一体的多元化企业集团。海霸王（汕头）食品有限公司（以下简称“海霸王”）成立于1994年。海霸王配备有食品生产线30多条、大型生产基地4个，拥有年产速冻食品超15万吨的生产能力，产品线涉及火锅饺类、汤圆类、水饺类、丸类、鱼浆制品类、串类、包点类、肉制品类、沙拉等九大系列共200多个品种。

2024年1月9日，上海市市场监督管理局公布“海霸王（汕头）食品有限公司虚假宣传案”：“2020年11月起，受猪肉价格大幅增长影响，当事人为减少原材料成本，将‘白菜猪肉水饺500g’等19款速冻水饺产品中的猪肉配料含量大幅降低，导致上述产品配料中鸡肉或鸭皮的含量均高于猪肉，猪肉不再是上述水饺馅料配料的主要成分。但为了获取竞争优势，当事人自行设计并制作产品包装，仍在上述19款速冻水饺产品的外包装上使用醒目字体以‘猪肉水饺’作为产品名称，也未在醒目位置备注提示产品主要配料改变，导致消费者对产品配料产生误认。至案发，当事人共计销售上述型号的速冻水饺产品140余万包。当事人为降低成本，获得竞争优势，利用产品名称对产品性状进行虚假宣传的行为违反了《中华人民共和国反不正当竞争法》第八条第一款的规定。2023年2月，上海市长宁区市场监管局依据《中华人民共和国反不正当竞争法》第二十条第一款的规定，责令当事人停止违法行为，并罚款人民币 50 万元。”

值得注意的是，这不是海霸王第一次“挂羊头卖狗肉”，在上述事件之前，海霸王已经多次被检测出类似问题。

2016 年 3 月 21 日至 4 月 25 日，四川成都市食品药品检验研究院工作人员对辖区 8 处流通点销售的成都海霸王食品有限公司 2015 年 11 月 24 日至 2016 年 3 月 1 日期间生产的 8 个批次的撒尿牛肉丸、鲜虾脆等冷冻食品进行了抽样送检，检验结果均不合格。

2016 年 3 月 22 日，成都市食品药品检验研究院工作人员对郫县郫筒镇南大街大德巷 13 号的郫县星光华联副食超市销售的成都海霸王食品有限公司 2016 年 1 月 4 日生产的“海王妃”撒尿牛肉丸抽检，未检出牛源性成分。

2016 年 3 月 25 日，重庆市食品药品监督管理局工作人员对江北区畅想食品经营部销售的成都海霸王食品有限公司 2016 年 3 月 1 日生产的“海王妃”撒尿牛肉丸进行抽检，也未检出牛源性成分，但检出了鸭源性成分。

2022 年，上海市消费者权益保护委员会在某电商平台购买了一批鱼丸，发现大部分产品配料首位为“鱼糜”或是“冷冻鱼糜”，多款鱼丸产品掺杂其他肉类，其中提到“海霸王爆浆小鱼丸”的主料竟然是鸡肉。

二、海霸王“挂羊头卖狗肉”案的反思

海霸王“挂羊头卖狗肉”，是因为鸡肉、鸭肉、鸭皮等禽类肉的成本要比猪肉价格低，所以我国很多食品生产企业在市场竞争中都采取类似的手段，第一为了偷工减料，第二是以次充好，第三是欺诈消费者。

在海霸王“挂羊头卖狗肉”案中，海霸王因为虚假宣传违反了《中华人民共和国反不正当竞争法》第八条第一款的规定。

《中华人民共和国反不正当竞争法》（2019 年）第八条第一款规定：“经营者不得对其商品的性能、功能、质量、销售状况、用户评价、曾获荣誉等作虚假或者引人误解的商业宣传，欺骗、误导消费者。”第二十条第一款规定：“经营者违反本法第八条规定对其商品作虚假或者引人误解的商业宣传，由监督检查部门责令停止违法行为，处二十万元以上一百万元以下的罚款；情节严重的，处一百万元以上二百万元以下的罚款，可以吊销营业执照。”

事实上，海霸王不仅违反了《中华人民共和国反不正当竞争法》，同时也违反了《中华人民共和国产品质量法》和《中华人民共和国消费者权益保护法》，因为海霸王的“猪肉水饺”名不符实、以假充真、以次充好、欺诈消费者。

《中华人民共和国产品质量法》（2018年）第二十七条第三款规定：“产品或者其包装上的标识必须真实，并符合下列要求：（三）根据产品的特点和使用要求，需要标明产品规格、等级、所含主要成分的名称和含量的，用中文相应予以标明；需要事先让消费者知晓的，应当在外包装上标明，或者预先向消费者提供有关资料。”第五十条规定：“在产品中掺杂、掺假，以假充真，以次充好，或者以不合格产品冒充合格产品的，责令停止生产、销售，没收违法生产、销售的产品，并处违法生产、销售产品货值金额百分之五十以上三倍以下的罚款；有违法所得的，并处没收违法所得；情节严重的，吊销营业执照；构成犯罪的，依法追究刑事责任。”

《中华人民共和国消费者权益保护法》（2013年）第五十五条规定：“经营者提供商品或者服务有欺诈行为的，应当按照消费者的要求增加赔偿其受到的损失，增加赔偿的金额为消费者购买商品的价款或者接受服务的费用的三倍；增加赔偿的金额不足五百元的，为五百元。法律另有规定的，依照其规定。”

在此次海霸王“挂羊头卖狗肉”案中，海霸王销售鸡肉或鸭皮含量均高于猪肉的“猪肉水饺”共计140余万包，销售量巨大，情节严重，但仅仅被罚款人民币50万元，相当于每包水饺仅仅被罚款0.35元，违法成本太低，其违法所得远远高于其罚款支出。人们担心这样的处罚力度过轻，对海霸王虚假宣传和欺诈行为起不到有力的震慑作用。

对于“海霸王（汕头）食品有限公司虚假宣传案”，《华夏时报》记者曾对多位业内分析人士做过采访。

中国信息协会常务理事、国研新经济研究院创始院长朱克力认为：“从消费者权益保护的角度来看，这显然是涉嫌误导消费者的不诚信行为。消费者购买产品时，往往基于产品名称和宣传来理解产品的主要成分和特性。海霸王未能在醒目位置备注提示产品主要配料改变，导致消费者对产品配料产生误认，这侵犯了消费者的知情权和选择权。”

对于海霸王屡屡被曝出虚假宣传问题，中国企业资本联盟副理事长柏文喜认为：“作为知名品牌，应该以诚信和质量为核心，遵守相关法律法规和标准，提供让消费者信任的产品。如果企业只注重短期利益，不顾长期声誉和市场信任，最终只会自毁前程。”

中国信息协会常务理事、国研新经济研究院创始院长朱克力认为：“作为一家食品生产企业，诚信经营和对消费者负责是最基本的要求。海霸王多次被检测出类似问题，表明企业在质量管理、诚信体系建设等方面存在严重漏洞。这不仅损害消费者权益，也影响了整个行业形象与公信力。海霸王应深刻反思并采取切实有效的措施来重建消费者信任，包括加强内部质量管理、完善信息披露机制、接受第三方监督等。”

第四章

目标市场营销战略中的营销道德问题与反思

第一节 “爱晚系”公司集资诈骗案及其反思

一、养老诈骗及其骗局类型

《中华人民共和国2023年国民经济和社会发展统计公报》显示，2023年末全国人口140967万人，其中60周岁及以上老年人口29697万人，占总人口的比重为21.1%，65周岁及以上老年人口21676万人，占总人口的比重为15.4%。根据国家统计局《人口老龄化及其衡量标准是什么》一文的解释：“人口老龄化”是指人口中老年人比重日益上升的现象，尤其是指在已经达到老年状态的人口中，老年人口比重继续提高的过程；国际上通常用老年人口比重作为衡量人口老龄化的标准，老年人口比重越高人口老龄化程度也越高。一般把60岁及以上的人口占总人口比重达到10%，或65岁及以上的人口占总人口的比重达到7%作为一个国家或地区进入老龄化社会（或老年型人口）的标准。

我国老龄人口规模不断增长，已步入中度老龄化社会，犯罪分子瞄准规模庞大的老年群体实施养老诈骗。

养老诈骗是一种针对老年人群体的以“养老”为名的诈骗行为。

目前，我国养老诈骗的骗局主要有下列6类。

（一）以提供“养老服务”为名实施非法集资

以提供“养老服务”为名侵害老年人合法权益的典型犯罪，主要表现为以预售养老床位、虚构养老服务项目等名义，通过办理会员卡、明显超过床位供给能力的承诺服务、预交养老服务费用等手段，诈骗老年人钱财。它是利用老年人寻求养老保障的心理，承诺高息回报、享受床位优先居住权、入住打折等，诱骗老年人大额预存消费投资，实施非法集资。

最高人民法院提示广大老年人要选择具有正规资质的养老服务机构，发现犯罪分子以“养老服务”为名进行非法集资的，要不听、不信、不参与，并及时向有关部门提供线索。同时，相关部门要规范养老服务行业准入，加强行业监管，保障养老服务行业健康发展，为广大老年人安享幸福晚年营造良好环境。

（二）以投资“养老项目”为名实施非法集资

以投资“养老项目”为名侵害老年人合法权益的典型犯罪，主要表现为以开办养老院、购买养老公寓、入股养生基地等为由，以售后定期返点、高额分红为诱饵，诱骗老年人参与投资。开办养老院、养老公寓等“养老项目”关系到老年人晚年幸福生活，国家出台政策予以扶持。但一些“养老项目”监管还存在滞后，犯罪分子打着投资养老公寓、入股养生基地等幌子，诱骗老年人投资，骗取老年人钱财。

最高人民法院提示老年人要谨慎投资高额返利项目，多与子女沟通商量，投资“养老项目”时要“三看一抵制”：一看“养老项目”是否有登记、备案；二看“养老项目”是否真实合法；三看“养老项目”收益是否符合市场规律。抵制高利诱惑，拒绝非法集资，捂紧“钱袋子”。

（三）以销售“养老产品”为名实施诈骗

以销售“养老产品”为名侵害老年人合法权益的典型犯罪。主要表现为通过提供免费或低价旅游观光、情感陪护、虚假宣传等手段，采取免费发放礼品、商品回购、寄存代售、消费返利、会议营销、养生讲座等方式，诱骗老年人购买价格虚高的保健品、食品、药品、医疗器械、收藏品或者假冒伪劣产品等。犯罪分子谎称公司系国有企业授权销售方，获取老年人信任，抓住老年人识别鉴定能力较弱的特点，鼓吹收藏品增值空间大、投资利润丰厚，使老年人相信收藏品投资能够提供养老保障、消除养老后顾之忧，诱骗老年人高价购买廉价批发的收藏品，骗取钱财。

最高人民法院提示老年人投资消费要冷静，绷紧防范意识这根弦，不轻信电话、网络、电视推销，认准正规的收藏投资渠道，特别是要谨防所谓“高额返利”“高价回购”等宣传，防止陷入骗子的套路，守护好自己的“养老钱”。

（四）以宣称“以房养老”为名实施非法集资

以宣称“以房养老”为名侵害老年人合法权益的典型犯罪，主要表现为以“房本在家无用”“不耽误自住或出租”等类似话术为借口，诱骗老年人签订房产抵押担保的借贷合同或相关协议，将抵押房屋获得的资金购买其推介的所谓理财产品，借助诉讼、仲裁、公证等手段，非法占有老年人房屋。“以房养老”作为解决人口老龄化问题，缓解社会及家庭养老压力的可行方式，引起了社会广泛关注。然而，很多不法分子打着国家政策的旗号，营造“养老恐慌”，利用老年人金融防范意识较差的特点，恶意设套，借“以房养老”实施非法集资。

最高人民法院提示老年人要增强金融风险防范意识，投资理财时不要盲目被高收益所诱惑，同时子女也要关心、照顾老人，国家、社会、家庭和个人联动起来，最大限度挤压犯罪分子的“行骗空间”，让养老诈骗无处遁形，守护老年人幸福晚年。

（五）以代办“养老保险”为名实施诈骗

以代办“养老保险”为名侵害老年人合法权益的典型犯罪，主要表现为谎称认识社保局等部门工作人员或者冒充银行、保险机构工作人员，可以代办“提前退休”“养老保险”等，骗取老年人的保险费、材料费、好处费等。职工基本养老保险是符合我国国情，保障社会保险制度健康持续发展和实现“老有所养”的重要制度。一些犯罪分子利用老年人不了解相关政策规定，以有关系代办、违规办理“养老保险”为名，对老年人实施诈骗犯罪。

最高人民法院提示老年人在办理养老、医疗保险时，应通过相关部门、网站、社区、村委会等了解国家和当地政策规定，到相关部门按照程序依规办理，不要轻易相信他人能代办养老保险而把费用交给他人；明知不符合办理条件的不要企图通过“找关系”“走后门”方式违规办理，不要轻信通过熟人可以省钱等谎言，避免让犯罪分子有机可乘。

（六）以开展“养老帮扶”为名实施诈骗

开展以“养老帮扶”为名侵害老年人合法权益的典型犯罪，主要表现为假借义务诊疗、心理关爱、直播陪护、慈善捐助、志愿服务、组织文化活动等形式获得老年人的信任，对老年人实施诈骗。例如，它为实施犯罪专门成立一个公司，在互联网低价购进保健品，招募大量业务员，以免费医疗咨询、义务诊疗等噱头拉拢老年人参加讲座，冒充知名三甲医院的名医在讲座中为老年人“号脉”“看病”等，通过拉家常、聊天方式提前了解的老年人身体状况及病情记录，伪装成通过“号脉”得知，获取老年人信任后夸大病情、虚构保健品为特效药品，高价出售给老年人，骗取老年人钱款。

最高人民法院提示老年人就医需到正规医院，切莫病急乱投医，不要轻信所谓免费讲座、免费诊疗，更不要高价购买非正规药品、保健品，避免上当受骗。

当前，针对老年人实施的诈骗犯罪出现了一些新动向。从检察院办案情况看，当前针对老年人实施的诈骗犯罪主要利用了老年人的身心特点，并与当代社会热点与信息网络技术相结合，普通诈骗与电信网络诈骗、金融诈骗相互交织，诈骗话术、手段“迭代升级”、复杂多变。主要表现有：第一，以小恩小惠、亲情关怀吸引关注、骗取信任，再通过虚假夸大宣传、高额回报承诺等骗取大额财物。第二，打着养老政策、前沿科技、金融创新等旗号，利用老年人接触不多的新概念、新名词塑造“政府支持”“经营正规”“前景无限”等假象，对老年人迷惑性不断增强。第三，黑灰产业助推养老诈骗。比如，利用非法获取的公民个人信息，有针对性的编排话术、编造产品或项目，实施精准诈骗，让诈骗更容易得逞；利用非法互联网广泛引流，波及范围更广；利用非法支付平台迅速汇聚、转移资金，造成损失更大。

二、“爱晚系”公司集资诈骗案

1.基本案情

2012 年 12 月至 2018 年 4 月间，曹某铭先后成立并实际控制南京华越健康咨询有限公司、江苏爱晚投资股份有限公司、福晚投资控股（上海）有限公司、华晚投资管理（北京）有限公司、江苏福爱文化发展有限公司、江苏华晚老龄产业发展有限公司等“爱晚系”公司。

在此期间，曹某铭以年化收益率 8%~36% 的高额回报为诱饵，以签订“居家服务合同”“艺术品交易合同”等合同，提供居家养老服务、进行艺术品投资等为由，聘用、安排毕灵、岳冬、俞士新、芮箕兵、张彦森、蔡生雷等人（均另案处理）在江苏、浙江、山东、安徽、天津等 18 个省、市成立众多关联公司，以散发传单、口口相传等方式，向社会不特定公众非法集资。

曹某铭将非法集资的资金主要用于支付集资参与人的本金及收益、部分对外投资、支付高管高额薪酬、奖励及销售团队薪酬、提成、个人支配使用、挥霍消费等。其隐瞒非法集资资金的主要用途，通过虚构投资途径、夸大经营规模及投资价值等方式，骗取集资参与人的信任，以达到持续进行非法集资的目的。

至 2018 年 4 月，“爱晚系”公司累计向 11 万余人吸收资金人民币 132.07 亿余元。至案发时，造成 55169 名集资参与人共计 46.98 亿余元本金未归还。案发后，公安机关对“爱晚系”关联公司，以及曹某铭、徐某玲二人名下资产予以查封、扣押、冻结。经审计、评估，财产价值7.2亿余元。

本案曹某铭等人为实施集资诈骗犯罪，引诱群众办理会员卡，以优惠价格出售鸡蛋、大米、酱油等商品，或者定期送洗衣液、肥皂、毛巾等低价值生活用品，以此获取群众信任。频繁召集办理会员卡的群众开会宣传，虚构“爱晚系”公司实力、养老产业投资发展前景，安排会员参观未运营的所谓养老设施项目，以较高利息吸引群众投资。

通过按月兑现利息，让群众彻底放松警惕，吸引群众通过“口口相传”的方式，加大投入资金数额，以骗取大量钱财。由于曹某铭等人无实际生产经营活动，只是用后期集资群众投入的资金来归还前期集资本息，以此维系资金运转，此种方式不可持续，必然导致资金链断裂，造成群众巨额财产损失。

2.法院判决结果

2019年11月26日，江苏省南京市中级人民法院以集资诈骗罪判处曹某铭无期徒刑，剥夺政治权利终身，并处没收个人全部财产。一审判决后，曹某铭上诉。

2020年6月12日，江苏省高级人民法院对上诉人曹某铭犯集资诈骗罪案作出二审裁定，驳回上诉，维持原判，即以集资诈骗罪判处曹某铭无期徒刑，剥夺政治权利终身，并处没收个人全部财产。查封、扣押、冻结的财物依法处置后，按比例返还集资参与人，不足部分责令曹某铭继续退赔。法院认为，曹某铭以非法占有为目的，使用诈骗方法非法集资，数额特别巨大，其行为构成集资诈骗罪。根据曹某铭的犯罪事实、性质、情节和社会危害程度，依法作出上述判决。根据法律及司法解释规定，本案财产刑执行时，退赔集资参与人损失优先于财产刑的执行。

3.典型意义

（1）严格把握金融活动特许经营的基本原则，依法惩治以投资养老产业为名进行非法集资等非法金融活动

随着我国进入老龄化社会，中共中央、国务院先后印发了《关于加强新时代老龄工作的意见》《“十四五”国家老龄事业发展和养老服务体系规划》等文件，部署实施积极应对人口老龄化国家战略，推动老龄事业和产业协同发展，着力构建和完善兜底型、普惠型、多样化的养老服务体系。养老产业的发展离不开金融体系的支持，但是涉及养老产业金融活动同样必须遵守金融法律规定，坚持金融活动特许经营原则。向不特定社会公众公开吸收存款，必须取得国务院金融管理部门相关行政许可，否则便构成非法集资。对于非法集资行为人，根据其主观上是否具有非法占有为目的的，分别以集资诈骗罪和非法吸收公众存款罪追究其刑事责任。认定行为人是否

具有非法占有为目的的，应根据其在非法集资中的层级、职责分工、获取收益方式、是否参与对资金处置以及对资金实际用途知情程度等方面综合审查判断。

（2）办理非法集资案件必须同步审查洗钱犯罪线索，最大限度做好追赃挽损工作

追赃挽损工作关系到参与集资的老年人的切身利益，检察机关应当把追赃挽损作为办理非法集资案件的重要工作内容。但在非法集资案件中，往往因非法集资人将集资款用于还本付息、个人挥霍或者不负责任的投资，导致案发时资金链断裂，给追赃挽损带来诸多客观困难。检察机关在追赃挽损中要积极采取措施，最大限度做到应追尽追。要注意同步审查洗钱犯罪线索，依法追究洗钱行为人的刑事责任，并从中发现、追缴涉案财物，提升追赃挽损的实际效果。

三、“爱晚系”公司集资诈骗案的反思

老年人作为社会的弱势群体受到越来越多的关注。

党的十八大以来，以习近平同志为核心的党中央高度重视老龄工作，先后印发了《中共中央 国务院关于加强新时代老龄工作的意见》《“十四五”国家老龄事业发展和养老服务体系规划》等重要文件，习近平总书记多次作出重要指示批示，强调要“让老年人共享改革发展成果、安享幸福晚年”，充分体现了党中央对老龄工作的高度重视。

但是，在老龄事业不断发展的同时，以养老为名侵犯老年人合法权益、破坏老龄事业发展的欺诈类犯罪也呈现高发多发态势。这些犯罪侵犯了老年人的合法财产，严重影响老年人的身心健康和安全感、幸福感，也关系到千家万户的生活安宁和社会的和谐稳定。2022 年 4 月，平安中国建设协调小组牵头部署全国打击整治养老诈骗专项行动，要求宣传教育、依法打击、整治规范“三箭齐发”，依法严惩养老诈骗违法犯罪，延伸治理侵害老年人合法权益的涉诈乱象，促进养老事业健康发展。

“爱晚系”公司集资诈骗案是一起以老年人为目标市场，以投资养老产业为名实施的集资诈骗案。

在“爱晚系”公司集资诈骗案中，当事人曹某铭违反了《中华人民共和国刑法》（1997 年修订）第一百九十二条规定，犯集资诈骗罪。

《中华人民共和国刑法》（1997 年修订）第一百九十二条：“以非法占有为目的，使用诈骗方法非法集资，数额较大的，处五年以下有期徒刑或者拘役，并处二万元以上二十万元以下罚金；数额巨大或者有其他严重情节的，处五年以上十年以下有

期徒刑，并处五万元以上五十万元以下罚金；数额特别巨大或者有其他特别严重情节的，处十年以上有期徒刑或者无期徒刑，并处五万元以上五十万元以下罚金或者没收财产。”

老年人在签订养老服务合同时，应着重关注合同是否含有“无风险”“高收益”“稳赚不赔”等违背经济常识的夸大表述。收益与风险成正比，“无风险又高收益”等自相矛盾的宣传常常是陷阱所在。老年人要拒绝高利诱惑，远离非法集资。

最高人民检察院提醒公众：投资养老产业时注意辨识合法融资与非法集资，依法理性开展金融投资活动。社会公众投资养老产业时，要根据公司企业经营状况、宣传项目是否真实存在、是否许诺回报或分红、许诺的回报或分红是否超出合理范围、是否具有给付所承诺回报的盈利能力等方面，分辨融资活动是否属于吸收公众存款、公开发行证券等公开募集资金行为甚至诈骗行为。对于公开募集资金行为，还要进一步了解相关公司和企业是否具有相应金融业务许可，判断是合法融资还是非法集资。没有取得相关金融业务许可，以入股、投资、预订等名义许诺还本付息或者给付其他投资回报，向不特定社会公众公开吸收资金的，就是非法集资，不能因其以养老产业政策、公司前景、承诺高额回报等为噱头，就误以为是合法业务，不顾风险进行投资。

第二节 湖南益阳“3·12”特大制售非法有害少儿出版物案及其反思

一、湖南益阳“3·12”特大制售非法有害少儿出版物案

2018 年 10 月 22 日，记者从湖南省益阳市“扫黄打非”工作小组了解到，经过半年多的缜密侦查，辗转北京、江苏、浙江、广东等地，益阳市“扫黄打非”部门成功侦破“3·12”特大制售非法有害少儿出版物案，抓获主要犯罪嫌疑人 6 名。目前，已查实销售至全国各地的非法少儿类出版物达 3096.4 万余册，涉案码洋（本书著者注：指全部图书定价总额）高达 3.5 亿余元。

据全国“扫黄打非”办公室有关负责人介绍，该案是“护苗 2018”专项行动中全国查缴少儿类侵权盗版出版物数量最大、种类最多的案件，也是目前全国已查获的通过电商平台销售非法少儿图书涉案金额最大的一起案件。

2018 年 1 月 26 日，湖南益阳市文化市场综合执法局执法人员在网上巡查时，发现唐某某经营的某文化有限公司网上店铺涉嫌销售非法少儿图书，销量极大，买家评论反映“印刷质量一般”“可能是盗版”“书中有错误内容”等问题。执法人员进一步搜索发现，这是一家玩具店铺，夹杂售卖一些少儿图书。玩具店卖书引起了执法人员的警觉，他们随即从网店购买了一批书，发现存在线圈毛刺严重的质量问题和多处常识性错误。经调查取证后，执法部门判定相关图书为非法出版物。

在湖南益阳“3·12”特大制售非法有害少儿出版物案中，一些极易对儿童产生误导的常识性错误屡次出现在被查获的一批少儿非法出版物里。例如，唐代诗人李绅《悯农二首》之二：“锄禾日当午，汗滴禾下土。谁知盘中餐，粒粒皆辛苦。”被错误冠名为“锄禾”。

2018 年 3 月 12 日，益阳市“扫黄打非”办公室、市文化市场综合执法局联合市公安局对该公司的仓库和办公场所进行突击执法检查，现场查获非法少儿类出版物 30.1 万余册，码洋 211.1 余万元。鉴于案情重大，益阳市公安机关迅即成立专案组。

2018 年 4 月 2 日，益阳市成立专案领导小组，整合市委、政法委、公安、检察、法院、文化、新闻出版等部门，从市、区两级抽调精干力量，全力开展专案侦查。

经查，主要犯罪嫌疑人唐某某自行设计、创建少儿图书品牌，通过非法手段获得书号，并少量多次、不断变换承印厂家，或寻找无出版物印刷资质的印刷厂插空印刷非法出版物，以逃避监管。唐某某同时经营 5 家网络店铺，招聘 10 余家分销商及二级代理商，在线销售的非法有害少儿出版物遍布全国各地，流通速度极快。分销商将非法有害少儿出版物混杂在正规出版物中销售，消费者在购买时真假难辨。

进一步侦查发现，这些非法出版物来源于浙江义乌。专案组在义乌查获了一处囤放百万册非法出版物的仓库，查明陈某某负责经营的印刷厂，以及承印的非法出版物；吕某某负责非法出版物的加工装订、打包物流工作。这些非法出版物通过江苏宿迁某文化公司承销。专案组在宿迁抓捕江苏两大分销商负责人徐某成和徐某周。经对非法出版物有关书号溯源，发现北京某出版社工作人员董某涉嫌买卖书号行为。2018 年 5 月底，董某在京落网。

至此，一个涉及北京、江苏、浙江、湖南、广东等地，形成出版、印刷、发行、销售等完整的非法出版活动犯罪网络已逐渐清晰。犯罪嫌疑人依托电商平台，将非法有害少儿出版物销售至全国各地。

2019 年 1 月，湖南益阳“3·12”特大制售非法有害少儿出版物案已移送检察机关审查起诉。

2019 年 10 月，湖南益阳“3 · 12”特大制售非法有害少儿出版物案由湖南省益阳市中级人民法院二审审结，涉案的唐某某等 4 名当事人均因非法经营罪被判处有期徒刑，处罚金，并对违法所得予以没收。

全国“扫黄打非”办公室有关负责人表示，该案是全国“扫黄打非”办公室和公安部联合挂牌督办案件，湖南省、益阳市“扫黄打非”部门坚持“打源头、打窝点、打链条”，全链条、整环节围剿非法有害少儿出版物，成果显著。下一步，“扫黄打非”部门将继续加强出版物市场及网络环境监管，为未成年人健康成长营造良好环境。

湖南益阳“3 · 12”特大制售非法有害少儿出版物案是 2018 年度全国“扫黄打非”十大案件之一。（本书著者注：“扫黄打非”的含义：扫黄：是指扫除有黄色内容的书刊、音像制品、电子出版物及网上淫秽色情信息等危害人们身心健康、污染社会文化环境的文化垃圾。打非：是指打击非法出版物，即打击违反《中华人民共和国宪法》规定的破坏社会安定、危害国家安全、煽动民族分裂的出版物，侵权盗版出版物以及其他非法出版物。）

二、湖南益阳“3 · 12”特大制售非法有害少儿出版物案的反思

在湖南益阳“3 · 12”特大制售非法有害少儿出版物案中，当事人唐某某等 4 人违反《中华人民共和国刑法》第二百二十五条规定，犯非法经营罪。

《中华人民共和国刑法》（1997 年）第二百二十五条：“违反国家规定，有下列非法经营行为之一，扰乱市场秩序，情节严重的，处五年以下有期徒刑或者拘役，并处或者单处违法所得一倍以上五倍以下罚金；情节特别严重的，处五年以上有期徒刑，并处违法所得一倍以上五倍以下罚金或者没收财产：（一）未经许可经营法律、行政法规规定的专营、专卖物品或者其他限制买卖的物品的；（二）买卖进出口许可证、进出口原产地证明以及其他法律、行政法规规定的经营许可证或者批准文件的；（三）其他严重扰乱市场秩序的非法经营行为。”

《最高人民法院关于审理非法出版物刑事案件具体应用法律若干问题的解释》（法释〔1998〕30 号）第十一条：“违反国家规定，出版、印刷、复制、发行本解释第一条至第十条规定以外的其他严重危害社会秩序和扰乱市场秩序的非法出版物，情节严重的，依照刑法第二百二十五条第三项的规定，以非法经营罪定罪处罚。”

湖南益阳“3 · 12”特大制售非法有害少儿出版物案成功侦破和审结，实现了非

法出版活动从书号买卖、非法印刷、线上线下发行利益链的“全链条”打击，为今后执法部门打击非法出版物提供了标本示范的作用。

扫除文化垃圾，保护幼苗成长。少年儿童是祖国的未来，是中华民族的希望。保护青少年身心健康是全社会共同的责任。一直以来，习近平总书记十分关心广大少年儿童的健康成长。2022 年 4 月 23 日，习近平向首届全民阅读大会致贺信：“阅读是人类获取知识、启智增慧、培养道德的重要途径，可以让人得到思想启发，树立崇高理想，涵养浩然之气。”“希望孩子们养成阅读习惯，快乐阅读，健康成长。”

公安机关提醒广大消费者，非法出版少儿图书价格低廉、印刷粗糙、且部分图书存在明显常识性错误。家长应掌握辨别非法有害出版物的相关知识，网上购买少儿出版物时，要注意分辨是否属于合法经营店铺，尽量通过正规途径购买正版少儿出版物，为少儿健康成长提供有益精神营养。

第三节　浙江嘉兴海外特大医疗诈骗案及其反思

一、浙江嘉兴海外特大医疗诈骗案

2018 年 12 月 6 日，公安部在京召开新闻发布会，通报公安机关成功打掉一个以海外医疗名义实施诈骗的犯罪集团，抓获犯罪嫌疑人 132 名，破获案件 2000 余起，涉案金额近 10 亿元。

2018 年 1 月，浙江嘉兴市公安局接到群众报案称，2016—2017 年，她被嘉兴一美容院以免费出国旅游为名，诱骗购买名为“癌盾”的药品，被诈骗 600 余万元。浙江省、嘉兴市两级公安机关对此高度重视，迅速组织专门力量开展案件侦办工作。

接到报案后，公安机关侦查发现，以大连思兰德生物科技有限公司（以下简称思兰德公司）为首的犯罪团伙，涉嫌通过美容院寻找高收入、高消费受害人，再以免费豪华旅游的名义诱骗受害人到海外，进而通过海外医院体检、虚假解读体检报告，谎称受害人系患癌高风险人员等，诱骗受害人赴海外治疗、购买昂贵“药品”。

思兰德公司将“优质客户”锁定在经济条件优越、身体健康、不懂英文，且非从事医疗、法律工作的人员。随后安排区域代理商和美容店将受害人带至美国、泰国等国免费豪华旅游，通过诱骗被害人参加境外医院体检、在当地高级酒店举办医疗说明会等。进而雇佣假医生虚假解读体检报告，并谎称被害人有罹患癌高风险病趋向，向其推销所谓的国外先进抗癌药品“癌盾”，以及调节激素、排毒等抗癌项目，通过收取高额费用实施诈骗。

2018 年 4 月 24 日，在公安部统一指挥部署下，辽宁、江苏、广东、黑龙江、吉林、北京、浙江等地公安机关统一开展集中收网行动，相继抓获嫌疑人 132 名，扣押涉案电脑 156 台、手机 300 余部，冻结银行卡 500 多张及资金 7000 余万元，查封假药仓库 3 个，扣押假药 3000 余箱，彻底摧毁了该犯罪集团。

公安机关侦查发现，思兰德公司通过国内生产，出口美国后再进口，将“癌盾”灌装入自行设计的外包装盒内，贴上美国原装进口标签。“癌盾”分为 1 号、3 号、5 号和 9 号等型号，分别以人民币 9.8 万至 39.8 万的价格出售给受害人配合治疗，而这些动辄数十万元的“癌盾”产品其实就是“糖”，主要成分为番茄红素和原花青素，每一粒的成本仅为几元钱，每一盒的成本仅为几百元，外包装成本甚至高于片剂本身。

2020 年 12 月，浙江嘉兴海外特大医疗诈骗案在嘉兴市中级人民法院一审宣判，被告人张丽梅犯诈骗罪，判处无期徒刑，剥夺政治权利终身，并处没收个人全部财产；被告人张丽杰犯诈骗罪，判处有期徒刑 13 年 6 个月，剥夺政治权利 3 年，并处罚金 60 万元；被告人魏力犯诈骗罪，判处有期徒刑 13 年，剥夺政治权利 3 年，并处罚金 60 万元；被告人王冬金犯诈骗罪，判处有期徒刑 13 年，剥夺政治权利 3 年，并处罚金 60 万元。

本案其他 100 多名被告人在嘉兴市秀洲区人民法院接受审判。

法院经审理查明，2015 年 9 月至 2018 年 4 月期间，被告人张丽梅伙同张丽杰、魏力、王冬金及张红梅、吕宙等人，以思兰德公司为载体，以非法占有为目的，通过全国各地的代理商（运营商）联合美容院，以“老客户赠送免费旅游”“低价旅游”等名义诱骗客户参加赴泰医疗、赴深医疗。然后分别通过思兰德公司员工被告人王冬金及马玲等人冒充境外医疗机构医生对体检报告的异常指标进行夸大、曲解，由姚剑平、吕伟等卖手通过虚构风水等方式推荐治疗项目，由代理商（运营商）、美容院等陪同人员“压单”配合，使被害人对体检医院、见诊医生、自己的身体健康和项目疗效产生错误认识，从而付费接受了“医疗项目”。被害人支付的款项全部流入思兰德公司实际控制的他人名义开设的银行账户，由思兰德公司、代理商（运营商）、美容院等予以瓜分。截至案发止，张丽梅等人通过赴泰、赴深医疗方式骗取 1393 人次被害人共计 42439.42 万元，实际获利共计 14785.48 万元。

法院认为，被告人张丽梅等人以非法占有为目的，采用虚构事实、隐瞒真相的方法共同骗取他人财物，数额特别巨大，其行为均已构成诈骗罪。本案系张丽梅等人以思兰德公司名义组织实施的集团犯罪，被告人张丽梅系犯罪集团的首要分子，按照集团所犯的全部罪行处罚。被告人张丽杰、魏力、王冬金系犯罪集团的主犯，应当按照其所参与的或者组织、指挥的全部犯罪处罚。据此，依法作出上述判决。

补充：浙江嘉兴海外特大医疗诈骗案之个案——王女士被骗案

（1）联手美容院物色“猎物”

王女士是嘉兴一美容店的老顾客了。从2008年开始，她就选择在那里做一些推背、按摩、护肤项目。店长余某对她很是殷勤，除平日里的关心慰问外，过年过节还会送些礼物，王女士把她当作知心的“小姐妹”，觉得“比对亲人都亲”。

王女士不知道的是，余某在背地里已经将她的个人信息，针对性地填写进一张具有34项栏目的《顾客分析表》中。这张表格不仅记录了王女士的职业、年龄、婚姻状况等基本信息，还记录了她的私家车、资产、住宅级别等详细信息；同时，她的性格爱好、最高消费、家族病史、自身病史等隐私信息均被记录在案。

经过筛选，王女士的信息最终到达被告人张丽梅等人经营的思兰德公司手中，成为海外医疗诈骗的目标“猎物”。

根据思兰德公司工作人员交代，“优质客户”要有较强身体保健意识，且具有一定经济基础，有较强的消费能力，已经比较信任公司海外医疗或者保健产品，“因为有钱并注重健康，所以在购买后不管治疗服用效果好还是不好，她们也不会来找我们麻烦”。同时，客户不能是癌症等恶性疾病患者，必须不懂英文，不能是医生、法律工作者，防止客户看懂所谓“进口药物”成分及境外体检报告，以免骗局败露。

（2）精心策划免费海外旅游骗局

物色人选仅仅是海外医疗诈骗的开端。随后，美容院会对选定的目标客户宣传海外医疗项目，以“免费旅游”之名诱骗受害者出境。

2017年上半年，美容店店长余某陪同王女士一起前往泰国。王女士回忆，入住第二天一早，美容院店长余某陪同她前往泰国某医院进行体检，包括血常规、尿检等内容。体检结束后，公司工作人员会带着王女士参加欢迎晚宴、出海游玩以及聚餐等，这个过程叫作“破冰”。

“通过这种形式让客户放松心理上的戒备状态，以此拉近我们和客户的距离，方便下一步沟通交流，以此达到让客户更信任我们的目的。”思兰德公司工作人员表示。

随后，王女士又被安排参加思兰德公司举办的“医疗说明会”，会场约能容纳数百人，布置非常豪华。会场，几位国内外“医疗专家”悉数亮相，分别介绍能防癌抗癌的“癌盾”等医疗项目和产品，还伴有同声翻译，看上去非常高端。

实际上，思兰德公司宣称的所谓美国NHC医疗健康中心顶级专家团队，都是些没有行医资格的人员，甚至还有吸毒人员。

与此同时，王女士的体检报告也出炉了，报告是全英文，由思兰德公司邀请的“专家”为王女士解读报告。“专家”告诉她“癌胚抗原”数值超标，推荐她接受NHC“癌盾”项目，3~5年后可以消除隐患。该方案包括先花费10万元接受注射治疗，后续再购买9.8万元~39.8万元/瓶不等的“癌盾”口服药物。

“我听了之后就慌了，而且想起家里刚好有人因为癌症去世的亲戚，就决定接受治疗了。”王女士说。

最终，王女士自己刷卡106.25万元，美容店老板余某垫付6.75万元，购买了抗癌和抗衰老两个项目。其后，她又两次前往泰国、一次前往美国进行后续保健治疗，共花去600余万元。

思兰德公司工作人员还称，在顾客体检、诊疗、游玩的全过程中，思兰德公司还实行一对一全程陪同，以实现隔离交流，最大化对客户“洗脑”，“美容店主要就是一对一服务客户，对项目进行宣传铺垫，也起到隔离客户的作用，避免客户之间横向交流过多，减少麻烦，同时配合所谓的教授医生来夸大病情吓唬客户，给客户洗脑，让她们绝对信任”。

（3）2元多的糖片售价39.8万元

王女士的女儿在美国留学。2018年1月回国，她无意间看到家中的“癌盾”药物，从英文说明书中，发现其主要成分是糖。她怀疑母亲遭到诈骗，于是报了警。

（资料来源：https：//www.jiaxing.gov.cn/art/2020/12/30/art_1592154_59070441.html）

二、浙江嘉兴海外特大医疗诈骗案的反思

在浙江嘉兴海外特大医疗诈骗案中，被告人张丽梅等人违反了《中华人民共和国刑法》第二百六十六条规定，犯诈骗罪。诈骗罪是指以非法占有为目的，使用欺骗方法，骗取数额较大的公私财物的行为。

《中华人民共和国刑法》（1997年修订）第二百六十六条规定：“诈骗公私财物，数额较大的，处三年以下有期徒刑、拘役或者管制，并处或者单处罚金；数额巨大或者有其他严重情节的，处三年以上十年以下有期徒刑，并处罚金；数额特别巨大

或者有其他特别严重情节的，处十年以上有期徒刑或者无期徒刑，并处罚金或者没收财产。本法另有规定的，依照规定。”

在浙江嘉兴海外特大医疗诈骗案中，思兰德公司的目标市场（即诈骗对象）是经过精心筛选出来的，它选择那些经济条件优越、有较强的消费能力、有较强身体保健意识、已经比较信任公司海外医疗或者保健产品的女性，作为自己的优质客户。思兰德公司认为，这些女性客户因为有钱并注重健康，所以在购买后不管治疗服用效果好还是不好，她们也不会来找公司麻烦。同时，客户要身体健康，不能是癌症等恶性疾病患者，必须不懂英文，不能是医生、法律工作者，防止客户看懂所谓“进口药物”成分及境外体检报告，以免骗局败露，可谓是“精准诈骗”。

浙江嘉兴海外特大医疗诈骗案总共2000多名被害人中，大部分都是女性，绝大多数都不配合警方讲述自己经历。嘉兴警方分析，一方面是这些人经济上都比较宽裕，觉得损失这些钱无所谓；还有的人觉得被骗后，以后在商业圈没面子；三是也有已经和美容院达成了私了协议者。

近年来，此类诱骗我国公民免费赴境外旅游、检查身体，治疗疾病进而实施诈骗的案件多发。

公安机关提醒广大群众，面对各种免费赴海外旅游体检的项目，一定要提高警惕，防范免费项目中的陷阱；不要轻信海外体检医疗检测结果，对有异议的，要检查复核，防止被骗；不要盲目追求进口保健品、药品，确有疾病的，要征求医生的意见建议。

防诈骗提醒：天上不会掉馅饼！世界上没有免费的午餐！

第五章

产品策略中的营销道德问题与反思

第一节　“童话大王”郑渊洁打假维权之难及其反思

一、“童话大王”郑渊洁打假维权之难

郑渊洁，中国当代著名童话作家，被称为“童话大王”，曾创作了《皮皮鲁传》《鲁西西传》《舒克贝塔传》《大灰狼罗克传》等四大名传，原创了皮皮鲁、鲁西西、舒克、贝塔和罗克等5个主要文学角色。

除了著名作家的身份之外，郑渊洁还是一位“反盗版形象大使”。郑渊洁在他的《原创七宗罪》演讲中，将中国原创者可能遇到的知识产权侵权问题归纳为7个方面：盗版、演绎作品侵权、出版社隐瞒印数、抄袭剽窃、商标侵权、商号侵权和网络侵权等。在中国的著作权人里面，郑渊洁全方位地打击知识产权侵权，而且打假维权这件事一做就是30多年。郑渊洁曾在微博上发文称：“我写作四十一年，有三十年在疲于奔命保护知识产权。”

1. 郑渊洁谈打假维权

2020年11月6日，郑渊洁在检察日报社接受专访时说过：

“我打击盗版应该是从1986年开始的，到现在已经34年了。2011年，我有一段特别难忘的打假经历。我们知道抓盗版，证据是一个难点。很多情况下，我知道某个印刷厂在印刷我的盗版书籍，但是没证据。于是，我就想了一招——派‘卧底’。2011年，我找了几个人，请他们到一些印刷厂应聘清洁工，顺便收集信息。有一天，

我得到‘线报’，说有一家印刷厂正在大量印制我的盗版书籍。于是，我带着助理半夜12点从家里出发，赶到那里。跟印刷厂工人表明身份后，双方差点起了冲突，情急之下，助理在微博上@平安北京，并通过‘110’向警方报案。很快，警察就赶到了现场，进行处理。比较遗憾的是，当时发现的那个仓库中盗版书籍的涉案金额没有达到刑事立案标准，最后只进行了行政处罚。”

“今年年初，我在网上买书时，发现有一家书店卖的《皮皮鲁总动员》竟然可以打4.9折，而且销量非常高。依据经验，这家店可能卖的就是盗版书。因为按照我跟出版社签的价格，如果4.9折售书根本收不回成本。于是，我先后分几次在这几家店买了十几本书，发现有的是正版，有的是盗版，也就是说这家店是正版盗版混着卖的。随后，我就向全国扫黄打非办进行了举报，并通过快递信息，查到了这个店的仓库地点。没想到，竟然牵出了一个亿元大案。后来，查出这家店印刷、销售侵权盗版书籍好几十万册，被侵权的出版社有21家，被侵权的除了我，还有余华、路遥等很多作家。”

“这么多年我一直坚持打击盗版，也是想通过自己的努力，引起社会对保护知识产权的重视，也告诉那些销售盗版书籍的人，不要抱有侥幸心理。”

“至于维权过程中的新困难，主要有几个方面：一是有些商家把我作品中的知名文学角色的名称注册为公司商标，这种情况下，维权很困难。比如，2012年我在逛商场时，发现有个店在卖‘卤西西’牌卤肉。这个名字谐音跟‘鲁西西’一样，也就是法律上所说的‘呼叫相同’，很容易让消费者联想到我的作品。但是，这种情况下，我维权非常艰难。虽然按照商标法规定，注册商标不能侵犯他人的在先权利，但对方表示，他们卖的是卤肉制品，并不会对我卖书造成影响。这个案子我从2012年开始维权，到现在8年了，最近判决结果刚出来，法院判决‘卤西西’注册商标无效。”

“后来，我还发现广州一家生产牙膏的公司注册了‘舒克’牌商标。经过我维权，国家商标评审委员会宣告该公司注册商标无效。该公司不服，起诉到北京知识产权法院，这个案子到现在还没开庭。现在那家公司使用‘舒克’的谐音‘舒客’销售牙膏。”

“另外，还有一个新问题是关于商号领域的。我初步查了一下，目前国内有1000多家企业，名称叫‘皮皮鲁’‘舒克贝塔’的公司，全国所有省份都有。这个我已经开始维权，并获得多地市场监管部门的支持。”（本书著者注：商号就是公司名称）

“因为商标权领域目前还存在着违法成本低，维权成本高的问题。可能注册一个商标就花几百块钱，但是要维权可能就得花费成千上万元，还要耗费很多精力。不过，我相信商标权领域的保护也会越来越好，越来越规范。”

“第一，就是希望能够缩短诉讼时间，尤其是商标维权领域。比如，我前面提到的‘卤西西’和‘舒克’牌牙膏两个案子，一个维权 8 年，还有一个 5 年了，现在还没开庭。之前还有一个餐厅，注册了‘皮皮鲁’商标，后来我经过 14 年才维权成功。希望将来能够进一步缩短商标权案件的诉讼时间，减少维权成本。第二，建议加大惩罚力度。现在知识产权领域违法成本普遍比较低，惩罚力度小，尤其是赔偿额比较低。比如我刚说的那个注册‘皮皮鲁’商标的餐厅，虽然 14 年后，我维权成功，但是这个餐厅最后并没有受到处罚。建议在立法、司法层面进一步加大惩罚力度，提升违法成本。”

2. 郑渊洁实名举报的江苏淮安“2・22”特大侵犯著作权案宣判，10 人获刑

2020 年 11 月 27 日下午，江苏省淮安市中级人民法院一审对由作家郑渊洁实名举报的淮安“2・22”特大侵犯著作权案进行公开宣判，以犯侵犯著作权罪，依法判处被告单位北京欣盛建达图书有限公司（以下简称欣盛公司）和北京宏瑞建兴文化传播有限公司（以下简称宏瑞公司）罚金人民币各五十万元；被告人王成、李会雄分别被判处有期徒刑四年、三年六个月实刑，并分处罚金人民币三百万元和二百六十万元；漆文娟等七名被告人被判三年以下不等缓刑，并共判罚金 63 万元；以犯非法制造、销售非法制造的注册商标标识罪，判处被告人吴学青有期徒刑三年，缓刑四年，并处罚金人民币六万元。其中一名被告人因特殊原因未能到庭，法庭将择期对其宣判。

法院经审理查明：

2017 年 4 月至 2019 年 2 月，被告人王成在经营欣盛公司、宏瑞公司期间，以营利为目的，未经著作权人许可，私自委托被告人李会雄印刷侵权盗版图书，并通过物流将上述图书运至其租赁的北京仓库和淮安仓库储存，后通过网络对外销售。通过上述方式，被告人王成委托被告人李会雄共私自印刷侵权盗版图书 59 种，共计 929314 册。

2017 年 4 月至 2019 年 2 月，被告人漆文娟作为欣盛公司、宏瑞公司财务、人事、客服负责人，明知公司从事侵权盗版图书销售活动，为公司在招聘人员、图书采购、费用结算等方面提供帮助，期间公司共从被告人李会雄处购进侵权盗版图书 929314 册。

2018 年 5 月至 2019 年 2 月，被告人王哲星作为欣盛公司、宏瑞公司在淮安仓库的负责人，明知公司从事侵权盗版图书销售活动，安排员工对图书予以储存、分类、打包、快递寄送，期间仓库共购进侵权盗版图书 795415 册。

2018 年 7 月至 2018 年 10 月，被告人王洪福作为欣盛公司、宏瑞公司在淮安仓

库的负责人之一，明知公司从事侵权盗版图书销售活动，安排员工对图书予以储存、分类、打包、快递寄送，期间仓库共购进侵权盗版图书 334532 册。

2017 年 4 月至 2019 年 2 月，被告人张凤梅作为海涛公司拼版负责人、被告人蔡连凯作为海涛公司生产负责人，明知被告人李会雄安排印刷的图书无版权许可等委托印刷手续，帮助被告人李会雄拼版、提供图书样稿、样书，开具生产单安排车间员工印刷生产，期间共生产侵权盗版图书 929314 册。

2017 年 10 月至 2019 年 2 月，被告人刘爱影作为罗德公司实际经营人，明知其经营的彩印公司无印刷图书资质，且被告人李会雄委托印刷的图书无版权许可等委托印刷手续，仍安排员工帮助李会雄印刷侵权盗版图书彩色部分，期间共印刷侵权盗版图书共计 917767 册。

2017 年 10 月至 2019 年 2 月，被告人杨术宽作为罗德公司审查、拼版负责人，在被告人刘爱影的默许下，未对被告人李会雄委托印刷的图书进行版权许可等委托印刷手续审查，将被告人李会雄提供的侵权盗版图书电子文稿进行拼版，后交给其他工作人员开具生产单安排印刷，期间共印刷侵权盗版图书共计 917767 册。

2018 年 6 月，被告人吴学青，未经授权，根据被告人李会雄提供的皮皮鲁系列图书防伪标样本，帮助被告人李会雄制作假冒皮皮鲁系列图书防伪标 100 万枚，并收取费用 3 万元。

2019 年 5 月 19 日和 6 月 3 日，被告人王洪福和刘爱影先后主动到公安机关投案。王成等 11 名被告人归案后，都能够如实供述犯罪事实。期间被告人王成、李会雄、刘爱影、吴学青还分别退出人民币 200 万元、200 万元、7 万元、3 万元。

法院经审理后认为：

被告单位欣盛、宏瑞两公司，王成等 10 名被告人以营利为目的，未经著作权人许可复制发行其文字作品，属于《中华人民共和国刑法》第二百一十七条规定的“情节特别严重”；被告人王成系被告单位欣盛、宏瑞公司直接负责的主管人员，被告人漆文娟、王哲星、王洪福系被告单位的直接责任人员，其行为均已触犯刑律，他们系共同故意犯罪，构成侵犯著作权罪。被告人吴学青伪造、销售伪造的他人注册商标标识，属于《中华人民共和国刑法》第二百一十五条规定的“情节特别严重”；应该以非法制造、销售非法制造的注册商标标识罪追究刑事责任。

被告人李会雄、蔡连凯、张凤梅共同故意犯罪；被告人李会雄、刘爱影、杨术宽共同故意犯罪。被告人王成、李会雄在共同犯罪中起主要作用，系主犯，依法应当按照其所参与的全部犯罪处罚。漆文娟等 7 名被告人在共同犯罪中起次要作用，系从犯。被告人王洪福、刘爱影在犯罪后主动向公安机关投案，并能如实供述犯罪事实，系自首。被告单位欣盛公司、宏瑞公司已与被害人北京皮皮鲁总动员文化科技有限公司达成赔偿协议并取得谅解。根据被告单位和被告人犯罪情节及其悔罪表现，遂依法作出上述判决。

江苏淮安“2·22”特大侵犯著作权案典型意义：

该案较以往的侵犯著作权案，出现了新的犯罪手法，是一种新型侵犯著作权的犯罪活动。①披着合法外衣。欣盛公司、宏瑞公司均在北京市有关部门注册，并取得了销售图书的许可。②犯罪环节分离。由位于北京通州的公司连接网络平台，负责销售和结算业务，在河北廊坊印刷盗版书后，直接物流运输至江苏淮安和北京通州仓储点，再由仓储点直接向客户发货。③正版掩盖盗版。主要犯罪嫌疑人王某从正当渠道购买了极少量正版书籍，但其公开在网络平台销售出去的大都是盗版书籍。④侵权主体较多。王某销售盗版书籍种类完全是“市场决定”，哪些书籍卖得多，就销售哪些书籍。涉及21个出版社、75个品种图书、100余万册。⑤犯罪链条完整。盗版团伙按照正版书籍印制的标准，制版、印刷、储存、运输、销售、制作防伪标识等全部环节一个不漏。

3. 郑渊洁发布《郑渊洁告别书》

2023年4月18日，郑渊洁在自己微博上发布了《郑渊洁告别书》：

“我于1981年和1982年原创了皮皮鲁、鲁西西、舒克、贝塔等知名文学角色。他们陪伴了中国‘70后’至‘10后’5代读者。和他们相关的书刊发行量超过3亿册。”

“仅2021年一年，我因皮皮鲁、鲁西西、舒克和贝塔系列图书销量向国家缴纳了一千多万元个人所得税。对于作家，税单是最可信的作品销量和影响力证明。”

“2008年，联合国世界知识产权组织向我颁发国际版权创意金奖，表彰我原创了皮皮鲁、鲁西西、舒克和贝塔等知名文学角色和作品。2011年4月26日，国家新闻出版总署、全国扫黄打非办和国家版权局授予我‘反盗版形象大使’称号。”

“我原创的知名文学角色被不法商家觊觎，他们未经我授权，违反《中华人民共和国商标法》，利用商标代理机构见利忘义、商标审核人员知识产权意识淡薄、自由裁量权过大甚至可能存在寻租空间，将我原创的知名文学角色恶意注册了710个侵权商标，用于兜售各种商品，涉及种类之多，令人咋舌，包括卤腌食品、畜类人工授精、内衣、燃气阀门、餐饮店、鼠粮，等等，等等，应有尽有，不胜枚举。”

“我自2002年开始对侵权商标维权。21年来我只维权成功了37个侵权商标，平均每个侵权商标维权成功需要6年时间。维权时间最长的一个侵权商标舒克内衣商标竟然用了19年时间一直打到最高人民法院才维权成功。还有673个侵权商标没有维权成功。”

“2021年12月，673个侵权商标逼停创刊36年发行量2亿册的《童话大王》月刊。”（本书著者注：《童话大王》月刊创刊于1985年，由中国童话大王郑渊洁担任唯一撰稿人。是中国第一本月销售量破百万册的童话类期刊，中国新闻出版总署双效期刊。）

“……从今天起，我告别商标维权，不再对侵犯我原创的知名文学角色在先权益的673个侵权商标维权。我每天依然写作，但写出的作品包括已经写出的长篇小说等永远不再发表，因为发表了将面对商标侵权而难以维权成功。”

“……商标维权之难，难于上青天。我知难而退。别了，商标维权。”

二、“童话大王”郑渊洁打假维权之难的反思

在知识产权领域，中国市场普遍存在的盗版现象屡禁不止，如盗版图书、盗版电影光碟、盗版软件、盗版音乐、盗取商业秘密、商标侵权等。

《中华人民共和国民法典》（2020年5月28日颁布）第一百二十三条规定：“民事主体依法享有知识产权。知识产权是权利人依法就下列客体享有的专有的权利：（一）作品；（二）发明、实用新型、外观设计；（三）商标；（四）地理标志；（五）商业秘密；（六）集成电路布图设计；（七）植物新品种；（八）法律规定的其他客体。”

“童话大王”郑渊洁有关著作权、商标和商号等打假维权涉及知识产权领域的盗版问题。

在江苏淮安“2·22”特大侵犯著作权案中，有关被告违反了《中华人民共和国著作权法》或《中华人民共和国商标法》，而且“情节特别严重”，构成了犯罪，被淮安市中级人民法院根据《中华人民共和国刑法》有关条款规定，追究了刑事责任。

《中华人民共和国著作权法》（2010年修正）第四十八条规定：“有下列侵权行为的，应当根据情况，承担停止侵害、消除影响、赔礼道歉、赔偿损失等民事责任；同时损害公共利益的，可以由著作权行政管理部门责令停止侵权行为，没收违法所得，没收、销毁侵权复制品，并可处以罚款；情节严重的，著作权行政管理部门还可以没收主要用于制作侵权复制品的材料、工具、设备等；构成犯罪的，依法追究刑事责任：（一）未经著作权人许可，复制、发行、表演、放映、广播、汇编、通过信

息网络向公众传播其作品的，本法另有规定的除外；（二）出版他人享有专有出版权的图书的；（三）未经表演者许可，复制、发行录有其表演的录音录像制品，或者通过信息网络向公众传播其表演的，本法另有规定的除外；（四）未经录音录像制作者许可，复制、发行、通过信息网络向公众传播其制作的录音录像制品的，本法另有规定的除外；（五）未经许可，播放或者复制广播、电视的，本法另有规定的除外；（六）未经著作权人或者与著作权有关的权利人许可，故意避开或者破坏权利人为其作品、录音录像制品等采取的保护著作权或者与著作权有关的权利的技术措施的，法律、行政法规另有规定的除外；（七）未经著作权人或者与著作权有关的权利人许可，故意删除或者改变作品、录音录像制品等的权利管理电子信息的，法律、行政法规另有规定的除外；（八）制作、出售假冒他人署名的作品的。"

《中华人民共和国商标法》（2013 年修正）第六十七条规定："未经商标注册人许可，在同一种商品上使用与其注册商标相同的商标，构成犯罪的，除赔偿被侵权人的损失外，依法追究刑事责任。伪造、擅自制造他人注册商标标识或者销售伪造、擅自制造的注册商标标识，构成犯罪的，除赔偿被侵权人的损失外，依法追究刑事责任。销售明知是假冒注册商标的商品，构成犯罪的，除赔偿被侵权人的损失外，依法追究刑事责任。"

《中华人民共和国刑法》（1997 年 3 月 14 日颁布）第二百一十七条规定："以营利为目的，有下列侵犯著作权情形之一，违法所得数额较大或者有其他严重情节的，处三年以下有期徒刑或者拘役，并处或者单处罚金；违法所得数额巨大或者有其他特别严重情节的，处三年以上七年以下有期徒刑，并处罚金：（一）未经著作权人许可，复制发行其文字作品、音乐、电影、电视、录像作品、计算机软件及其他作品的；（二）出版他人享有专有出版权的图书的；（三）未经录音录像制作者许可，复制发行其制作的录音录像的；（四）制作、出售假冒他人署名的美术作品的。"

《中华人民共和国刑法》（1997 年 3 月 14 日颁布）第二百一十五条规定："伪造、擅自制造他人注册商标标识或者销售伪造、擅自制造的注册商标标识，情节严重的，处三年以下有期徒刑、拘役或者管制，并处或者单处罚金；情节特别严重的，处三年以上七年以下有期徒刑，并处罚金。"

目前，中国越来越重视对知识产权的保护，在打击盗版图书方面取得了显著的进步，但在保护商标和商号等知识产权方面还明显滞后。

商标和商号属于两个不同的法律范畴，商标归《中华人民共和国商标法》管辖，商号归《企业名称登记管理规定实施办法》管辖。商标归国家知识产权局商标局管辖，商号归国家市场监督管理总局管辖。商号维权目前还缺乏法律支持。

2017 年 5 月 11 日，郑渊洁应邀在中国（深圳）国际文化博览会上发表了题为《商标不应该成为原创者的伤标,商号不应该成为原创者的伤号》的演讲。郑渊洁认为："商标注册是保护知识产权的体现。注册商标的目的是保护原创，保护知识产权，促进经济发展。" "保护知识产权的直接受益者就是原创者。如果注册商标里包含很多侵犯他人知识产权的恶意抢注商标，而且这些侵犯他人知识产权的商标受到法律保护，就严重挫伤了原创者的积极性，使得商标管理部门成为助纣为虐侵犯知识产权的帮手。" "有了文化实力，国家才能真正强大。切实尊重和保护知识产权，国家才能拥有文化实力。"

保护知识产权就是保护创新！

第二节　三鹿奶粉事件及其反思

一、三鹿奶粉事件及其危害

石家庄三鹿集团股份有限公司，简称"三鹿集团"或"三鹿"。三鹿集团前身是 1956 年 2 月 16 日成立的"幸福乳业生产合作社"。三鹿集团曾经是一个集奶牛饲养、乳品加工、科研开发为一体的大型企业集团，它的"新一代婴幼儿配方奶粉研究及其配套技术的创新与集成"项目曾获得国家科学技术进步奖。2008 年，三鹿集团生产的婴幼儿配方奶粉发生三聚氰胺污染重大食品安全事故，很多食用三鹿集团生产的奶粉的婴幼儿被发现患有肾结石，随后在三鹿奶粉中发现含有化工原料三聚氰胺。2009 年 2 月 12 日，石家庄市中级人民法院发出民事裁定书，正式宣布石家庄市三鹿集团股份有限公司破产。

2008 年 9 月 11 日，《东方早报》刊登《甘肃 14 名婴儿同患肾病 疑因喝"三鹿"奶粉所致》的新闻，首次点名三鹿奶粉，揭开了媒体曝光三聚氰胺事件的序幕。2008 年上半年，甘肃、湖北、江苏等多地出现婴儿患有肾结石的病例，医生们发现，这些患病婴儿的共同点在于没有母乳之后，都在食用"三鹿"奶粉。

2008 年 9 月 12 日，国家质检总局派出的调查组确认"受三聚氰胺污染的婴幼儿配方奶粉能够导致婴幼儿泌尿系统结石"。同日，石家庄市政府宣布称三鹿集团生产的婴幼儿“问题奶粉”，系不法分子在原奶收购过程中为达标而添加三聚氰胺所致。

2008年9月22日，根据国家处理奶粉事件领导小组事故调查组调查：三鹿牌婴幼儿奶粉事件是一起重大食品安全事件。三鹿集团公司主要负责人涉嫌犯罪，石家庄市委、市政府主要负责同志对三鹿牌婴幼儿奶粉事件未及时上报，处置不力。

经调查，2007年12月以来，石家庄三鹿集团公司陆续接到消费者关于婴幼儿食用三鹿牌奶粉出现疾患的投诉。经企业检验，2008年6月已发现奶粉中非蛋白氮含量异常，后确定其产品中含有三聚氰胺，有关问题仍在深入调查中。8月2日，三鹿集团公司向石家庄市政府做了报告。在2007年12月至2008年8月2日的8个月中，三鹿集团公司未向石家庄市政府和有关部门报告，也未采取积极补救措施，导致事态进一步扩大。三鹿集团公司主要负责人涉嫌犯罪已被刑事拘留，石家庄市政府2008年8月2日接到三鹿集团公司关于三鹿牌奶粉问题的报告后，虽然采取了一些措施，但直至9月9日才向河北省政府报告三鹿牌奶粉问题。调查表明，8月2日至9月8日的38天中，石家庄市委、市政府未就三鹿牌奶粉问题向河北省委、省政府做过任何报告，也未向国务院和国务院有关部门报告，违反了有关重大食品安全事故报告的规定。

2008年9月10日以来，胡锦涛总书记、温家宝总理等中央领导同志连续作出指示批示，中央政治局常委会和国务院多次召开会议，对事件处置工作进行研究部署，国务院启动了重大食品安全事故（Ⅰ级）应急响应。各地区和有关部门认真贯彻党中央、国务院决策部署，全力救治患儿，全面清查问题奶粉，深入调查事件原因和责任，并及时向社会公开发布了信息，向世界卫生组织，我国香港、澳门特别行政区和台湾地区，以及有关国家通报了情况。

2008年12月2日，据原卫生部（现名称为国家卫生健康委员会）通报，截至2008年11月27日8时，全国因三鹿牌婴幼儿奶粉事件累计筛查婴幼儿2238.4万人次；累计报告因食用三鹿牌奶粉和其他个别问题奶粉导致泌尿系统出现异常的患儿29.4万人；累计住院患儿51900人；累计出院51039人。现住院患儿861人，累计收治重症患儿154例。大多数患儿仅有泌尿系统少量泥沙样结石而接受门诊治疗，部分患儿泌尿系统结石症需住院诊治。2008年9月10日至2008年11月27日，各地卫生行政部门上报的回顾性调查死亡病例共11例，经卫生部和相关省（区）专家组认真讨论排查，江西省、浙江省、贵州省、陕西省各1例、甘肃省2例（共计6例）上报的死亡病例不能排除与食用问题奶粉有关。山西省、江苏省、广东省、新疆维吾尔族自治区、甘肃省各有1例（共计5例）上报死亡病例，已排除与食用问题奶粉致泌尿系统结石、肾功能衰竭有关。

二、《中国青年报》对“三鹿奶粉事件”的两篇深度报道

1.《“三鹿事件”真相大曝光》（《中国青年报》2009 年 1 月 1 日）

“三鹿事件”真相大曝光

本报记者　叶铁桥

2008 年的最后一天，河北省石家庄市中级人民法院的门口人头攒动。一大早，警察就在法院外拉起了警戒线，严格审查旁听者资格。

上午 8 时，庭审开始。从田文华（本书著者注：三鹿集团原董事长）的答问中，可以描述出她的成长轨迹：她出生于石家庄，1966 年 8 月毕业于张家口农业专科学校，1968 年开始从事奶业工作，并将一个名不见经传的小厂逐渐发展成为集奶牛饲养、乳品加工、科研开发为一体的三鹿集团。

而其余 3 名被告，也是在三鹿集团工作了多年的老员工，他们见证了三鹿的成长与辉煌，但三鹿也毁在了他们手中。

随着庭审的持续进行，“三鹿事件”真相大白于天下。

为保密，他们将三聚氰胺称为“A 物质”

据公诉机关指控：2007 年 12 月以来，被告单位三鹿集团陆续收到消费者投诉，反映有部分婴幼儿食用该集团生产的婴幼儿系列奶粉后尿液中出现红色沉淀物等症状。

被告王玉良（本书著者注：三鹿集团原副总经理）供认，2008 年 3 月，接到问题奶粉的投诉后，他向奶事业部汇报，让其查一下原因，他这边也查了一下，他给田文华汇报过，田文华当时说让技术部监测、检测，看是不是孩子上火了等其他原因造成的。当时的确没有引起我们重视，一直到 4 月底，消费者投诉奶粉质量问题增多，当时可以认定是奶粉质量出了问题，田文华决定当即成立质量小组，他负责技术小组、攻关小组的领导、协调。

田文华在庭审中供认，她是在今年 5 月中旬才获知三鹿奶粉出现问题的，这也是下面的人报告给她的。

田文华说，当她得知这一消息后，马上组织成立了由副总经理王玉良负责的技术攻关小组。通过技术小组的排查，确认该集团所生产的婴幼儿系列奶粉中的“非乳蛋白态氮”含量是国内外同类产品的 1.5 至 6 倍。

但由于当时对三聚氰胺这一物质不太熟悉，所以不敢肯定里面含有什么东西。王

玉良说，由于去年我国曾发生过出口宠物食品致动物死亡的事件，有证据显示宠物食品中含有三聚氰胺，她当时也怀疑是三聚氰胺。

田文华说，三鹿集团将系列样品送往多家检测机构检测，但都没检测出问题，都声称产品正常。

7月24日，三鹿将16批次婴幼儿系列奶粉送往河北省出入境检验检疫局检验检疫技术中心检测，当时考虑到产品的声誉问题，三鹿并没有向该中心说明是自己的成品，而仅表示是原料或其他东西。在送审过程中，三鹿集团还想方设法予以保密。

当时，全国有许多婴幼儿因食用三鹿婴幼儿奶粉出现泌尿系统结石等严重疾患，部分婴幼儿住院手术治疗，甘肃等地还出现多例婴幼儿死亡事件。

公诉方当庭出具的证据显示，河北省出入境检验检疫局检验检疫技术中心有关人员对三鹿送检的产品颇为吃惊，表示这种产品即使牲畜食用都会导致严重后果。

田文华说，8月1日下午5时许，她得到检测报告：送检的16个批次奶粉样品中，15批次检出了三聚氰胺。于是，她紧急召开了集团经营班子扩大会进行商议，会议由当日下午6时一直开到第二天凌晨4时。

然而，正是由于这次会议错判了形势，并通过了一系列错误决议，让三鹿集团走上了绝路。

田文华说，新西兰恒天然公司在三鹿集团的董事要求召回产品，但参加会议的许多高管认为，召回产品会造成声誉受损，于是决定以悄悄换回的方式取代召回。“当我们说了这一建议后，新西兰方代表没有反对，所以这个提议就通过了。”

杭志奇（本书著者注：三鹿集团原副总经理）则在法庭上供述，在这次会议上，大家研讨形势认为，当时正处于奥运前夕，且消息泄露后将极大影响三鹿的声誉，所以决定对奶制品中含三聚氰胺一事在扩大会议的范围内严格予以保密，对外将三聚氰胺称为“A物质”。

王玉良供认：“我们在化验单上发现有‘A物质’，‘A物质’是什么，‘A物质’实际上就是三聚氰胺，为什么这样写？我公司在检验时，发现奶粉中有三聚氰胺后，2008年8月1日，当晚召开了会议，会上，企业考虑到品牌的影响，田文华总经理要求已经知道的部门和人员不要再传播了，所以在以后的化验单上就出现了‘A物质’或者不写名称只写含量的现象，这也很正常。谁规定的三聚氰胺写成‘A物质’？集团公司没有具体规定，可能是分层的实验室或质检部门自己规定的……”

问题奶被调转入液态奶，知毒卖毒

作为公司中层管理人员的被告人吴聚生（本书著者注：三鹿集团原原奶事业部

部长）也声称，杭志奇在其后打电话把他叫进办公室，要他将因“非乳蛋白态氮”检测不合格而被加工三厂拒收的原奶转送他处时，杭志奇也仅仅告知他原奶中含的是“A物质”，并表示这个物质属于“非乳蛋白态氮”，对人体有害，但掺杂在液态奶中问题不大。

随后几天，三鹿集团的质检中心研制出了检测三聚氰胺的方法，但为了保密，三鹿集团还委托杭志奇的妻子代买相关设备，并在杭志奇妻子的公司由设备提供方培训三鹿集团员工。

然而，由于当时临近中秋节和国庆节，市场上对于奶制品的需求异常大，田文华说，即使开足马力生产，三鹿集团也无法用不含三聚氰胺的奶换回已销售出去的含三聚氰胺的奶。

在此情况下，8 月 13 日，三鹿集团班子开会时，她拿出一份从新西兰恒天然公司获得的资料（原件是英文，但关键点已经被翻译成中文），这是欧盟关于食品中含三聚氰胺的标准，这个标准是一个人，按体重来衡量，每公斤每天耐受三聚氰胺的量是 0.5 毫克，如果将其换算成奶粉，那么，每公斤中含 20 毫克三聚氰胺不会有影响。

王玉良说，他在会议上表达了不同意见，认为欧盟的标准是 20 毫克的话，为慎重起见，还应该在这个标准上打个 5 折，于是班子决定，对已经被封存的奶粉，三聚氰胺含量在 10 毫克以下的予以放行。但到了后来，由于市场的需求量越来越大，这一标准又被放大到了 15 毫克。

会议还决定：调集三聚氰胺含量 20mg / kg左右的产品换回三聚氰胺含量更大的产品，并逐步将含三聚氰胺的产品通过调换撤出市场。

经检测和审计，2008 年 8 月 2 日至 9 月 12 日，被告单位三鹿集团共生产含有三聚氰胺婴幼儿奶粉 72 个批次，总量 904.2432 吨；销售含有三聚氰胺婴幼儿奶粉 69 个批次，总量 813.737 吨，销售金额 4756 万多元。

“如果不收，我们就将从此丧失这部分奶源。”

不得不说，三鹿集团出事的一个重要因素，是恶性竞争。

田文华说，蒙牛、伊利等巨头涌进河北省市场以后，奶源市场就越来越紧张了，尤其是从 2003 年下半年以后，她感觉公司奶源形势日益严峻。

据了解，河北省是产值仅次于内蒙古的奶业大省，然而，由于奶源竞争激烈，恶性抢奶事件频发，导致奶价一直高企不下。

河北省食品工业协会发布的数据显示，2008 年第一季度，因为原奶收购价争抢严重，导致今年一季度河北省液体乳及乳制品利润总额同比下降 49.02%，全行业 64 个企业中有23个出现亏损，亏损总额达4471万元。

而三鹿高管这次以生产、销售伪劣产品罪被提起公诉，公诉方所提供的一个重要证据就是：在三鹿查出原奶有问题后，仍将原奶收购加工并销售到市场上。

事情的原委是这样的，三鹿加工三厂主要生产婴幼儿奶粉，毒奶粉事件出来后，加工三厂加大了对原奶的检测力度，并在随后的检测中检测出多批原奶含三聚氰胺，然而，虽然查出问题后，三鹿加工三厂主要产婴幼儿奶粉拒收了这些奶站提供的原奶，但是，随后，杭志奇却授意吴聚生将这些奶转至其他奶厂。

就这样，先是有因“非乳蛋白态氮”检测不合格而被加工三厂拒收的29吨多原奶被转往行唐配送中心和新乐闵镇配送中心，这两个配送中心又先后向保定三鹿、加工二厂和三鹿乐时奶制品公司配送原奶180.89吨。

这些原奶与其他原奶混合后，进入了加工程序，分别生产出原味酸奶、益生菌酸奶、草莓酸酸乳等含有三聚氰胺的液态奶269吨多，且全部铺向市场并且销售完毕。

当被公诉方问及为什么明知这些原奶有问题，三鹿公司仍然要收奶时，杭志奇说，没有办法，竞争实在太厉害了，如果我们不收，我们就将从此丧失这部分奶源。

吴聚生也说，如果三鹿拒收，这些原奶仍然会流到别的地方去。

王玉良也说，虽然在2008年8月4日他们就研制出了三聚氰胺的检测方法，但是该设备在各个分公司的配备并不均衡，主要生产婴幼儿奶粉的加工三厂最早配备，其余的地方，对奶源的控制并没有那样严格，同样是基于市场压力大：奶制品销路好，原奶的供应却时时感到紧迫。

吴聚生说，发现问题奶后，三鹿公司采取了“人盯奶站”的办法，就是每个奶站派驻工作人员进驻，监督产奶、收奶的全过程，以保证质量，公司甚至还直接租赁了几个奶站，以控制奶源。当然，为了掩人耳目，他们打的是奥运的招牌，声称是为了奥运考虑要加强食品的监督。然而到了此时，事情已经无法弥补。

沉重的思考

田文华称，8月1日，在她获知三鹿送检的16个批次奶粉样品中有15批次检出三聚氰胺后，于8月2日以书面报告的形式向当地政府部门作了汇报。

8月29日，她再次以书面报告形式上报市政府。然而，市政府对此事却迟迟未能作出反映。

在今天的庭审中，三鹿集团的辩护人也多次提出，田文华及时向政府部门汇报信息，说明三鹿集团在此事的反应上是迅速的，当地政府部门难辞其咎。

据媒体报道，此前，石家庄市一位王姓秘书长说，之所以石家庄市政府向上级迟报信息，以致酿成事态扩大到全国，该市市政府对此事很不敏感，另外更多地考虑了对企业的信任和支持。当时只是向媒体做了一些简单说明。

据了解，三鹿是石家庄市数一数二的企业，其税收占到了该市财政收入的相当比例，所以当地政府部门在此事的处理出现了问题。

而事实上，企业和政府部门出现的问题也给当地造成了重大损害。12 月 31 日晚，记者从庭审现场回住地途中，正好赶上出租车司机邵松超带着妻儿回家。途中，他告诉记者，他 6 岁的儿子从 1 岁半就开始喝三鹿液态奶，“我儿子不爱喝水，就爱喝奶，他每天能喝 1 公斤奶，而且，他从 1 岁半就开始这样喝，结果在三鹿出事后，去医院检查，查出了肾积水。”

邵松超说，这还是最近几次的检查结果，医院要求他们过 10 多天以后再去检查。

“这些人太邪恶了，连小孩子吃的东西都敢掺这些乱七八糟的玩意儿，也不知道他们的心是怎么长的。”邵松超的妻子气愤地说。

（资料来源：叶铁桥．“三鹿事件”真相大曝光[N]. 中国青年报，2009-1-1. https：//zqb.cyol.com/content/2009-01/01/content_2492351.htm）

2. 《“鹿”死谁手》（《中国青年报》2009 年 1 月 7 日）

“鹿”死谁手

本报记者　叶铁桥

从 1956 年只有 32 头奶牛和 170 只奶羊的幸福乳业合作社，发展到品牌价值近 150 亿元的大型企业集团，三鹿用了整整 50 年时间。

然而，从一个年销售收入亿元的企业走向破产，三鹿却只用了不到一年时间。

其实，从 2008 年 5 月 17 日三鹿高层接到产品出了问题的报告算起，到 9 月 12 日三鹿被封，这 100 多天才是三鹿真正的生死抉择期。

“中国搞市场经济的时间短，企业生存、发展环境复杂多变，决策稍有不慎，就可能影响企业的发展，甚至生存。”2006 年，三鹿集团成立 50 周年之际，企业的长期掌舵者、董事长田文华如是说。没想到两年后，企业竟然真的遭遇生与死的挑战。

更让她没有想到的是，正是她和相关部门的决策失误，竟让她苦心孤诣经营了整整 40 年的乳业王国如泥腿巨人般轰然倒地。

三鹿，究竟“鹿”死谁手？

2008年的最后一天，田文华和三鹿集团原副总经理王玉良、杭志奇，原奶事业部部长吴聚生一起站在了石家庄市中级人民法院被告席前，经历了长达14个小时的庭审（详见《中国青年报》2009年1月1日《“三鹿事件”真相大曝光》等）。

再次回顾这次庭审，记者却发现，被告人的陈述、公诉机关的起诉书和出具的证人证言，以及辩护方的辩护意见，勾画出了三鹿集团由出现问题到走向崩塌的全过程。其代价之沉重，其教训之惨痛，令中国企业界乃至政府部门反思。

6个质检部门未检测出“三聚氰胺”

法庭上，石家庄市人民检察院指控，2007年12月以来，三鹿集团陆续收到消费者投诉，反映有部分婴幼儿食用该集团生产的婴幼儿系列奶粉后尿液中出现红色沉淀物等症状。

三鹿集团党委副书记、副董事长刘承德2008年9月21日在接受公安机关的调查时称，早在2008年初开会时，就曾听到王玉良说，接到投诉，说有小孩喝了我们的奶粉出现尿红、结石等现象，当时还开会决定看原料是否出了问题，或者案发地是不是结石高发地，并要求对发患者员详细跟进，掌握情况。

但直到2008年5月17日，三鹿集团客户服务部才书面向田文华、王玉良等集团领导班子成员通报了此类投诉的有关情况。随后，田文华组织成立了问题奶粉处理小组，她自己担任组长，并在5月20日成立了由被告人王玉良负责的技术攻关小组。同时还成立了奶源管理小组，由杭志奇担任组长，负责生产过程管理和奶源质量问题。一向重视公关工作的三鹿在此期间还成立了市场信息处理小组，由副总蔡树维和张振岭负责，针对消费者的投诉开展应对工作。

技术攻关小组在2008年6月初步发现了问题。田文华说：“我记得是在6月，领导小组开会听取汇报时，王玉良进行了汇报，他说，咱们的奶粉与国内外其他的奶粉相比，‘非乳蛋白态氮’含量高，但根据国家标准来看，这个方面并没有相关标准。”

田文华说，在技术小组查出问题后，她指示技术组要查“非乳蛋白态氮”高到底是出了什么问题，同时还建议技术小组组织专家进行研究，看小孩出现肾结石、尿结石是否真的是因为喝三鹿奶粉引起的。

2008年6月，三鹿又派人直接与出现婴幼儿结石病患的医院联系，试图找出原因。

与此同时，三鹿集团还与消费者共同委托湖南省食品质量监督检测所、长沙市食品质量监督检查中心、徐州市产品质量监督检验所进行抽查。三鹿集团则自行委托了国家乳品质量监督检测中心、国家环保产品质量监督检验中心和农业部乳品质量监督检测中心对已进入市场相应的产品进行了送检。

但田文华说，非常可惜的是，不论是在事故发生地进行检测，还是国家权威部门进行检测，这些送检的产品，不仅未能检测出已被“三聚氰胺”污染的情况，而且检测的结果都被认定为合格产品。

然而，大量的案例显示，这些婴幼儿出现的健康问题，与三鹿的产品直接相关。法庭上，公诉机关出具的一份三鹿原副总经理张振岭（现董事长）的证言也显示，此时他们“尽管不知道出了怎样的问题，但知道肯定出了问题”。

通过投放广告控制媒体曝光

公诉方称，三鹿集团在2008年7月召开了多次会议，其中的7月17日会议和18日会议，所讨论的问题可以证实，企业高层当时已经意识到是奶粉出了问题。

公诉方提供的证言显示，三鹿集团党委副书记、副董事长刘承德曾谈及7月17日会议的情况。“我们在二楼会议室召开会议，参加人员有田文华等人，会议通报了兰州大学第二附属医院发生了十几例婴儿患肾结石的情况，说大部分都食用过三鹿婴幼儿配方奶粉。同时，我们也了解到，江西、湖南、湖北、河北等地也出现了类似情况。”

田文华也说：“在2008年6月，我们就把2007年12月之前生产的产品全部收回来了，因为发现出现问题的产品是2007年10月的产品。”

然而，即使意识到是自己的产品出了问题，三鹿集团首先想到的却不是及时上报，而是考虑怎么应付舆论的压力。

因此，在这次会议上企业高管们作出的一个决策：封锁媒体。为此，三鹿集团安排了副总经理张振岭和蔡树维来负责这方面事务。其中，张振岭负责处理媒体事务，蔡树维负责处理消费者事务。

两人在此方面早有经验，2004年阜阳毒奶粉事件中，三鹿品牌就曾被列入媒体公布的不合格奶粉和伪劣奶粉的黑名单中，当时负责“灭火”的正是张振岭和蔡树维，他们成功地让三鹿避过了声誉之灾，并成就一个企业危机公关的著名案例。

这次也不例外。公诉方出具的证言显示，张振岭承认：“在7月的一次会议上，田文华让我负责做面对媒体的工作，当时已经有传言食用三鹿奶粉后出现问题，不断有记者要采访我，我们怕问题曝光，所以田文华让我负责（这方面）工作。”

张振岭说：“当时主要是湖北、湖南地区（反映问题较多）……通过给媒体广告费用，让他们不报道，封锁消息，控制媒体。（我们）做消费者工作，防止消费者向媒体反映问题和情况，怕媒体曝光后影响公司利益。”

公诉机关出具的另一份证言也显示，三鹿奶粉事业部经理付新杰说，在2008年7月他参加的一次经营班子会议上，会议要求，要为消费者换货、退货，让消费者情绪稳定，“不要让媒体知道消费者投诉三鹿奶粉情况，不能影响公司的利益”，“这事一定要保密”。

在三鹿集团开展危机公关的同时，技术攻关小组仍然在努力查找问题。2008年7月下旬，他们终于找对了方向。

公诉方出具的证言显示，三鹿集团技术中心应用研究部一位姓王的副部长称，大约在7月20日，他们开始怀疑奶粉中含有三聚氰胺，“是我和张志国在网上查的资料，发现2007年年初，在美国发生的宠物死亡事件中，宠物饲料中含有三聚氰胺，我们怀疑婴幼儿奶粉中可能也掺有三聚氰胺”。

公诉方出具的三鹿集团技术保障部部长李朝旭的证言也称：“7月24日上午10点多，我去王总（王玉良）办公室，王总正在说要派人去北京检测三聚氰胺，因为我知道河北省出入境检验检疫局可以检测三聚氰胺，所以我就跟他说了。”

李朝旭称，王玉良吩咐，送检时一定不要说是我们的产品。“下午6点多，我和张志国将16批样品送到检疫局，登记时，我们说是市场打假收回的奶粉，以及山东来的原料。26日上午，我打电话（给检疫局）问检测情况，对方告诉我说其中有样品含三聚氰胺，我跟王总汇报情况，王总让我配合检疫局做好保密工作。”

三鹿集团技术中心副部长张志国则证实：“7月24日，我和李朝旭将16批产品送到检疫局检测，送检产品上没有三鹿的标志，因为王总吩咐过，这事一定要保密。”

8月1日下午5时，王玉良向田文华汇报了河北省出入境检验检疫局技术中心的检测结果，说16批次奶粉样品中，15批次检出了三聚氰胺。田文华说，“听到这个以后，我决定立即召开经营班子扩大会”。

会议由8月1日傍晚一直开到第二天凌晨4点。田文华说，会议最终还形成了几项决议：一是对已有奶粉立即进行封存，暂时停止产品出库。二是收回市场上的产品并购置检测三聚氰胺的设备，由王玉良负责对库存产品、留存样品及原奶、原辅料进行三聚氰胺含量的检测。三是由杭志奇加强日常生产工作的管理，特别是对原奶收购环节的管理，并决定派出400多名检测人员到各收奶站，以“人盯奶站”的方式监督各奶站，确保原奶的质量。四是召开董事会，公布已经出现的问题，制定收回的方案，对通过检测的和没通过检测的产品进行抽查。

但这次会议做出的决定中，没有包含向社会坦诚问题的内容，反而做出了保密的决定。公诉方出具的证言显示，杭志奇2008年9月22日供述称，在这次会议上："田文华要求严格保密，说这是为了控制事情的局面……田文华就是害怕奶粉中含有三聚氰胺的事情泄露出去。"

杭志奇同时称，为了保密，田文华甚至要求部分内容不进入会议记录。

2008年8月2日上午，三鹿集团的高层又与新西兰恒天然公司派驻三鹿公司的董事一起召开了董事会，田文华等人将产品被污染等情况告知了外方董事，外方董事表示愿意接受经营班子扩大会议的决议。

8月1日，还在杭州出差的张志国，接到了王玉良的电话。王玉良告诉他检测结果，并让他在上海购买到检测三聚氰胺的试剂盒后，赶紧回来研制检测三聚氰胺的方法。

"8月3日，我在做这项工作时被告知，不能让任何人知道这些试剂是用来检测三聚氰胺的。"张志国说。

8月4日凌晨，张志国经查阅农业部关于饲料中含三聚氰胺的检测方法后，成功研制了原奶中含三聚氰胺的检测方法。

8月4日上午，王玉良组织开会，"会议同样要求保密，不要写三聚氰胺。如果检测出有三聚氰胺，就用'A物质'或者'B物质'上报。8月5日，我检出16个产品中都含有三聚氰胺"。

杭志奇则表示，只说"非乳蛋白态氮"或者只说"A物质" "B物质"，不说三聚氰胺，是由田文华决定的。

政府部门要求"拿钱堵嘴"

田文华说，8月2日，三鹿集团将奶粉被"三聚氰胺"污染的情况书面报告给了石家庄市政府，并恳求市政府出面，迅速查办投放"三聚氰胺"的不法奶户和奶站经营者。

石家庄市政府在收到三鹿集团的报告后，当即派了主管安全生产的副市长赵新朝和市政府秘书长赵文峰来到三鹿集团。但他们并没有要求企业停产。

据《财经》杂志报道，他们是8月2日下午5时许来到三鹿的。同行的还有石家庄市质监局、食品药品监督管理局、工促局、农业局等部门的官员。他们随即开会商讨应急措施。田文华没有参加会议，王玉良代表三鹿集团向市政府请示提出实行产品召回，但王的提议遭到与会政府官员的明确反对。他们还提出，要以人盯人的方法，安抚家属，“拿钱堵嘴”，并专门强调注意保密，防止出现消费者上访的情况，同时要尽力避免“媒体炒作”。

8 月 20 日，田文华、杭志奇等再次向石家庄市政府做了口头汇报。

8 月 29 日，第二次以书面形式向石家庄市政府进行了汇报。在书面报告中，不仅将企业收到的有关婴幼儿患病的情况作了如实反映，而且还恳请石家庄市政府考虑可否逐级上报。但 9 月 13 日河北省政府工作人员在国新办召开的新闻发布会上称，河北省政府是 9 月 8 日得到这样一个报告的。由此可见，直到此时，石家庄市政府才向河北省政府报告了情况。

“不能让企业遭受太大损失。”三鹿集团原奶事业部部长吴聚生说。2008 年 8 月 3 日，他接到副总杭志奇的电话，让他到办公室去一趟。下午 3 点多，他来到杭志奇办公室，杭志奇让他将生产奶粉的加工三厂拒收的问题奶，调配到生产液态奶的厂子去。

杭志奇说，当时集团内部都知道，“非乳蛋白态氮”是人工添加的、对人体有害的物质，既非原奶中正常含有的物质，也不是原奶中允许添加的物质。但既然知道这是有害物质，为什么还要往其他奶厂调配呢？这是因为当时接到的报告，造成婴幼儿结石主要是奶粉的问题，“我想，对这种奶，不能加入奶粉中，可以调剂到生产液态奶的企业当中”。

他还说，三鹿集团以生产奶粉为重，对液态奶的要求没有奶粉的高，当时生产液态奶的厂子没有检测三聚氰胺的设备，为了不让其他企业抢走奶源，保证原奶的供应，他们决定内部调配。

于是，他提醒吴聚生在收购鲜奶时要保证质量，但同时也要保证数量。“对部分工厂拒收的原奶，要想办法调剂到液态奶企业，以保证鲜奶的供应，防治奶源的流失。”

杭志奇说，当时中秋节、国庆节将至，这段时间是奶制品销售的高峰期，“蒙牛、伊利等乳品企业也在争取我们集团的奶源，为了持续的奶源供应，防止退奶后奶农卖给其他乳品企业，所以我们想办法在内部搞定。吴聚生具体怎么做我不知道，我只告诉这是领导的指示，我没有告诉吴聚生奶粉中含有三聚氰胺，这是我们集团内部的绝密，不能让集团领导以外的人知道”。

杭志奇说，此事田文华也是心知肚明的。田文华则承认，在一次会议上，“我印象中是杭志奇大概说了说，别人没有反对，我也就同意了”。

对于同意的理由，田文华的理由与杭志奇的一样，她说，当时只是觉得问题奶生产奶粉有问题，而生产液态奶没有问题，“主要考虑的还是不能让企业受到太大的损失”。

这些原奶与其他原奶混合后进入了加工程序，分别生产了原味酸奶、益生菌酸奶、草莓酸酸乳等含有三聚氰胺的液态奶。经对其中 12 个批次液态奶检测，均含有三聚氰胺（含量最高为 199 毫克 / 公斤，最低为 24 毫克 / 公斤），共 269.44 吨，并已经全部销售，销售金额合计 181 万元。

问题产品悄悄召回

2008 年 8 月 1 日到 2 日的经营班子扩大会上，三鹿集团作出了召回产品的决定。根据国际惯例，召回产品应当采取公开召回的形式，然而，三鹿集团最终采取的却是悄悄换回的方式。

这一决策是在 8 月 2 日上午的董事会上通过的。田文华回忆决策过程时说："会上，外方董事提出来要公开召回，但当时有董事提出来说，公开召回产品会对公司声誉造成重大打击，因此建议通过以合格产品换回不合格产品的方式解决问题。"

田文华说，这一建议提出后，新西兰方面的董事没有反对，所以该决议就这样通过了。

发现三聚氰胺后，三鹿集团曾短暂中断奶粉封包，也曾暂停销售，但液态奶的生产并没有停止。在 8 月 3 日下午 5 时三聚氰胺检测方法研制出来并配备到三厂后，三鹿又开始生产奶粉，并将生产出来的奶粉进行检测，检测出没有三聚氰胺的进入市场销售，含有三聚氰胺的则存入仓库。

但到了 8 月中旬，由于市场销售的压力，再加上换奶返货所需量大，三鹿集团高管们再次面临难题：到底该怎样减轻市场压力。

王玉良说，恰在这时候，三鹿集团中一个来自新西兰恒天然公司的郭姓董事拿出一份欧盟关于食品中含三聚氰胺的标准，该标准称根据体重来衡量，每公斤体重每天耐受三聚氰胺的量是 0.5 毫克。经过推算后，他们认为，奶粉中每公斤三聚氰胺含量不超过 20 毫克，婴幼儿食用后不会出现问题。

8 月 13 日，三鹿集团再次召开了经营班子扩大会。会议决定，将三聚氰胺含量不高于 15 毫克 / 公斤的奶粉，换回三聚氰胺含量高的奶粉。

在 8 月 13 日之前，王玉良等人带领的检测小组就已经对 2008 年 7 月 31 日之前生产的产品检测完毕。他们发现，三聚氰胺含量在 20 毫克 / 公斤以下的产品很多。13 日的会议结束后，他召集有关人员开会，宣布对经检测三聚氰胺含量在每公斤 10 毫克以下的产品准予检测部门出具放行通知单，即准许销售出厂。

公诉方提供的数据显示，2008 年 8 月 2 日至 9 月 12 日，三鹿集团共生产含有三聚氰胺婴幼儿奶粉 72 个批次，总量 904.24 吨；销售含有三聚氰胺婴幼儿奶粉 69 个批次，总量 813.737 吨，销售金额 4756 万元。

田文华认为外方作为公司集团董事会成员，在奶粉事件中全程参与问题奶粉的生产、检测过程，他们应当承担相应的责任。她说："8 月 1 日后，外方进驻公司，帮助进行含有三聚氰胺的检测，协助我公司进行沟通联系。8 月 15 日，我们集团召开扩大会，外方当时没有要求公开曝光问题产品，同时认为问题奶粉影响不大，我方认为奶粉含氮量高，国内没有检测标准，我记得他们认为这个理由好，同时决定 9 月 20 日之前，不要把问题婴幼儿奶粉的事放大。"

9 月 11 日，就在《东方早报》率先点出"三鹿奶粉"问题的同一天，三鹿集团传媒部长崔彦锋仍在接受《兰州晨报》的采访表示，"我们可以肯定地说，我们所有的产品都是没有问题的"。但当天晚上，三鹿终于承认奶粉被三聚氰胺污染的事实，说经公司自检发现 2008 年 8 月 7 日前出厂的部分批次三鹿婴幼儿奶粉受到三聚氰胺的污染，市场上大约有 700 吨。

9 月 12 日，三鹿被政府勒令停止生产和销售。

2008 年 12 月 31 日的庭审中，公诉人问："被告人田文华，你知道三鹿现在的经营状况吗？"

"三鹿的经营状况？"田文华停顿了一下说，"我因为在二看（石家庄市第二看守所）那住着，我不清楚。"

她不清楚的是，就在一个星期前，石家庄中院已经向三鹿集团送达了破产清算《民事裁定书》，三鹿已经进入法定破产程序。

（实习生马慧娟对此文亦有贡献）

（资料来源：叶铁桥．"鹿"死谁手[N]. 中国青年报，2009-1-7. https：//zqb.cyol.com/content/2009-01/07/content_2498286.htm）

三、"三鹿奶粉事件"相关罪犯受到判刑和相关负责官员受到处理

1. "三鹿奶粉事件"生产企业三鹿集团有关高管因刑事犯罪被判刑

2009 年 1 月 22 日，河北省石家庄市中级人民法院一审宣判，三鹿前董事长田文华被判处无期徒刑，三鹿集团高管王玉良、杭志奇、吴聚生分别被判有期徒刑 15 年、8 年及 5 年。2009 年 3 月石家庄市中级人民法院受河北省高级人民法院委托宣判：原三鹿集团董事长田文华等被维持原判。

三鹿集团有关高管刑事犯罪被判刑情况一览表

序号	姓名	原职务	判刑	宣判法院
1	田文华	三鹿集团 原董事长	2009 年 1 月以生产、销售伪劣产品罪被判处无期徒刑，剥夺政治权利终身	石家庄市中级人民法院一审 河北省高级人民法院二审
2	王玉良	三鹿集团 原副总经理	2009 年 1 月以生产、销售伪劣产品罪被判处有期徒刑 15 年	石家庄市中级人民法院一审 河北省高级人民法院二审
3	杭志奇	三鹿集团 原副总经理	2009 年 1 月以生产、销售伪劣产品罪被判处有期徒刑 8 年	石家庄市中级人民法院一审 河北省高级人民法院二审
4	吴聚生	三鹿集团 原原奶事业部部长	2009 年 1 月以生产、销售伪劣产品罪被判处有期徒刑 5 年	石家庄市中级人民法院一审 河北省高级人民法院二审

（资料来源：https：//www.gov.cn/govweb/jrzg/2009-03/26/content_1269299.htm；https：//news.ifeng.com /c/7fYSi1cS35G；http：//news.cctv.com/china/20090326/109234.shtml）

2. “三鹿奶粉事件”相关负责官员被处理

2008 年 9 月 22 日，根据国家处理奶粉事件领导小组事故调查组调查，三鹿牌婴幼儿奶粉事件是一起重大食品安全事件。依据《国务院关于特大安全事故行政责任追究的规定》《党政领导干部辞职暂行规定》等有关规定，鉴于河北省省委常委、石家庄市委书记吴显国同志对三鹿牌奶粉事件负有领导责任，对事件未及时上报、处置不力负有直接责任，经党中央、国务院批准，免去吴显国同志河北省省委常委、石家庄市委书记职务；鉴于在多家奶制品企业部分产品含有三聚氰胺的事件中，国家质量监督检验检疫总局监管缺失，对此，局长李长江同志负有领导责任，同意接受李长江同志引咎辞去国家质量监督检验检疫总局局长职务的请求。

2009 年 3 月，中央纪委监察部对三鹿奶粉事件中负有重要责任的质检总局、农业部、卫生部、工商总局和食品药品监管局等 8 名有关人员作出了处理。

2009 年 3 月，河北省纪委、省监察厅日前发出通报，对“三鹿牌”婴幼儿奶粉重大食品安全事故中负有直接责任和领导责任的石家庄市政府、省直有关职能部门的 14 名相关责任人员作出了处理。

2009 年 3 月，石家庄市纪委、监察局日前公布了对“三鹿奶粉”事件中负有领导责任和直接责任的市直和有关县、区 10 名责任人的党纪政纪处理结果。

根据上述处理结果统计，2008年三鹿奶粉事件之后，先后有34名各级负责官员被问责处理。

“三鹿奶粉事件”相关负责官员被处理情况一览表

序号	姓名	原职务	处理	处理部门
1	吴显国	河北省委原常委、石家庄市委书记	2008年9月被免去河北省省委常委、石家庄市委书记	党中央、国务院
2	李长江	质量监督检验检疫总局原局长	2008年9月引咎辞职	党中央、国务院
3	王步步	质量监督检验检疫总局原执法督查司司长	2009年3月受到撤销党内职务的处分和撤职的行政处分	中央纪委监察部
4	卢艳刚	工商总局原食品流通监督管理司副司长	2009年3月受到撤职的行政处分	中央纪委监察部
5	王智才	农业部原畜牧业司司长	2009年3月受到降级的行政处分	中央纪委监察部
6	鲍俊凯	质量监督检验检疫总局原食品生产监管司原副司长	2009年3月受到记大过的行政处分	中央纪委监察部
7	张玉香	农业部原总经济师	2009年3月受到记大过的行政处分	中央纪委监察部
8	赵同刚	卫生部原食品安全综合协调与卫生监督局局长	2009年3月受到记大过的行政处分	中央纪委监察部
9	孙文序	工商总局原消费者权益保护局局长	2009年3月受到记过的行政处分	中央纪委监察部
10	孙咸泽	食品药品监管局原食品安全协调司司长	2009年3月受到记过的行政处分	中央纪委监察部
11	冀纯堂	石家庄原市委副书记、市长	2009年3月受到撤销党内职务处分、撤职的行政处分	河北省纪委、河北省监察厅
12	张发旺	石家庄市政府原副市长	2009年3月受到降级的行政处分	河北省纪委、河北省监察厅

续表

序号	姓名	原职务	处理	处理部门
13	赵新朝	石家庄市政府原副市长	2009 年 3 月受到党内严重警告处分、降级的行政处分	河北省纪委、河北省监察厅
14	赵文锋	石家庄市政府原副秘书长	2009 年 3 月受到党内严重警告处分、降级的行政处分	河北省纪委、河北省监察厅
15	刘大群	河北省农业厅原厅长	2009 年 3 月受到记过的行政处分	河北省纪委、河北省监察厅
16	李忠文	河北省农业厅原副厅长兼畜牧兽医局局长	2009 年 3 月受到党内警告处分	河北省纪委、河北省监察厅
17	张钰	河北省农业厅副厅长	2009 年 3 月受到警告的行政处分	河北省纪委、河北省监察厅
18	顾传学	河北省农业厅原畜牧草原处处长	2009 年 3 月受到记大过的行政处分	河北省纪委、河北省监察厅
19	钱晓钟	河北省工商局原局长	2009 年 3 月受到记过的行政处分	河北省纪委、河北省监察厅
20	兰平信	石家庄市工商局原局长	2009 年 3 月受到记大过的行政处分	河北省纪委、河北省监察厅
21	高春秋	河北省卫生厅原副厅长	2009 年 3 月受到警告的行政处分	河北省纪委、河北省监察厅
22	刘同祥	河北省省卫生厅原卫生执法监督处处长	2009 年 3 月受到警告的行政处分	河北省纪委、河北省监察厅
23	李志国	石家庄市质量技术监督局原局长	2009 年 3 月受到党内严重警告处分、降级的行政处分	河北省纪委、河北省监察厅
24	张毅	石家庄市食品药品监督管理局原局长	2009 年 3 月受到党内严重警告处分、降级的行政处分	河北省纪委、河北省监察厅
25	孙任虎	石家庄市畜牧水产局原党组书记、局长	2009 年 3 月受到记大过的行政处分	石家庄市纪委、石家庄市监察局
26	董素平	石家庄市行唐县原副县长	2009 年 3 月受到警告的行政处分	石家庄市纪委、石家庄市监察局

续表

序号	姓名	原职务	处理	处理部门
27	冯立业	石家庄市正定县原副县长	2009 年 3 月受到警告的行政处分	石家庄市纪委、石家庄市监察局
28	王清泽	石家庄市行唐县原畜牧局局长	2009 年 3 月受到记过的行政处分	石家庄市纪委、石家庄市监察局
29	韩东华	石家庄市行唐县原工商局党组书记、局长	2009 年 3 月受到记大过的行政处分	石家庄市纪委、石家庄市监察局
30	仝锡朝	石家庄市正定县原工商局党组书记、局长	2009 年 3 月受到记大过的行政处分	石家庄市纪委、石家庄市监察局
31	王琳岩	石家庄市质监局原新华分局局长	2009 年 3 月受到警告的行政处分	石家庄市纪委、石家庄市监察局
32	宋军良	石家庄市行唐县工商局原城区分局局长	2009 年 3 月受到党内严重警告处分、降级的行政处分	石家庄市纪委、石家庄市监察局
33	王丰进	石家庄市正定县工商局原曲阳桥分局局长	2009 年 3 月受到撤销党内职务处分、撤职的行政处分	石家庄市纪委、石家庄市监察局
34	曹伟	石家庄市正定县工商局原车站分局局长	2009 年 3 月受到党内严重警告处分、降级的行政处分	石家庄市纪委、石家庄市监察局

（资料来源：https：//www.gov.cn/jrzg/2008-09/22/content_1102256.htm；https：//www.gov.cn/govweb/gzdt /2009-03/20/content_1263949.htm；https：//www.gov.cn/govweb/jrzg/2009-03/26/content_1269299.htm；https：//www.gov.cn/govweb/jrzg/2009-03/28/content_1271278.htm）

3. “三鹿奶粉事件”生产销售、添加三聚氰胺案犯被判刑

2009 年 1 月 22 日，石家庄市中级人民法院一审宣判：

生产销售含有三聚氰胺混合物的张玉军、张彦章以危险方法危害公共安全案做出一审判决：张玉军被判处死刑，剥夺政治权利终身；张彦章被判处无期徒刑，剥夺政治权利终身。

生产销售含有三聚氰胺混合物的高俊杰等 4 人以危险方法危害公共安全案做出一审判决：高俊杰被判处死刑、缓期两年，剥夺政治权利终身；薛建忠被判处无期徒刑，剥夺政治权利终身；张彦军被判处有期徒刑 15 年，剥夺政治权利 3 年；肖玉被判处有期徒刑 5 年。

法院对向原奶中添加含有三聚氰胺混合物并销售给三鹿集团的耿金平等 2 人生产销售有毒、有害食品案做出一审判决：耿金平被判处死刑，剥夺政治权利终身；耿金珠被判处有期徒刑 8 年，并处罚金 50 万元。

"三鹿奶粉事件" 生产、销售、添加三聚氰胺案犯被判刑情况一览表

序号	姓名	判刑	宣判法院
1	张玉军	2009 年 1 月以危险方法危害公共安全罪被判处死刑，剥夺政治权利终身	石家庄市中级人民法院一审 河北省高级人民法院二审
2	耿金平	2009 年 1 月以生产、销售有毒食品罪被判处死刑，剥夺政治权利终身，并处没收个人全部财产的判决	石家庄市中级人民法院一审 河北省高级人民法院二审
3	高俊杰	2009 年 1 月以危险方法危害公共安全罪被判处死刑，缓期二年执行，剥夺政治权利终身	石家庄市中级人民法院一审 河北省高级人民法院二审
4	张彦章	2009 年 1 月以危险方法危害公共安全罪被判处无期徒刑，剥夺政治权利终身	石家庄市中级人民法院一审 河北省高级人民法院二审
5	薛建忠	2009 年 1 月以危险方法危害公共安全罪被判处无期徒刑，剥夺政治权利终身	石家庄市中级人民法院一审 河北省高级人民法院二审
6	张彦军	2009 年 1 月以危险方法危害公共安全罪被判处有期徒刑 15 年，剥夺政治权利 3 年	石家庄市中级人民法院一审 河北省高级人民法院二审
7	耿金珠	2009 年 1 月以生产、销售有毒食品罪被判处有期徒刑 8 年，并处罚金 50 万元	石家庄市中级人民法院一审 河北省高级人民法院二审
8	肖玉	2009 年 1 月以危险方法危害公共安全罪被判处有期徒刑 5 年	石家庄市中级人民法院一审 河北省高级人民法院二审

（资料来源：https：//www.gov.cn/govweb/jrzg/2009-03/26/content_1269299.htm；https：//www.gov.cn/govweb /jrzg/2009-11/24/content_1472072.htm；http：//news.cctv.com/china/20090326/109234.shtml；https：//news.ifeng.com/c/7fYSi1cS35G）

四、三鹿奶粉事件的反思

三鹿奶粉事件是我国一起重大食品安全事故（Ⅰ级）。

三鹿集团生产的含有三聚氰胺的婴幼儿奶粉等奶制品流入全国市场后，对广大消费者特别是婴幼儿的身体健康、生命安全造成了严重损害。据原卫生部（现名称为国家卫生健康委员会）通报，全国因三鹿牌婴幼儿奶粉事件累计筛查婴幼儿 2238.4 万人次；累计报告因食用三鹿牌奶粉和其他个别问题奶粉导致泌尿系统出现异常的患儿 29.4 万人；经卫生部和相关省（区）专家组认真讨论排查，江西省、浙江省、贵州省、陕西省各 1 例、甘肃省 2 例（共计 6 例）上报的死亡病例不能排除与食用问题奶粉有关。

“三鹿奶粉事件”生产企业三鹿集团田文华、王玉良、杭志奇、吴聚生等 4 名高管因犯生产、销售伪劣产品罪，触犯了《中华人民共和国刑法》第一百四十条，被分别判处无期徒刑、有期徒刑。

《中华人民共和国刑法》（1997 年修订）第一百四十条规定：“生产者、销售者在产品中掺杂、掺假，以假充真，以次充好或者以不合格产品冒充合格产品，销售金额五万元以上不满二十万元的，处二年以下有期徒刑或者拘役，并处或者单处销售金额百分之五十以上二倍以下罚金；销售金额二十万元以上不满五十万元的，处二年以上七年以下有期徒刑，并处销售金额百分之五十以上二倍以下罚金；销售金额五十万元以上不满二百万元的，处七年以上有期徒刑，并处销售金额百分之五十以上二倍以下罚金；销售金额二百万元以上的，处十五年有期徒刑或者无期徒刑，并处销售金额百分之五十以上二倍以下罚金或者没收财产。”

“三鹿奶粉事件”相关各级负责政府官员吴显国等 34 人，因失职被党中央、国务院、中央纪委监察部、河北省和石家庄市等各级党政组织问责处理。

在“三鹿奶粉事件”中，生产销售含有三聚氰胺混合物的张玉军等 6 人，因犯危险方法危害公共安全罪，触犯了《中华人民共和国刑法》第一百一十五条，被分别判处死刑、无期徒刑和有期徒刑；向原奶中添加含有三聚氰胺混合物并销售给三鹿集团的耿金平等 2 人，因犯生产、销售有毒食品罪，触犯了《中华人民共和国刑法》第一百四十四条和第一百四十一条，分别被判处死刑和有期徒刑。

《中华人民共和国刑法》第一百一十五条规定：“放火、决水、爆炸、投毒或者以其他危险方法致人重伤、死亡或者使公私财产遭受重大损失的，处十年以上有期徒刑、无期徒刑或者死刑。过失犯前款罪的，处三年以上七年以下有期徒刑；情节较轻的，处三年以下有期徒刑或者拘役。”

《中华人民共和国刑法》第一百四十四条规定：“在生产、销售的食品中掺入有毒、有害的非食品原料的，或者销售明知掺有有毒、有害的非食品原料的食品的，处五年以下有期徒刑或者拘役，并处或者单处销售金额百分之五十以上二倍以下罚金；造成严重食物中毒事故或者其他严重食源性疾患，对人体健康造成严重危害的，处五年以上十年以下有期徒刑，并处销售金额百分之五十以上二倍以下罚金；致人死亡或者对人体健康造成特别严重危害的，依照本法第一百四十一条的规定处罚。”

《中华人民共和国刑法》第一百四十一条规定：“生产、销售假药，足以严重危害人体健康的，处三年以下有期徒刑或者拘役，并处或者单处销售金额百分之五十以上二倍以下罚金；对人体健康造成严重危害的，处三年以上十年以下有期徒刑，并处销售金额百分之五十以上二倍以下罚金；致人死亡或者对人体健康造成特别严重危害的，处十年以上有期徒刑、无期徒刑或者死刑，并处销售金额百分之五十以上二倍以下罚金或者没收财产。”

三鹿奶粉事件代价之沉重，教训之惨痛，值得中国企业界乃至政府部门反思。

民以食为天，食以安为先。食品安全关系人民群众身体健康和生命安全，关系中华民族未来。党中央、国务院高度重视食品安全工作。2019 年 5 月 20 日，《中共中央 国务院关于深化改革加强食品安全工作的意见》（以下简称《意见》）公开发布。《意见》是贯彻落实习近平新时代中国特色社会主义思想和党的十九大精神的重大举措，是第一个以中共中央、国务院名义出台的食品安全工作纲领性文件，具有里程碑式重要意义。《意见》明确了当前和今后一个时期做好食品安全工作的指导思想、基本原则和总体目标，提出了一系列重要政策措施，为各地区各部门贯彻落实食品安全战略提供目标指向和基本遵循，有利于加快建立食品安全领域现代化治理体系，提高从农田到餐桌全过程的监管能力，提升食品全链条质量安全保障水平，切实增强广大人民群众的获得感、幸福感、安全感。

五、对策与建议

1. 改革我国食品安全监管制度和加强食品安全监管

2009 年 3 月，中央纪委监察部指出，三鹿奶粉事件后果严重，教训极为深刻。相关部门要认真总结，吸取教训，积极履职尽责，采取有力措施，切实加强食品安全监管；广大干部要引以为戒，强化责任意识，切实维护广大人民群众利益。

2004年，国务院颁发了《国务院关于进一步加强食品安全工作的决定》（国发〔2004〕23号）文件，我国食品安全监管执行的分段监管，即：农业部门负责初级农产品生产环节的监管；质检部门负责食品生产加工环节的监管，原由卫生部门承担的食品生产加工环节的卫生监管职责划归质检部门；工商部门负责食品流通环节的监管；卫生部门负责餐饮业和食堂等消费环节的监管；食品药品监管部门负责对食品安全的综合监督、组织协调和依法组织查处重大事故。这个看似合理的制度安排在实际的执行过程中出现监管真空或者重复监管的问题。

以2008年9月发生的三鹿奶粉事件为例。初步看来，这是一起发生在奶站环节，奶站工作人员把工业添加剂三聚氰胺违法加到牛奶里的重大食品安全事件。在三鹿奶粉事件出现之前，我国奶粉生产链主要采取的是“乳制品生产企业+奶站（奶贩）+奶农”的模式。按照当时的监管法令，农业部门监管奶农养牛，质检部门监管乳制品生产企业，工商部门监管零售企业。由此，奶站就变成了三不管环节，是政府监管的真空。

为了改革市场监管体系，实行统一的市场监管，2018年3月，根据第十三届全国人民代表大会第一次会议批准的国务院机构改革方案，我国组建了国家市场监督管理总局。不再保留国家工商行政管理总局、国家质量监督检验检疫总局、国家食品药品监督管理总局。对于食品安全监管，国家市场监督管理总局的职责是：①负责食品安全监督管理综合协调。组织制定食品安全重大政策并组织实施。负责食品安全应急体系建设，组织指导重大食品安全事件应急处置和调查处理工作。建立健全食品安全重要信息直报制度。承担国务院食品安全委员会日常工作。②负责食品安全监督管理。建立覆盖食品生产、流通、消费全过程的监督检查制度和隐患排查治理机制并组织实施，防范区域性、系统性食品安全风险。推动建立食品生产经营者落实主体责任的机制，健全食品安全追溯体系。组织开展食品安全监督抽检、风险监测、核查处置和风险预警、风险交流工作。组织实施特殊食品注册、备案和监督管理。

2.改进我国牛奶中蛋白质含量的测定方法

牛奶中的蛋白质是完全的蛋白质，由于含有人体必需的氨基酸，所以营养价值很高，牛奶中的蛋白质消化率可以达到90%～100%。

我国测定蛋白质的国家标准方法是为凯氏定氮法（Kjeldahl method）。凯氏定氮法是分析有机化合物含氮量的常用方法。由于蛋白质含氮量比较恒定，可由其氮量计算蛋白质含量，故此法是经典的蛋白质定量方法。凯氏定氮法是牛奶中蛋白质含量测定的一种常用方法，它通过测定牛奶中氮含量间接推算出牛奶中蛋白质含量。但是，凯氏定氮法会受到牛奶中其他非蛋白的含氮物质影响，结果并不十分准确。例如，在三鹿奶粉事件中，奶站不法分子向原奶中添加三聚氰胺，就是利用三聚氰胺的假蛋白原理可以提升牛奶检测中的蛋白质含量指标，从而达到用更低的成本通过食品检验的效果。

通过凯氏定氮法测定总氮含量而计算得到的蛋白质含量称为粗蛋白（crude protein，CP）。真蛋白（true protein，TP）即真正的蛋白质，在测定方面可定义为除了非蛋白质氮以外的蛋白态氮所计算得到的蛋白，正常情况下，天然乳中真蛋白的含量少于粗蛋白。

2016年12月23日，中华人民共和国国家卫生和计划生育委员会，国家食品药品监督管理总局发布了《食品安全国家标准 食品中蛋白质的测定》（GB 5009.5—2016），此标准于2017年6月23日实施。本标准规定了食品中蛋白质的测定方法有三种：凯氏定氮法、分光光度法、燃烧法。本标准第一种方法和第二种方法适用于各种食品中蛋白质的测定，第三种方法适用于蛋白质含量在10g/100g以上的粮食、豆类奶粉、米粉、蛋白质粉等固体试样的测定。本标准不适用于添加无机含氮物质、有机非蛋白质含氮物质的食品的测定。

今后，为了杜绝我国牛奶收购、乳制品生产环节等质量掺假事件，建议对我国牛奶及乳制品蛋白质含量测定采用真蛋白的测定方法。近几年来，关于乳品中真蛋白的检测方法的研究也比较多，其中不乏有许多操作简便、对设备要求不高、检测时间短，灵敏度较高的方法，如直读法、数字图像法、紫外分光光度法、三氯乙酸——双缩脲法等。这些方法的研究对规范我国乳品中关于真蛋白的检测具有推动作用，为进一步提升乳品质量作出了贡献。

3.强化乳制品生产企业诚信自律

食品生产经营者是食品安全第一责任人。安全的食品首先是“产”出来的，从源头上控制和防范食品安全风险，食品生产经营者是责任主体。

2019年，《中共中央 国务院关于深化改革加强食品安全工作的意见》提出：“实施国产婴幼儿配方乳粉提升行动。在婴幼儿配方乳粉生产企业全面实施良好生产规范、危害分析和关键控制点体系，自查报告率要达到100%。完善企业批批全检的检验制度，健全安全生产规范体系检查常态化机制。禁止使用进口大包装婴幼儿配方乳粉到境内分装，规范标识标注。支持婴幼儿配方乳粉企业兼并重组，建设自有自控奶源基地，严格奶牛养殖饲料、兽药管理。促进奶源基地实行专业化、规模化、智能化生产，提高原料奶质量。发挥骨干企业引领作用，加大产品研发力度，培育优质品牌。力争3年内显著提升国产婴幼儿配方乳粉的品质、竞争力和美誉度。”

守信用，讲信誉，重信义，是中华民族的传统美德，也是商业道德的重要准则。

市场经济是法制经济，更是信用经济，信用是企业的生命线。

所谓信誉，就是牺牲短期利益，换取长远利益。有信誉就有市场，没有信誉就没有市场。所以说，信誉是企业的生命，重视信誉就是重视企业生命。

在三鹿奶粉事件中，2008年6月，三鹿集团已发现婴幼儿奶粉中非蛋白氮含量异常；2008年8月1日，三鹿集团将其婴幼儿奶粉匿名送河北省出入境检验检疫局检验检疫技术中心检测后，确定其产品中含有三聚氰胺。但是，三鹿集团并没有停止销售含有三聚氰胺的婴幼儿奶粉。三鹿集团甚至在查出原奶含有三聚氰胺问题后，仍将原奶收购加工成乳制品并销售到市场上。三鹿集团高管“知毒贩毒”由此犯下了生产、销售伪劣产品罪。

三鹿奶粉事件中，由于三鹿集团高管们不讲诚信经营，只注重短期利益、企业利益，而忽视顾客利益和社会利益（公共利益），造成重大决策失误，最终导致三鹿集团这样一家品牌价值近150亿元，年销售收入亿元的大型企业集团走向了破产。

4. 重视舆论监督

多年来，三聚氰胺、瘦肉精、皮革奶等多起食品安全事件的查处，皆与媒体的最先曝光有关。显然，舆论监督对保障食品安全起到至关重要的作用。

2011年4月20日，国务院颁发《国务院办公厅关于严厉打击食品非法添加行为切实加强食品添加剂监管的通知》文件中强调“积极支持新闻媒体舆论监督”，同时，“要打击虚假新闻，对造成社会恐慌的假新闻制造者，要严肃追究责任”。

第三节　同仁堂蜂蜜事件及其反思

一、同仁堂蜂蜜事件

中国北京同仁堂（集团）有限责任公司，简称“同仁堂”。“同仁堂”于清朝康熙八年（1669年）由浙江宁波慈溪人乐显扬（1630—1688年）创办于北京，最初叫作“同仁堂药室”。“同仁堂”自1723年（清朝雍正元年）至1911年为清宫供御药，历经雍正、乾隆、嘉庆、道光、咸丰、同治、光绪和宣统等8代皇帝，长达188年。“同仁堂”于2006年被中华人民共和国商业部认定为第一批“中华老字号”。“同仁堂”是“中国驰名商标”。“同仁堂中医药文化” “安宫牛黄丸制作技艺” “传统中药材炮制技艺”等3个项目已被认定为国家级非物质文化遗产。

2018年12月15日晚，江苏广电总台城市频道新闻栏目@南京零距离，最先在腾讯新闻首发报道《重磅！北京同仁堂蜂蜜：过期品送入原料库 还涉嫌更改生产日期》。媒体曝光了北京同仁堂股份有限公司子公司北京同仁堂蜂业有限公司（简称“同仁堂蜂业”）销售过期蜂蜜事件。

同仁堂蜂蜜事件曝光后，经过政府有关监管部门全面调查核实取证，2019年2月11日，江苏省盐城市滨海县市场监督管理局（简称“滨海县市场监管局”）和北京市大兴区食品药品监督管理局（简称“大兴区食药局”）公布了行政处罚结果：滨海县市场监管局经调查认定，同仁堂蜂业部分经营管理人员在盐城金蜂食品科技有限公司进行生产时，存在用回收蜂蜜作为原料生产蜂蜜、标注虚假生产日期的行为，违反了《中华人民共和国食品安全法》有关规定，对此处以罚款人民币14088266.1元。大兴区食药局经调查认定，同仁堂蜂业2018年10月起生产的涉事蜂蜜中，有2284瓶流入市场，按照《中华人民共和国食品安全法》有关规定，没收违法所得人民币111740.88元，没收蜂蜜3300瓶。同时，吊销同仁堂蜂业食品经营许可证，自处罚决定作出之日起5年内不得申请食品生产经营许可，有关涉事人员自处罚决定作出之日起5年内不得申请食品生产经营许可，或者从事食品生产经营管理工作、担任食品生产经营企业食品安全管理人员。

二、北京同仁堂蜂业有限公司发布再次致歉声明和召回公告

2019年2月11日，针对同仁堂蜂蜜事件，北京同仁堂蜂业有限公司发布再次致歉声明和召回公告。原文如下：

北京同仁堂蜂业有限公司再次致歉声明

2019年2月11日，江苏省盐城市滨海县市场监督管理局（以下简称滨海县市场监管局）、北京市大兴区食品药品监督管理局（以下简称大兴区食药局）公布了对我公司的行政处罚决定。我公司部分经营管理人员在盐城金蜂食品科技有限公司进行生产时，存在用回收蜂蜜作为原料生产蜂蜜、标注虚假生产日期的行为，违反了《食品安全法》有关规定，两地监管部门对我公司没收违法所得和涉事产品、处以罚款，并

吊销食品经营许可证，对相关人员实施市场禁入。我公司接受两地监管部门的调查结果，服从相应处罚决定。

按照大兴区食药局认定的已流入市场的涉事产品，我公司即日起依法召回（详见附件“召回公告”）；对于所涉产品的经销商，我公司将按合同承担责任。为确保食品安全，我公司将对2018年10月以后标示为“受托方：盐城金蜂食品科技有限公司”生产的瓶装蜂蜜再次进行全面核查，对核查发现问题的产品依法处置。

此次事件性质严重、影响恶劣，损害了消费者的合法权益、辜负了社会各界的信任，损害了“同仁堂”的品牌商誉。我公司再次向社会各界郑重道歉，恳请广大消费者谅解，并公开承诺：

深刻汲取惨痛教训、接受相应处罚，严肃问责违规人员、主动承担社会责任，坚决开展治理整顿、持续强化质量安全，严守法律法规红线、筑牢质量诚信基石，诚恳接受社会监督，杜绝此类事件再次发生。

北京同仁堂蜂业有限公司

2019年2月11日

附件：

召回公告

我公司因监管部门在执法检查中发现经营标注虚假生产日期的食品，现对涉事产品进行召回，公告如下：

一、企业基本情况

公司名称：北京同仁堂蜂业有限公司

住所：北京市大兴区中关村科技园区大兴生物医药产业基地永旺路24号

统一社会信用代码：91110115102795860J

法定代表人姓名：张建勋

联系电话：010-52591036转8085

电子邮箱：zhaohui@tongrentang.com

二、召回产品情况

针对商标为“源蜜”“蕊悦”“药植蜜”的41批次2284瓶（盒）的蜂蜜产品（具体品种及批号见下表），因标注虚假生产日期，实施三级召回。

我公司本着对消费者负责的态度，已在全国销售渠道中对标示为“受托方：盐城金蜂食品科技有限公司”生产的瓶装蜂蜜停止销售并全部下架封存，因拟召回的蜂蜜产品食用后不会造成对消费者健康的损害，在产品销售涉及的北京、山东、天津、辽宁、河北、四川、山西7省级区域内实施召回。

同仁堂蜂业公司召回产品列表

序号	产品序列	蜂蜜品名	规格（克）	生产日期	批号
1	源蜜礼盒	益母草	350	20181130	20181130EHJ
2	挤压装	洋槐	350	20181103	20181103AHJ
3	源蜜	党参	750	20181129	20181129GHJ
4	源蜜	椴树	750	20181130	20181130CHJ
5	源蜜	枸杞	750	20181130	20181130FHJ
6	源蜜	黄芪	750	20181004	20181004BHJ
7	源蜜	洋槐	750	20181009	20181009EHJ
8	源蜜	洋槐	750	20181108	20181108AHJ
9	源蜜	枣花	350	20181124	20181124DHJ
10	源蜜	蜂蜜	750	20181128	20181128AHJ
11	源蜜	洋槐	750	20181009	20181009EHJ
12	源蜜礼盒	椴树	750	20181130	20181130CHJ
13	源蜜礼盒	枸杞	350	20181130	20181130DHJ
14	蕊悦	枣花	750	20181123	20181123FHJ
15	蕊悦	洋槐	750	20181125	20181125EHJ
16	蕊悦	党参	750	20181118	20181118HHJ
17	蕊悦	枇杷	750	20181118	20181118DHJ
18	蕊悦	荆花	750	20181125	20181125FHJ
19	源蜜	蜂蜜小礼盒	350	20181129	20181129CHJ
20	蕊悦	枣花	350	20181129	20181129DHJ

续表

序号	产品序列	蜂蜜品名	规格（克）	生产日期	批号
21	蕊悦	荆花	350	20181129	20181129EHJ
22	源蜜	洋槐	750	20181201	20181201AHJ
23	源蜜	枣花	750	20181201	20181201GHJ
24	源蜜	益母草	750	20181202	20181202AHJ
25	源蜜	洋槐	750	20181201	20181201AHJ
26	源蜜	五味子	750	20181130	20181130HHJ
27	源蜜	枇杷	750	20181202	20181202BHJ
28	源蜜	黄芪	750	20181129	20181129HHJ
29	源蜜	枸杞	750	20181130	20181130FHJ
30	源蜜	椴树	750	20181130	20181130CHJ
31	源蜜	蜂蜜	350	20181129	20181129CHJ
32	源蜜	洋槐	750	20181201	20181201AHJ
33	蕊悦	益母草	750	20181123	20181123GHJ
34	药植蜜	益母草	350	20181127	JH1811007J
35	药植蜜	党参	350	20181127	JH1811008J
36	药植蜜	五味子	350	20181127	JH1811009J
37	药植蜜	黄芪	350	20181123	JH1811006J
38	药植蜜	枸杞	350	20181110	JH1811002J
39	药植蜜	枸杞	750	20181123	JH1810005J
40	药植蜜	枇杷	750	20181110	JH1811001J
41	药植蜜	黄芪	750	20181123	JH1811003J

本次三级召回期限为：自公告发布之日起 30 个工作日。

三、食品生产经营者的义务和消费者退货及赔偿的流程

1.我公司承担本次召回的全部费用并依法对消费者予以赔偿。

2.请已购买上述拟召回产品的消费者通过原购买渠道办理退货，消费者凭相关产品的实物（标签内容符合本公告第二条所列信息）、购买凭证（若有）向原购买单位办理。

特此公告。

北京同仁堂蜂业有限公司

2019年2月11日

（资料来源：https：//www.tongrentang.com/menu53/newsDetail/574.html）

三、同仁堂蜂蜜事件相关责任人被北京市纪委、北京市监委问责

针对同仁堂蜂蜜事件，2019年2月12日，中共北京市纪委、北京市监委公布了对北京同仁堂蜂蜜问题的严肃问责处理结果。

附："北京市纪委市监委严肃问责北京同仁堂蜂蜜问题相关责任人"全文如下：

北京市纪委市监委严肃问责北京同仁堂蜂蜜问题相关责任人

近日，北京市纪委市监委针对媒体曝光的北京同仁堂蜂蜜问题启动问责调查，对相关责任人进行了严肃问责。经市纪委常委会研究，并报请市委常委会研究批准，对北京同仁堂集团原党委书记、董事长梅群等3名企业领导干部给予党纪政务处分，要求北京同仁堂集团纪委对北京同仁堂集团公司、北京同仁堂股份公司、北京同仁堂蜂蜜公司的11名企业干部给予相应党纪政务处分，按照企业管理制度进行职务调整、解除合同及经济处罚。

调查组充分尊重江苏、北京两地市场监督管理部门就北京同仁堂蜂蜜问题依法认定的违法事实和作出的行政处罚意见，并在此基础上全面调取了相关证据，查清了问题产生的原因，本着实事求是的原则围绕证据认定了相关责任人的违纪违规事实。调查发现，北京同仁堂集团党委没有充分发挥在国有企业的政治核心和领导核心作用，内部管理混乱，对下属企业监督管控不力，对控股企业存在的生产经营和质量管理问题失察失责，相关企业质量管控制度虚化不落实，造成国有资产严重损失，对"同仁堂"品牌形象产生恶劣影响。

北京同仁堂蜂蜜问题，触及了食品安全这根红线，损害了人民群众生命财产安全和国有资产权益，应当予以严肃处理。此次共问责处理14名个人，包括书面检查1

人，给予开除党籍1人，撤销党内职务（政务撤职）1人，党内严重警告处分4人，政务记大过处分1人，诫勉问责1人，其他5人分别给予降职、免职、解除劳动合同、调离岗位等相应处理。其中，对北京同仁堂集团原党委书记、董事长梅群严肃批评，责令其向市委作出深刻书面检查；对北京同仁堂集团党委副书记、总经理、北京同仁堂股份董事长高振坤给予党内严重警告处分；对北京同仁堂集团总工程师田瑞华给予政务记大过处分。上述党纪政务处分已于2019年2月3日前全部执行完毕。

（资料来源：http：//www.bjsupervision.gov.cn/pgt/201902/t20190213_62415.html）

四、国家市场监督管理总局撤销中国北京同仁堂（集团）有限责任公司中国质量奖称号

2019年2月19日，国家市场监督管理总局办公厅发布了关于撤销中国北京同仁堂（集团）有限责任公司中国质量奖称号的通报。

附："市场监管总局办公厅关于撤销中国北京同仁堂（集团）有限责任公司中国质量奖称号的通报"全文

市场监管总局办公厅关于撤销中国北京同仁堂（集团）有限责任公司中国质量奖称号的通报

市监质函〔2019〕310号

北京市人民政府办公厅，中国北京同仁堂（集团）有限责任公司：

近期，中国北京同仁堂（集团）有限责任公司下属的北京同仁堂蜂业有限公司因更换标签虚假标注生产日期和使用回收蜂蜜作为原料生产蜂蜜受到行政处罚。根据《中国质量奖管理办法》（原质检总局令第167号）第三十二条："获奖组织和个人两年内发生重大质量和安全事故、发生违法、违规、违纪行为，撤销奖励并公开通报"，经市场监管总局研究决定，现撤销中国北京同仁堂（集团）有限责任公司中国质量奖称号，收回证书和奖杯。

市场监管总局办公厅

2019年2月18日

（资料来源：https：//www.samr.gov.cn/zw/zfxxgk/fdzdgknr/xwxcs/art/2023/art_bf5575ad8b8c4fe69b1c0ae1db8538ef.html）

五、同仁堂蜂蜜事件的反思

“同仁堂”从清朝康熙八年（1669 年）创立至今，历经 300 多年长盛不衰，是道德信念创造了奇迹。其秘诀在于同仁堂 300 多年恪守：“炮制虽繁必不敢省人工；品味虽贵必不敢减物力”的古训。这条古训被简称为“两个必不敢”。“两个必不敢”的本意是：同仁堂的中成药有丸、散、膏、丹……，有的中药材在加工过程中还要通过炮制来减毒增效，不论制作过程多么烦琐、工艺多么复杂，为确保疗效显著，不敢有半点懈怠而节省步骤；同仁堂加工中成药的中药材，有的价格十分昂贵，如参茸燕草、麝香牛黄等等，不论中药配方的成本多么高昂、药材多么稀缺，为出珍品，不敢有半点吝啬而节省物料。“两个必不敢”体现的是以诚信精神为基础的质量观。同仁堂人在此基础上总结出“诚信为本，药德为魂”的经营理念和“德、诚、信”三字企业真经等行为准则，保证了“疗效显著”，实现了“济世养生”的理想。

“修合无人见，存心有天知”是中医药行业普遍遵循的传统规则，更是历代同仁堂人的自律准则。“修”“合”二字在古典药籍中意相近，均与“炮制”相关。“修合无人见，存心有天知”字面意思是：在没有监管、他人不知情的情况下，在中成药炮制的过程中依然要凭良心，自觉做到药材地道、斤两足称、制作遵法。换句话说，虽他人不在场，但“上天”是知道的，讲的是不能违背良心、不能见利忘义、不能偷工减料，是对人们常说的“人在做，天在看”的有力解释。“修合无人见，存心有天知”体现的是一种道德自律和行为准则。

历史上，同仁堂产品曾以“配方独特、选料上乘、工艺精湛、疗效显著”而享誉海内外。例如，乌鸡白凤丸只能用纯种乌鸡，白芍用杭白芍，郁金用黄郁金，茯苓用白茯苓，麦门冬用杭麦门冬，栀子用红栀子，黄连用川黄连，雄黄用明雄黄，山药用光山药，黄芩用条黄芩，蜂蜜用河北兴隆蜂蜜。1887 年，“同仁堂”传到乐孟繁的手里，他派人到河北兴隆采购蜂蜜，回京途中因顺义县的潮白河河水上涨，加上赶车人的大意，几桶蜂蜜掉进了河里。乐孟繁发现蜂蜜桶进水后，明确表示不能用。他对采购的师傅说：“同仁堂选料上乘，是祖上传下来的，不能在我们这一辈砸了锅。”正因为同仁堂选料上乘，用上等蜂蜜做药丸，生产的药丸才能保存长久。1975 年，同仁堂在清仓中发现了 150 年前制作的活络丹 1000 丸，苏合香丸 2000 颗，再造丸 100 个。“这些药的色彩仍很鲜艳，印记清晰，药香浓郁。”

但是，在 2018 年“同仁堂蜂蜜”事件中，“同仁堂”却存在用超过保质期回收蜂蜜作为原料生产蜂蜜、标注虚假生产日期的行为，违反了《中华人民共和国食品安全法》（2018）第三十四条第三项、第十项规定。

《中华人民共和国食品安全法》（2018年）第三十四条规定："禁止生产经营下列食品、食品添加剂、食品相关产品：（三）用超过保质期的食品原料、食品添加剂生产的食品、食品添加剂；（十）标注虚假生产日期、保质期或者超过保质期的食品、食品添加剂。"

在同仁堂蜂蜜事件中，同仁堂违背了自己已经坚持了300多年的古训"炮制虽繁必不敢省人工，品味虽贵必不敢减物力"；同仁堂也被国家市场监督管理总局撤销了中国质量领域最高荣誉"中国质量奖"称号。同仁堂蜂蜜事件，不仅导致同仁堂被罚款1420余万元、2018年损失5778万元净利润、14名企业相关责任人被问责，而且对"同仁堂"品牌形象产生了十分恶劣、不可挽回的影响。

同仁堂蜂蜜事件后，在2019年2月11日北京同仁堂蜂业有限公司发布的召回公告中竟然还出现了"因拟召回的蜂蜜产品食用后不会造成对消费者健康的损害"等文字，这充分说明北京同仁堂蜂业有限公司对"同仁堂蜂蜜事件"错误行为还没有做到深刻认识和反省！

第六章

定价策略中的营销道德问题与反思

第一节　白云山虚高定价案及其反思

一、白云山虚高定价案

广州白云山医药集团股份有限公司（简称白云山）是广州医药集团控股的上市公司，旗下业务涵盖医药制造业务、大健康、医药流通业务、大医疗等板块，拥有“王老吉”“白云山”“陈李济”“潘高寿”等多个知名品牌。

天心制药、敬修堂药业均为上市公司白云山控股子公司；白云山制药总厂是白云山旗下独立法人机构（分公司），年销售规模超过30亿元。

广州白云山医药集团既有原料药厂，也有成品药厂，集团拥有从原料药到制剂的抗生素完整产业链。天心制药是一家抗生素企业，是广东省最大的粉针剂和小容量注射剂生产企业之一。白云山制药总厂是国内最大的制药工业企业之一，也是国内实力较强的单体制药工业企业，同时也是国内著名的抗生素、抗ED药生产企业，集科研、生产、销售于一体。白云山化学制药厂作为原料厂，可以为天心制药、敬修堂药业这两家成品药厂家提供原料，但实际上天心制药、敬修堂药业却并不是从同一集团的白云山化学制药厂购买原料，而是从第三方药品经销商手中购买原料。

2022年8月9日下午，国家医保局通报，2017—2021年5月，广州白云山天心制药股份有限公司、广州白云山医药集团股份有限公司白云山制药总厂、广州白云山敬修堂药业股份有限公司等3家药品生产企业为规避“两票制”政策和监管，与下游

50多家药品代理商相互串通，对注射用头孢硫脒等87种药品采取用虚高价格采购原料药的方式套现，并向下游药品代理商转移资金。涉及金额巨大，其中部分资金用于行贿医务人员或特定关系人，开展药品违规促销。

据国家医保局通报，白云山涉事公司套现的主要操作方式是，药品生产企业与药品代理商签订合作协议，在原料药采购环节增加指定的"经销商"，由"经销商"按正常价格购进原料药，提价数倍至十数倍再销售给药品生产企业。药品生产企业以"原料药涨价、生产成本高"的名义，将原料药的虚高价格进一步传导至出厂和投标挂网价格。其中，原料药"经销商"受药品代理商实际控制，将低买高卖原料药获得的差价收入套现，转移至药品代理商，供其实施医药商业贿赂。

以注射用头孢硫脒为例，白云山制药（制剂厂）和白云山化学制药厂（原料厂）属同一集团，但制剂厂并不直接向原料厂采购原料药，而是由代理商控制的原料药"经销商"转手，低买高卖给制剂厂并套现。此番操作后，制剂厂以原料药高成本掩护注射用头孢硫脒虚高的价格，使得药品生产流通环节表面上符合"两票制"等政策规定，逃避监管。

所谓的"两票制"政策，是指药品从药厂卖到一级经销商开一次发票，经销商卖到医院再开一次发票，以避免和防范药品因多次流通而价格虚高的情形。医药市场药品价格虚高问题由来已久。2016年12月26日，国务院医改办等8部门印发《关于在公立医疗机构药品采购中推行"两票制"的实施意见（试行）》（以下简称"《实施意见》"），要求"公立医疗机构药品采购中逐步推行'两票制'，鼓励其他医疗机构药品采购中推行'两票制'"。"两票制"政策在舆论中被称为医药价格改革史上最严格的政策之一。

健康时报记者调查发现，涉及虚高药价的87个品种中，天心制药品种超70个，白云山制药总厂品种10个，敬修堂药业品种1个。其中包括广药白云山的主打化学药产品头孢克肟系列、枸橼酸西地那非、头孢硫脒、头孢呋辛钠、阿咖酚散系列、头孢匹胺、头孢丙烯系列等，头孢硫脒则直接被医保局"点名"。据米内网数据显示，2018年，中国公立医疗机构终端头孢硫脒销售额达30亿元，主要生产企业有白云山制药总厂、白云山天心制药、振东泰盛制药、山东罗欣药业集团等。仅白云山制药总厂和白云山天心制药2家企业就占据了全国超60%的份额。白云山的注射用头孢硫脒之所以卖得贵就是因为它市场占有率高，所以有定价优势，而且企业盘子大。

"两票制"政策的实施避免了层层加价和过票洗钱，如图6–1所示。该政策实施前，药品流通环节复杂，加价严重，导致药品价格虚高；"两票制"实施后，流通环节简化，加价大幅减少，但是类似白云山之类的制药企业药品出厂价却大幅提升。

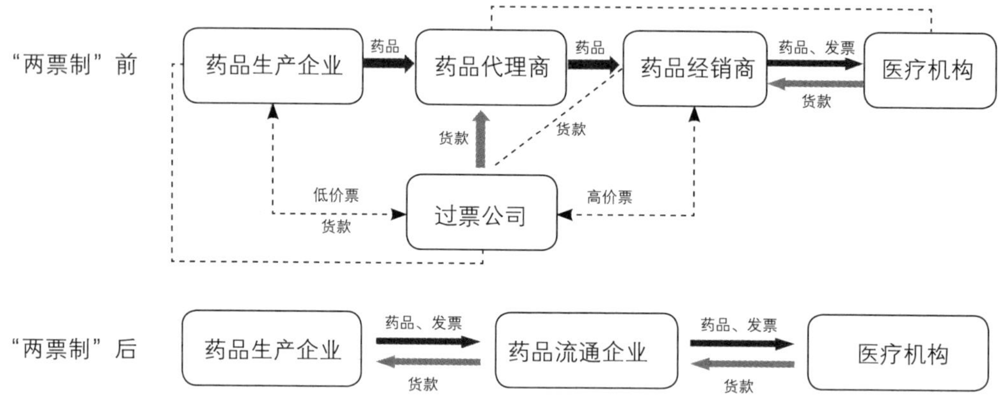

图 6-1 “两票制”政策前后药品流通示意图

2022 年 8 月 10 日，广州白云山医药集团股份有限公司发布《广州白云山医药集团股份有限公司关于国家医保局通报的说明公告》，声明其“已经责成 3 家企业停止与相关代理商、经销商的合作，全面整改营销模式，在全国范围内进行相关产品降价或撤网，对违规操作的行为绝不袒护，坚决处理，并已对 3 家企业相关责任人予以免职停职处理”。

被国家医保局通报后，天心制药等 3 家企业按要求在全国范围内对涉案的注射用头孢硫脒等 87 种药品进行价格整改，剔除价格中用于实施贿赂等虚高部分，平均降幅 50% 以上。

二、白云山虚高定价案的反思

白云山虚高定价案是全球医药行业部分药品高定价的一个缩影。

企业进行产品定价，通常会综合考虑顾客需求水平、成本和竞争者价格。其中，成本是价格的下限，竞争品的价格和替代品的价格为定价提供了参考点，市场需求是价格的上限。

从市场需求方面看，药品是关系国计民生和民众生命健康的特殊商品，也是具有需求价格刚性的生活必需品。尤其在罕见病领域，药品的供需可替代弹性非常小。常规商品可以通过价格波动进行市场需求的调节，但是药品难以通过价格调节市场需求，否则极易激化社会矛盾、导致社会问题。

从成本方面看，药品也不同于普通商品，虽然其原材料成本相对透明，但是药品研发和流通的成本往往远高于原材料成本。由于原研药存在专利悬崖，保障药品研发的投资回报能够推动企业创新。正所谓“制药公司不赚钱，就不会有新药”。原研药未过专利保护期之前，价格中不仅包含了其研发成本，还有企业利润回报的考量。药品流通成本也是药品高定价的关键影响因素。光明网曾刊文指出，我国药价成本中，最大部分不是生产企业的上游成本，而是流通环节的下游成本。从药品出厂定价，到医院药房，中间的环节渠道存在很多灰色空间。药品流通包括多个利益主体，有厂商、代理商、经销商、医院、药店、患者等，长期以来流通环节的不透明和多层利益主体对药品定价影响极大。

从竞争和可替代性方面看，原研药的竞争对手主要来自仿制药。一般来说，原研药企业会享有专利保护以及监管上的排他性，定价上被给予了市场权力。但是为了应对市场份额受到仿制药冲击，企业往往通过提高定价的方式尽快获取利润回报。

从药品供给方面看，生产者与病患之间往往存在信息不对称。根据经济学的解释，信息不对称产生了交易费用，提高了消费者的交易成本。由于存在信息不对称，生产商在利益最大化的驱动下，很容易发生商业欺诈和窃取，导致败德行为。

至于企业在药品定价方面是受到哪些具体因素的影响，外界往往难以判断。药品定价过程不透明并不是中国企业的个案。近年来，关于药品定价的道德争论一直不绝于耳，核心问题是“制药公司应该如何对其产品定价”。

当药品定价过高时，必然影响社会福利水平。药品价格上涨会增加病患负担，影响药品可及性，甚至导致部分病患因为无力支付费用而中断以至放弃治疗。一个极端的例子来自达拉匹林（Daraprim），该药于1953年获得FDA认证，也是唯一可用于治疗几种罕见致命疾病的药物，其生产成本仅为1美元。图灵制药公司（Turing Pharmaceuticals）在获得这款有着60多年历史的药物产销权后，在2015年将达拉匹林的价格从每片13.5美元提高到750美元，涨幅高达5000%。一盒30片装达拉匹林的价格超过了2万美元。由于市场上没有其他替代品，患者只能被迫接受这一结果。公司创始人兼CEO马丁·什克雷利对于涨价决策的解释是：制药业长期忽略弓形虫病药物，因为这一领域几乎无利可图。这家公司的策略是获得非专利药品的许可证，并重新评估每种药品的定价，以追求公司利润。图灵制药的行为引发了公众对价格欺诈的强烈抗议。美国传染病协会（The Infectious Diseases Society of America）和艾滋病药物协会（The HIV Medicine Association）联合发表公开信，谴责提价“对患者群体极不公正”。美国民主党总统参选人希拉里·克林顿批评称：“专业药市场中如此这般的价格欺诈超越底线。”美国国会也对该公司的定价行为进行了调查。尽管最终政府部门表示图灵制药的涨价行为确实不犯法，却引起了民众公愤。

白云山被查实虚高定价的药品中，注射用头孢硫脒是白云山制药总厂的原研药物。我国是抗生素生产和使用大国，但目前仅有头孢硫脒属于我国首创。白云山制药总厂和白云山天心制药两家企业的头孢硫脒占有60%的国内市场份额，接近《反垄断法》中对经营者具有市场支配地位的界定。这也意味着这些企业在抬高药品价格的同时，难以受到市场竞争的制约。

相关制药企业利用市场垄断地位操纵价格牟取暴利是不可回避的事实。原研药具有天然的垄断属性，由于没有其他同类产品可以替代，因此原研药的价格通常会高于其他同类产品。为了保护企业研发新药的积极性，全球多数国家均会通过专利制度来保障此类药物在专利过期之前不可以被仿制，并且享受单独定价等政策的保护。在我国，除了原研药，还有原料药也容易形成垄断定价。由于审批制度和生产环节高度集中，原料药市场呈现出高集中度的特征，经营者也会倾向于实施垄断行为，以获取高额垄断利润。被称为国内原料药反垄断诉讼第一案的2019年扬子江案中，海瑞公司、扬子江集团向江苏省南京市中级人民法院起诉合肥医工、恩瑞特和海辰公司滥用市场支配地位，原告主张被告实施了限定交易、不公平高价、搭售专利以及附加不合理交易条件等滥用市场支配地位的行为。该案一审法院认定，被告合肥医工存在滥用市场支配地位的垄断侵权行为，法院判令被告停止侵权，赔偿扬子江公司68322338元。2023年12月22日，上海市市场监管局发布通告："对上海上药第一生化药业有限公司和武汉汇海医药有限公司、武汉科德医药有限公司、湖北民康制药有限公司滥用中国注射用硫酸多黏菌素B市场上的支配地位，实施以不公平高价销售制剂的行为，依据《中华人民共和国反垄断法》，对4家医药企业作出行政处罚决定，责令停止违法行为，没收违法所得，并分别处上一年度销售额3%、8%的罚款，罚没款总额人民币1219341948.53元。"上海上药第一生化药业与武汉汇海、武汉科德、民康制药滥用中国注射用硫酸多黏菌素B市场上的支配地位，实施了以不公平的高价销售制剂的行为，排除、限制了市场竞争，损害了患者利益和社会公共利益。

《中华人民共和国反垄断法》（2022年修正）第二十二条规定："禁止具有市场支配地位的经营者从事下列滥用市场支配地位的行为：（一）以不公平的高价销售商品或者以不公平的低价购买商品；（二）没有正当理由，以低于成本的价格销售商品；（三）没有正当理由，拒绝与交易相对人进行交易；（四）没有正当理由，限定交易相对人只能与其进行交易或者只能与其指定的经营者进行交易；（五）没有正当理由搭售商品，或者在交易时附加其他不合理的交易条件；（六）没有正当理由，对条件相同的交易相对人在交易价格等交易条件上实行差别待遇。（七）国务院反垄断执法机构认定的其他滥用市场支配地位的行为。”

近年来，医药行业垄断行为频发，医药市场上的最终表现是由于原料药成本上涨导致药品价格上涨，或者由于原料药短缺而导致药品停产，进而对居民用药产生严重影响。医药企业滥用市场垄断地位的行为表现为不公平高价、拒绝交易、搭售、附加不合理条件等。2020 年 10 月 13 日，国家市场监管总局发布的《关于原料药领域的反垄断指南（征求意见稿）》。2021 年 11 月 15 日，国务院反垄断委员会印发《国务院反垄断委员会关于原料药领域的反垄断指南》。该指南列举了 5 个认定不公平高价的考量因素：①销售价格明显高于其他经营者在相同或者相似市场条件下销售同种原料药或者可比较原料药的价格，以及相关期间的成本变化。②销售价格明显高于同一经营者在其他相同或者相似市场条件区域销售原料药的价格。③在市场环境稳定、成本（进价）未受显著影响的情况下，超过合理幅度提高原料药销售价格。④在成本（进价）增长的情况下，销售原料药的提价幅度明显高于成本增长幅度。⑤通过其他经营者以流转过票等方式，高价销售原料药。

无论是由于研发创新形成的垄断，还是由于制度造就的垄断，最终都容易导致垄断高定价。由于药品定价会对社会福利产生直接影响，菲利普·科特勒提出，鉴于药品定价的社会影响，很有必要开发出一种不仅仅只为优化企业利润考虑的定价方法。此外，企业自律和政府监管也将对其定价发挥一定作用。

第二节　航司高额退改签费问题及其反思

一、航司高额退改签费问题

机票退改难、退改贵问题饱受诟病。民航票务服务是旅客投诉焦点之一，尤其是机票退票、改期和签转（以下简称退改签）服务中存在的一些“乱象”更是引发社会广泛关注。2018 年，江苏省消费者权益保护委员会就机票退票费用过高的问题启动了“消费者飞机票退改签情况调查”，并发布了《江苏省消费者飞机票退改签情况调查报告》。飞机票退改签费用总体较高，甚至有的退票费为票价 3 倍以上；提前改签但仍被收取高额改签费用；特价机票不能退机票，只退机场建设费、燃油附加费；等等。机票服务领域长期以来存在诸多价格乱象。在一些投诉平台上，有大量针对航司的投诉涉及错购机票被收取高额退票费问题。针对机票退改费用的投诉中，不少消费者使用了“过高”“夸张”“离谱”等字眼。

2024年2月，新华网记者调查发现，以南方航空公司为例，在黑猫投诉平台上，近1个月的投诉量为912起，很多投诉涉及错购机票被收取高额退票费，一些具有最终解释权的“公司规定”仍在给不少人的春运添堵。

一名旅客投诉，她在南航APP购买了2024年2月20日从北京飞往揭阳的机票，发现买错日期后，重新购买了2024年2月19日的机票。此后，通过南航APP人工客服和官方电话反映诉求，要求免手续费退掉2024年2月20日的票。但客服回复称，其不符合免费退票的条件。反复交涉后，客服说免费退票“须在购票后发现错误的2个小时内申请退票”，这是“公司规定”，最终南航“按公司规定”收取了340元的退票手续费。

还有一名旅客投诉，她准备购买2024年1月13日从墨尔本飞上海的南航机票，由于看错了时间，错买成2024年1月30日的机票。她在1月1日发现错误，立刻联系航空公司要求退票。距离2024年1月30日整整提前1个月，不会影响机票销售，但航空公司仍要收取她约1500元的退票费，而她的机票全额仅1800元。后续她选择改签，在多次沟通后，依然补了960元的高额改签费。

有旅客投诉，2024年1月19日早晨，他通过微信小程序购买了南航联程机票，从深圳中转北京飞往大庆。但3个小时后，发现日期和乘客都选错了，就赶紧拨打航空公司客服电话，但一直打不通，提示座席繁忙。2024年1月20日，他急匆匆开车80多公里，到深圳宝安机场的南航柜台处理退票事宜，但客服态度强硬，说按公司规定，他不符合免费退票的条件，2200元的机票只能退900多元，“平白无故吃掉1200多元”。双方争执了1个小时，也没解决问题。

2024年2月5日，微博话题“1800的机票要收1500退票费”登上热搜。

据新京报报道，航空公司的退票时间档基本分为四档，按退改签时间与登机日的期间长度划分为航班起飞前7天、前7天（含）至48小时前、48小时（含）至4小时前及前4个小时（含）至起飞后四档时间节点，来确定不同的收费比例。

同样的舱位等级、同样的限定时间，不同的航空公司要收取的手续费却不同，以经济舱为例，在航班起飞前4小时内退票的话，海航最高手续费占比为票面价格的90%，而其他3家航空公司的这一比例最高为75%。其中，南航和东航在2024年1月初对手续费进行了调整。调整之前，南航经济舱R舱位起飞前4小时退票手续费占比是 100%。换句话说，此前南航该舱位起飞前 4 个小时内退机票，消费者一分钱也拿不回来。

新华每日电讯的评论指出：“出行路，苦高额退票费久矣。”航司高额退票费问题，一是规则不明。有群众说，一到投诉就“抠字眼”，为什么“符合一定条件”总是“一定不符合条件”？“有时候因为航空公司自身原因取消航班，可是一分钱不给赔啊！”二是条件苛刻。有群众说，买错了票 2 小时内发现才能免费改签，可有多少人能做到“及时发现”？标准又为什么是两个小时？“理应给百姓一个合理的退改安排，不能因此影响大家的出行热情。”三是费用畸高。有群众说，买张机票才 1800 元，光退票费就敢收 1500 元，谁遇到这样的事心里不堵得慌？航司对退改规则解释清楚了，公众可以理解，但不能买票前口口声声“热心服务”，退改票时就变了脸，在规则上“抠字眼”，设置各种障碍为难群众。

针对机票退改条款不细致的问题，南航称“将结合旅客投诉情况，及时改进”。

在 2024 春运启动前，东航、南航等多家航空公司也相继发布客票退改新规，降低退改费率，同时还扩大免费退改的范围。其中，东航新增了航班起飞前 30 天之外的免费退改规定；在此基础上，还增加了一条“航班变动导致的航程改变”。南航退改规定最长为起飞前 7 天；将机型变动致无法成行、航班经停点延误、机场转场、不可抗力等因素均纳入客票免费退改适用范围。

对于旅客因病退改签的规则，各家航司都有所放宽。针对旅客因为票价波动或者购票时信息填写错误导致办理退票，航司修改规则如下：如购票后原购票渠道机票降价，允许在购票后 24 小时之内在同一购票渠道重新购买客票，符合一定条件的原客票免费办理退票；针对购票时姓名、证件、航程、日期、舱位等信息填写错误，以及误操作导致重复购票等情况，航空公司在符合一定条件下可给予免费办理错购客票退票。客票退改规则调整后，机票退改签手续费的比例也相应调整。

但目前这些新规主要适用于国内航班。比如 2023 年 11 月 16 日，中国国际航空官网发布公告称，2023 年 11 月 17 日起实行国内客票“购票后 2 小时免费、优惠退票机制”。如因旅客个人原因在出票后需办理退票，退票时间在出票后 2 小时（含）内且距客票票面上显示的首个航班起飞时间在 4 小时（含）之前免费或支付部分手续费后办理退票。2024 年 1 月 5 日，中国东方航空在微信号发布公告，2024 年 1 月 10 日零时起销售的东航国内客票适用新版自愿退改规则。规则中新增了航班起飞前 30 天之外的免费退改规定。此外，川航则对重复购买客票的旅客办理免费退票，并对同城走错出发地机场的旅客提供免费改期服务。

二、航司高额退改签费问题的反思

1.关于机票退改签费的法规

早期民航管理规定，例如1996年《中国民用航空旅客、行李国际运输规则》（民航总局令第49号）中退改签费率问题规则如下：

第二十二条："旅客自愿退票，除凭有效客票外，还应提供旅客本人的有效身份证件，分别按下列条款办理：旅客在航班规定离站时间24小时以内、2小时以前要求退票，收取客票价10%的退票费；在航班规定离站时间前两小时以内要求退票，收取客票价10%的退票费；在航班规定离站时间后要求退票，按误机处理。"

第二十九条："团体旅客购票后自愿退票，按下列规定收取退票费：①针对团体旅客在航班规定离站时间72小时以前要求退票，收取客票价10%的退票费。②团体旅客在航班规定离站时间72小时以内至规定离站时间前一天中午12点前要求退票，收取客票价30%的退票费。③团体旅客在航班规定离站时间前一天中午12点以后至航班离站前要求退票，收取客票价50%的退票费。"

2004年修订《中国民用航空旅客、行李国内运输规则》（民航总局令第124号）时将第二十二条第一款第一、二项和第二十九条删除，形成国内民航业统一退票规则的政策空白。各家航空公司分别就退改签票价制定规则，实际操作由各航空公司自行决定，形成机票退改签费用价格不一致的局面。

为了切实改进和提升票务服务，维护旅客合法权益，民航局运输司曾经于2018年7月印发实施《关于改进民航票务服务工作的通知》，要求各运输航空公司要合理确定客票退改签收费标准，退票费不得高于客票的实际销售价格。该通知规定：

（1）航空公司销售客票应当严格执行明码标价规定，在官网、APP等渠道的显著位置上及时、准确、全面地公布实际执行的国内航线旅客运价种类、水平及包括退改签收费标准在内的适用条件，切实履行对旅客的告知义务，便于旅客查阅和社会监督；在旅客购买机票过程中，要清楚告知旅客退改签收费标准等条件。

（2）航空公司要合理确定客票退改签收费标准，退票费不得高于客票的实际销售价格。要制定机票退改签收费"阶梯费率"，即根据不同票价水平和时间节点等，设定合理的梯次收费标准，不能简单规定特价机票一律不得退改签。

（3）航空公司要统一规范直销和分销渠道的退改签制度，确保全渠道（含直销、分销渠道）退改签收费标准一致。要加强对有委托授权关系的OTA平台、销售代理企业的管理，对违反收费标准的进行严格处罚。

（4）航空公司要以“真情服务”为原则，优化退改签制度、简化退改签手续、缩短退票还款时间。要加强新技术推广应用，通过移动互联网技术为旅客退改签机票提供“一站式”解决方案，让“数据多跑路、旅客少跑腿”。要具备为旅客提供客票退改签收费标准的验真查询服务功能。

（5）航空公司要为旅客错购机票（例如姓名书写错误、重复购票等）提供免费补救措施。在界定旅客错购情形时，应当把握合理且包容原则，对于航空公司无法证明旅客非错购情形的，均应视为错购，并提供免费退票等服务。对于旅客因病无法乘机并要求退票的，应按相关规定办理退票手续，并不得收取退票费。

2. 关于机票销售与退改签的制定与执行

虽然主管机构要求航司在机票销售时明码标价。但是在机票销售过程中，不同销售渠道为了降低风险、赚取利润，违背航空公司退改签费规则的情况时有发生。高泰帜等（2020）研究指出，“有些代理商并未严格按照航空公司的退改签费用规则，甚至故意设置高价退票门槛”。央广网的记者调查发现，部分机票销售代理商甚至直接靠退票手续费盈利。他们通过大数据计算出旅客的退票概率，选择退票概率高的航线以超低价格销售机票，以吸引消费者，同时制定高昂的退票手续费。当消费者购买了这些机票，行程发生变化后，机票销售代理商就可以赚取航空公司退票手续费的差价。除了直接赚取退票费，有的机票销售代理商采取团票散卖的方式盈利。航空公司销售客票时，会有一部分舱位以超低的折扣做成团体票，销售给旅行团等团体客源，这部分客票往往不能退改签。一些机票销售代理商就会打包购买这些团体票，然后以散票的形式加价卖给消费者，如果消费者需要退票，代理商的利益就会受损，因此它们就要通过制定高昂的退票费，保护自己的利益。

不同航空公司的退改签规则不同，也容易导致消费者认知上的错觉。由于没有一个明确统一的标准，消费者与航空公司、OTA平台之间存在严重的信息不对称，消费者很多时候并不了解为什么要支付如此高昂的退票费。

机票退改签规则复杂，也容易导致消费者混淆和误解。随着航空公司舱位日益细化、产品设计愈加多样，对应的机票退改签规则也越来越繁复。普通消费者往往难以识别不同产品背后的价格规则，尤其是当航空公司及其机票代理机构在销售过程中主要凸显机票价格、时间、目的地等信息，而未能突出标识退改签费率条款，这导致事后消费者投诉不断。

在机票退改签侵权事件发生后，消费者往往处于市场弱势地位。加之取证困难、维权周期长、维权成本高，消费者只能采取投诉和抱怨的方式。

《光明网》评价称：一个规则不明，处处给消费者设置陷阱的公司和行业，不可能获得应有的市场尊重，对市场的指责也不能完全代替监督。面对当前机票退票规则的混乱状况，消保委要敢于主动发声，为消费者代言，民航管理和工商部门也该及时亮明态度，履行好自身监管职能，让涉事企业和公司体验到痛感，无法继续“装睡”。

收取一定的机票退改签费是国际航空业的惯例。国外主要航空公司执行的退改签条件大多按照距航班起飞时间的期间划分不同档次，根据不同舱位折扣规定不同费用比例。总体上看，舱位折扣越少、退改签时间离起飞时间越早，费率越低，舱位折扣越多、退改签时间离起飞时间越近，费率越高。

各家航空公司自行制定机票退改签规则，其本质是利用市场手段合理配置资源、决定要素价格。但是企业规则的制定必须在兼顾市场主体和旅客双方利益。在退改签费规则制定和执行方面，航空公司及其机票代理机构应基于公平、合理和非歧视的原则制定机票退改签费率，通过各个渠道及时向社会公布，做到公开透明，维护消费者合法权益，防止各种侵害消费者权益的事件发生。

第七章

分销策略中的营销道德问题与反思

第一节　山东非法疫苗案及其反思

一、山东非法疫苗案

1. 山东非法疫苗案概述

2016 年，山东警方破获案值 5.7 亿元非法疫苗案，疫苗未经严格冷链存储运输就销往多个省、市。非法疫苗案的涉案企业、涉案人员众多，性质极其恶劣。

2005 年 6 月 1 日《疫苗流通和预防接种管理条例》开始施行。根据该条例的规定，未列入计划免疫而由公民自愿并自费接种的二类疫苗市场将放开管制，允许进入市场销售。

原为山东省菏泽市牡丹人民医院药剂师的庞红卫在山东省菏泽市开了一家防疫诊所，专门销售人用疫苗。 如果按照正常渠道，疫苗从生产厂家最终达到接种者手中，会经过省、市、区三级加价，导致零售价格不断攀升。而庞红卫从厂家直接拿货，然后卖给基层防疫站或个人，中间的差价相当可观。后经警方查实，2007 年 4 月 8 日至 2008 年 4 月 15 日，在 1 年多的时间里，庞红卫与菏泽市疾控中心职工邓某等 5 人，非法经营的人用疫苗涉案金额就多达 560 多万元，其中仅庞红卫一人就涉及 489 万元。

2009 年，菏泽市中级人民法院宣判，5 人均获缓刑，其中，庞红卫因无资质非法经营疫苗被判处有期徒刑 3 年缓刑 5 年，并处罚金 50 万元。被判刑后，庞红卫将自己位于菏泽市的防疫诊所关闭。

缓刑期间，庞红卫重操旧业，在未取得药品经营许可证等资质、不具备经营条件的情况下，违反国家规定，开始再次非法经营疫苗等药品。她先在山东聊城一带贩卖问题疫苗，2013 年来到济南，利用物流系统将自己的生意不断做大。

后来经警方查实，自 2010 年起，庞红卫与女儿孙琪非法购进 25 种二类疫苗，未经冷链存储运输销往全国 18 个省、市。2013 年 6 月至 2015 年 4 月，庞红卫先后在山东省聊城市、济南市天桥区等地雇佣人员、租赁仓库，从国内多地购进冻干人用狂犬病疫苗、b 型流感嗜血杆菌结合疫苗、乙型脑炎减毒活疫苗、口服轮状病毒活疫苗以及乙型肝炎人免疫球蛋白等多种药品，存放在不符合疫苗等药品冷藏要求的仓库内，向山东省及国内多地买家销售，并以“保健品”等名义通过不符合冷藏要求的运输方式发送疫苗等药品，销售金额达 7497 万余元。庞红卫背后是一个涉及庞大的问题疫苗销售网络，销售疫苗累计逾 200 万支。涉案的 12 种第二类疫苗，均为正规企业生产的合格产品。

据时任广东省疾控中心免疫所副所长、主任医师吴承刚的介绍，接种未按规定进行规范冷链存储、运输的疫苗可能产生如下影响：一是接种的疫苗无法产生保护效果，即接种无效。二是疫苗长时间处于非规范冷链存储和运输可能导致成分发生变化，接种后不良反应发生概率可能会增加。如果正规疫苗未冷藏运输或过期，接种后最大的风险就是失效，即人接种后无法对相应疾病免疫。对于狂犬病、破伤风等致命传染病，接种无效疫苗后无法防止感染，一旦感染就会危及生命。而对于甲肝、水痘等疾病，人在接种无效疫苗后会认为自身有抗体，而放松警惕，增加感染疾病的可能。

山东省食药监局经过梳理发现，向庞某等提供疫苗及生物制品的线上线索 107 条，从庞某等处购进疫苗及生物制品的线下线索 193 条，涉及全国 24 省市，另外还有 300 名买卖疫苗的人员名单。线索涉及的 24 省（区、市）包括：安徽，北京，福建，甘肃，广东，广西，贵州，河北，河南，黑龙江，湖北，吉林，江苏，江西，重庆，浙江，四川，陕西，山西，山东，湖南，辽宁，内蒙古，新疆。

在山东省食品药品监督管理局公布的 300 条线索中，包括向嫌疑人庞某提供疫苗和生物制品的上线线索 107 条，总共涉及 20 个省（区、市），分别为安徽、北京、福建、甘肃、广东、广西、贵州、河北、河南、黑龙江、湖北、吉林、江苏、江西、重庆、浙江、四川、陕西、山西和山东。线上线索涉及河南的最多，共 24 条。

时任国务院总理李克强对非法经营疫苗系列案件作出重要批示。批示指出：此次疫苗安全事件引发社会高度关注，暴露出监管方面存在诸多漏洞。食药监总局、卫生计生委、公安部要切实加强协同配合，彻查“问题疫苗”的流向和使用情况，及时回应社会关切，依法严厉打击违法犯罪行为，对相关失职渎职行为严肃问责，绝不姑息。同时，抓紧完善监管制度，落实疫苗生产、流通、接种等各环节监管责任，堵塞漏洞，保障人民群众生命健康。

被告人庞红卫、孙琪犯非法经营罪一案，山东省济南市中级人民法院于2017年1月24日一审宣判，认定庞红卫、孙琪犯非法经营罪，分别判处庞红卫有期徒刑15年，并处没收个人全部财产，与其前罪刑罚并罚，决定执行有期徒刑19年，并处没收个人全部财产；判处孙琪有期徒刑6年，并处没收财产7432859.4元。

宣判后，2被告人均提出上诉。山东省高级人民法院依法组成合议庭，经阅卷，讯问上诉人庞红卫和孙琪，听取辩护人的意见，对一审判决认定庞红卫、孙琪非法经营的犯罪事实、证据予以确认。

山东省高级人民法院认为，上诉人庞红卫、孙琪违反国家规定，未经许可经营疫苗等药品，严重扰乱药品市场秩序，情节特别严重，其行为均已构成非法经营罪，应依法惩处。一审判决认定的事实清楚，证据确实、充分，定罪准确，量刑适当。审判程序合法。遂依法作出上述裁定。

2. 涉案疫苗企业与渠道

时任国家食药监总局药化监管司司长李国庆介绍，我国每年疫苗产量10亿剂，接种7亿剂，95%的接种疫苗是国产，中国疫苗监管体系总体达到了世界先进水平。疫苗短时间脱离冷链，通常不会对安全性和有效性产生显著影响，但国家有严格的规定，脱离冷链运输是不允许的。

疫苗的配送需要特殊的冷链运输车以及冷库车等，严格按照疫苗流通的流程来办理药品入库取药以及配送。庞红卫经营的疫苗看似通过正常的公司渠道进货、出货，取得正规过账单和发票，实际上并未使用包括仓库、物流等公司资源。另一方面，当企业拥有的一批药品即将失效时，是坐等失效承受亏损，还是铤而走险，挽回损失？趋利本性让企业选择了后者。

李国庆介绍称，一些疫苗接种机构与疫苗贩子、经营企业长期勾结，将容易在最终消费环节出现库存积压甚至过期的二类疫苗，在临近有效期结束时低价甩卖给违法分子，再由违法分子通过借用的经营企业资质、虚构购销流向的方式售出。

2016年3月22日，食药监总局对山东济南非法经营疫苗案查扣药品的数据分析发现，有9家药品批发企业涉嫌虚构疫苗销售渠道。这9家药品批发企业为：河北省卫防生物制品供应中心、湖南华一生物制品有限公司、陕西益康众生医药生物有限公司、山东兆信生物科技有限公司、山东实杰生物药业有限公司、郑州邦正医药有限公司、吉林尚元生物制品有限公司、济宁福泰医药有限公司、陕西医维达康生物制品有限责任公司。

2016年4月25日，国家食药监总局查实45家涉案药品经营企业存在编造药品销售记录、向无资质的单位和个人销售疫苗等生物制品、出租出借证照、挂靠走票等行为。45家问题企业中，拟吊销《药品经营许可证》的企业有41家，包括山东鲁越生物制品有限公司、山东实杰生物科技股份有限公司、济宁福泰医药有限公司、山东兆信生物科技有限公司、陕西益康众生医药生物有限公司、陕西医维达康生物制品有限公司、陕西益德生物药业有限公司、河北省卫防生物制品供应中心等。涉嫌犯罪被移送公安机关的企业2家，分别为河北上谷生物科技有限公司，陕西邦信生物医药有限公司。已注销《药品经营许可证》的企业2家，为聊城冠县健康大药店，武汉海源生物制品有限公司。上述企业中涉嫌犯罪人员，当地食药监管部门已移送公安机关调查追究刑事责任，有关地方食药监管部门对违法企业履行行政处罚程序。由于上述企业的行为严重违反了《中华人民共和国药品管理法》《疫苗流通和预防接种管理条例》《药品经营质量管理规范》等法律法规及规章，有关地方食品药品监管部门对上述企业依法予以查处。

因为严重违反《药品经营质量管理规范》规定，包括鲁越生物在内的山东4家疫苗经营公司被依法撤销GSP认证，这四家公司都涉嫌为庞红卫虚构问题疫苗销售渠道。

二、山东非法疫苗案的反思

流通渠道原本是一系列相互依赖的组织，他们致力于促使一项产品或者服务能够被使用或者消费这一过程。但是当分销渠道成员只注重经济利益、枉顾社会利益时，企业肆意违反疫苗流通规范，必然触犯疫苗调运的法律底线。

2005年的《疫苗流通和预防接种管理条例》规定，疫苗分为一类疫苗和二类疫苗，其中一类疫苗是指政府免费向公民提供，公民应当依照政府的规定受种的疫苗；二类疫苗，是指由公民自费并且自愿受种的其他疫苗。在流通途径上，中国的一类疫苗和二类疫苗存在差异。按照国家规定，一类疫苗由各省疾控机构，统一公开招标采购，经疾控系统内部层层下发，最终到达各接种单位，而二类疫苗除通过疾控系统层层下发外，疾控机构、接种单位也可从疫苗生产企业、疫苗批发企业处直接购进。相较而言，一类疫苗的流通呈闭环状态，而二类疫苗的流通环节，涉及诸多疫苗生产、批发、流通和销售企业，若监管不到位，易出现漏洞。北京大学医学部免疫学系教授王月丹认为，我国对于一类疫苗的管理和监控比较到位，一旦出现问题都能追溯；二类疫苗品种多，生产厂家多，进货渠道不同，管理和监控上有待改进。

山东非法疫苗案中，涉案疫苗均为正规企业生产的合格产品。疫苗企业销售人员面对卖不出去的疫苗，为完成业绩，他们想办法卖给不具备经营资质的个人或团伙。不法人员利用上游生产企业的销售动机和下游接种机构的盈利心理，在缺乏合法资质的情况下将临期疫苗以非规范运输方式送达、出售给销售终端。而部分疾控机构及其人员，可能会利用手中职权，从非法商贩手中购买“问题疫苗”，通过低价购进、高价卖出的方式牟取暴利。

2016 年 4 月 13 日国务院常务会议指出，疫苗质量安全事关人民群众尤其是少年儿童生命健康，是不可触碰的“红线”。

山东疫苗案后，国务院决定调整二类疫苗的流通体系，把二类疫苗纳入省级公共资源交易平台集中采购，不再允许药品批发企业经营疫苗，从而阻断问题疫苗进入疾控系统的路径，保证疫苗质量和安全。

这一案例的发生，除了暴露出政府部门在疫苗流通管理中的监管缺位和漏洞，还反映出疫苗企业在渠道管理方面存在以下问题：

第一，疫苗企业的渠道分销目标。渠道分销目标应该与企业的整体目标和策略保持一致。疫苗是人类对抗疾病的有力武器，因此接种疫苗是预防和控制传染病最经济有效的手段。疫苗产品不等同于一般产品，是具有公益性和战略性的特殊产品，疫苗企业目标与分销目标都应围绕战略性、公益性展开，疫苗流通也应该保证质量可控。疫苗企业凭借渠道资源获利无可厚非，但是山东非法疫苗案中疫苗企业仅在生产领域做到产品合法合规，流通领域却只考虑了销售业绩、疏于产品质量的管控，才让不法分子有了可乘之机。

第二，疫苗企业的渠道成员管理。企业在设计分销渠道时应遵循法规、慎重筛选渠道成员。按照 2005 年施行的《疫苗流通和预防接种管理条例》，疫苗生产企业的二类疫苗的销售对象包括疾病预防控制机构、接种单位、疫苗批发企业，疫苗批发企业的销售对象包括疾病预防控制机构、接种单位、其他疫苗批发企业。山东非法疫苗案中，无资质的单位和个人成为疫苗生产企业销售临期疫苗的对象，导致后续销售网络完全脱离了疫苗企业的质量管控范围。

2019 年通过的《中华人民共和国疫苗管理法》对疫苗流通渠道和流通条件等进行了详细规定，包括：疫苗上市许可持有人应当按照采购合同约定，向疾病预防控制机构供应疫苗；疾病预防控制机构以外的单位和个人不得向接种单位供应疫苗，接种单位不得接收该疫苗。该法规明确疫苗只能通过疾病预防控制机构向接种单位的分销渠道。此外，该法规还明确了疫苗配送的条件，“疫苗上市许可持有人、疾病预防控制机构自行配送疫苗应当具备疫苗冷链储存、运输条件，也可以委托符合条件的疫苗配送单位配送疫苗”。

企业以及营销从业人员在制定渠道策略、管理渠道成员时，往往将利润最大化作为核心目标。但是在疫苗、药品等关乎国计民生的特殊产品销售领域，公益性和安全性是制定营销渠道策略时首先保证的原则。

第二节　拼多多团购特斯拉事件及其反思

一、拼多多团购特斯拉事件

拼多多是国内主流的移动互联网电子商务平台，用户通过发起和朋友、家人、邻居等的拼团，可以更低的价格购买优质商品。2020 年，特斯拉拒绝向拼多多团购车主交付 Model 3，引起消费者投诉维权。

特斯拉是全球知名的电动汽车制造商之一。在营销方面，特斯拉摒弃了传统汽车营销渠道的 4S 店和经销商模式。特斯拉邀请苹果公司的前任高管作为副总裁，几乎照搬了苹果的零售销售模式，通过开设直营体验店结合网络直销的方式进行销售，这种模式取消了汽车分销环节，使渠道价格更加透明。当用户体验并真正决定购车之后，可以在特斯拉官网上预订。客户支付定金后，特斯拉工厂接单定制生产。作为全世界第一个采取直营模式的汽车生产商，直销接单模式可以有效降低产品库存和资金占用，提升用户体验和渠道利润。特斯拉通过直营门店，可以减少与消费者之间的隔阂，获得最直接有效的信息反馈，以提高产品的适应性和快速应变能力，进而提升产品的市场竞争力。

2020 年 7 月下旬，拼多多平台上一家名为“宜买车”的店铺推出了“特斯拉中国——Model 3 2019 款标准续航后驱升级版”的万人团购活动，并放出“万人团价 251800 元”的优惠政策。拼多多活动价比这款车的官方指导价便宜 4 万元。即便是除去新能源补贴，这一优惠也达到了近 2 万元。巨大的价格优惠吸引了市场的高度关注，最终五人拼团成功。

2020年7月21日，特斯拉在其官方微博发表声明称，公司未与宜买车和拼多多就该团购活动有任何合作，也没有任何形式的委托销售服务。拼多多随之回应称，车辆是正品，补贴也是真的。7月26日0点，拼多多团购活动开始，5位车主成为幸运儿；随后宜买车工作人员向车主索要身份信息，帮助进行帐号注册，下订单，付款。

2020年8月16日，一位来自上海的拼多多团购车主表示，已经成功提车。而另一位湖北武汉的团购车主则被特斯拉拒绝交付Model 3。特斯拉在拒绝交付后，于8月14日晚间关闭了来自湖北的拼多多团购车主订单。特斯拉工作人员告知媒体，如果该车主想要重新交付，有两种可能：其一，是自己到特斯拉官网下订单；其二，就是与拼多多、宜买车起诉特斯拉，要求特斯拉按合约进行交付。而这笔取消的订单所涉及的金额将会在2周左右完成退款。媒体将这一事件称为“特斯拉拒交门”。

特斯拉官方给出的拒绝交付车辆的理由是，拼多多涉嫌违反特斯拉“禁止转卖”的有关规定，所以特斯拉依据合同违约条款单方面取消了此订单。根据特斯拉的解释，特斯拉始终保持直营模式，即使是现场购车的用户，也都是通过官网下单，直接将产品送交消费者。《Model3汽车订购协议》有明确规定：“Tesla直接面向最终客户销售汽车。对于任何我司认为其目的是转卖的订单或者有其他非善意目的的订单，我司有权单方解除本协议。”特斯拉之所以不交付车辆，也正是由于拼多多以用户的名义在特斯拉官网下单。特斯拉员工表示：“特斯拉的销售政策是我们直接与终端消费者进行交易，（拼多多）隐秘地利用客户的信息来下单，其实际就是违背了我们真实的交易意愿，是在合同订立中类似于欺诈行为。”

拼多多回应称，该车辆系消费者本人与特斯拉签了订购协议，消费者本人自用且无任何转卖意图。对于特斯拉拒绝履行与消费者订立的合同，作为“补贴”方，将支持消费者依法维权，并将积极落实车辆交付工作。最终，在宜买车与拼多多的协助下，被特斯拉拒绝交付的团购车主成功提车。

二、拼多多团购特斯拉事件的反思

拼多多与知名企业之间的争端并非个案。2019年9月底，拼多多广告称“海蓝之谜”将入驻拼多多。10月12日，LA MER海蓝之谜在其微信公众号的“公司授权通知”中，并未将拼多多列入中国市场官方授权渠道。2020年6月12日，电子游戏巨头任天堂发布了一则声明，表示拼多多平台及其平台上的店铺均未获得任天堂授权销售腾讯代理的Nintendo Switch游戏机、官方配件和游戏。为了维护用户权益，确保用户顺利享受保修等官方正品服务，任天堂请消费者前往线上、线下的官方合法授权店购买产品。知名芯片厂商AMD也曾经发布过声明，称公司没有对拼多多上的任何店铺授权。

拼多多和特斯拉均为所在领域的著名企业。拼多多店铺团购特斯拉事件，由于补贴力度大，两者营销活动产生的纠纷导致消费者权益受损。这一事件引发公众和媒体的高度关注。

北京和昶律师事务所主任律师邹佳铭认为，拼多多以补贴的形式吸引用户，很可能将其他电商平台裹挟其中，可能会对特斯拉的市场规则造成影响。

中国政法大学教授朱巍认为："车是从特斯拉直接卖给消费者的，平台没有转手过程，不构成转卖。" "特斯拉作为商家，肯定要遵守买卖合同，应该交货，不能用各种方式推卸责任，同时，即使后期交货，但如果存在延迟行为，也会造成违约责任，需要向消费者进行赔偿。"不过，"团购特斯拉"行为可能因为引起混淆而对特斯拉品牌产生侵权，"因为拼多多的这种销售行为会让公众误以为它得到了特斯拉的授权，但实际并没有，这足以造成公众混淆，特斯拉可以用《中华人民共和国反不当竞争法》内容起诉拼多多，要求进行赔偿。"

中国人民大学法学院副教授熊丙万表示，作为知名车企，特斯拉会为自己的企业品牌以及销售、售后服务等一系列问题考虑。一个企业通过什么途径销售，应该属于企业自主决策的范围，只要企业采取的销售策略不违反《中华人民共和国反垄断法》，不涉及《中华人民共和国反不当竞争法》的问题，原则上应该尊重企业的自主决策。

按照常规理解，拼多多和宜买车通过购车补贴提高市场知名度，特斯拉通过"拼多多团购"增加了汽车销量，消费者在该营销活动中获得超值汽车。但是由于特斯拉的反对，导致这一事件引发多重争论。

普通消费者难以分辨拼多多和宜买车的角色是否为特斯拉的授权销售商。鉴于拼多多日常呈现出的电商属性和宜买车的汽车零售服务属性，多数卷入这一团购事件的消费者容易误将两者理解为特斯拉销售商。从营销渠道的角度分析拼多多团购特斯拉事件，可以发现这是一起由于渠道冲突而导致的道德争议事件。

渠道冲突是渠道管理的常态。由于渠道各成员对渠道的建设有各自的立场和目标，合作关系并不总能达成统一与和谐。学术界普遍认为渠道成员彼此间冲突实际上不可避免。根据冲突的结果，渠道冲突可以区分为建设性冲突与破坏性冲突。建设性冲突，是指短期之内渠道成员由于非个人因素所引发彼此观念不一致，促使组织自我检测并寻求冲突解决的方法。而破坏性冲突，是指长期内由于个人因素引发彼此观念不一致所导致的双方间的对立行为。

作为调控渠道行为的重要手段，渠道价格政策被视为实现渠道策略和目标的重要工具。厂商通过价格调整影响市场需求。价格体系混乱容易扰乱市场秩序，甚至影响产品竞争力和品牌定位。而该事件中，拼多多的补贴行为扰乱了特斯拉原有的渠道价格政策。长期以来，特斯拉坚持通过直营城市体验店的展示和网站的直接订购，确保了用户的产品体验和价格体系的稳定性。拼多多和宜买车在不具备代理销售资格的情况下，利用特斯拉品牌展开促销活动，本质上是未经授权的销售行为。拼多多和宜买车通过每辆车 2 万元、总共 10 万元的补贴额获取市场高度关注，企业收获点击量和关注度的同时则造成了特斯拉渠道政策的干扰和破坏。团购行为并未影响特斯拉的销售业绩，然而，即便该行为不违法，在道德伦理上也是存在瑕疵的。

拼多多利用特斯拉影响力的营销补贴活动，最初打出的旗号是“万人团购价”。最终仅有 5 人获得补贴资格，绝大多数参与团购的消费者沦为“陪跑”。拼多多在营销宣传方面也涉嫌误导消费者。值得肯定的是，最终拼多多方面并未推诿售后服务责任，最终协助消费者完成了提车流程。

第八章

促销策略中的营销道德问题与反思

第一节　中央电视台两届“标王”秦池酒的陨落及其反思

一、中央电视台黄金时段广告招标和标王

中央电视台（CCTV）广告时间段不同，价格也相差很大。大家常说的晚间黄金时间段，一般指18:00—22:00这个时间区间，电视开机率高，往往广告价格也高。晚间黄金时间段广告价格是白天的几倍甚至十几倍也很正常。特殊广告时间段需要广告招标销售，如中央电视台一套新闻联播前后，天气预报前，天气预报后焦点访谈前等高价值时段。

中央电视台黄金时段广告招标始于1994年。1994年，在中央电视台广告经济信息中心主任兼广告部主任谭希松女士的策划和领导下，中央电视台首次尝试以招标的形式来解决黄金时段广告销售中的供不应求的矛盾，后来发展成为中央电视台广告经营的主要方式。谭希松把招标会的日期定在每年的11月8日，谐音为“要要发”，而招标地点则在北京梅地亚中心。

谭希松为央视开创了新的商业模式，也改变了中央电视台广告部的盈利模式。谭希松认为最公平和透明的竞争模式便是企业招标，招标的客户群体是面向全国的各大企业，各家企业凭借各自的本事来出价，最终出价最高的企业便可以获得央视黄金时间段的广告播放权，而最终竞标胜出的企业也可以获得一顶金光闪闪的“标王”桂冠。

在 1994 年后的近 20 年，中央电视台黄金时段广告招标成为了中国的电视媒体广告和企业营销竞争的重要风向标。

1995—2017 年中央电视台标王及其中标价格一览表，如表 8-1 所示。

表 8-1　1995—2017 年中央电视台标王中标价格一览表

届	年份	标王	中标价格（单位：亿元）
第 1 届	1995	孔府宴酒（酒）	0.31
第 2 届	1996	秦池酒（酒）	0.67
第 3 届	1997	秦池酒（酒）	3.21
第 4 届	1998	爱多 VCD（家电）	2.10
第 5 届	1999	步步高（家电）	1.59
第 6 届	2000	步步高（家电）	1.26
第 7 届	2001	娃哈哈（饮料）	0.22
第 8 届	2002	娃哈哈（饮料）	0.20
第 9 届	2003	熊猫手机（通信）	1.09
第 10 届	2004	蒙牛（食品饮料）	3.10
第 11 届	2005	宝洁（日化）	3.85
第 12 届	2006	宝洁（日化）	3.94
第 13 届	2007	宝洁（日化）	4.20
第 14 届	2008	伊利（食品饮料）	3.78
第 15 届	2009	纳爱斯（日化）	3.05
第 16 届	2010	蒙牛（食品饮料）	2.04
第 17 届	2011	美的（家电）	—
第 18 届	2012	茅台（酒）	4.43
第 19 届	2013	剑南春（酒）	6.03

续表 8-1

届	年份	标王	中标价格（单位：亿元）
第 20 届	2014	—	—
第 21 届	2015	—	—
第 22 届	2016	翼龙贷（互联网金融）	3.70
第 23 届	2017	云南白药（药品）	5.04

（资料来源：央视“标王”兴衰记 https://www.sohu.com/a/335862620_100116800；菲利普·科特勒，凯文·莱恩·凯勒，卢泰宏.营销管理（第 13 版·中国版）[M].北京：中国人民大学出版社，2009：441-443。注：2011 年标王中标价格为公开；2014 年和 2015 年标王及其中标价格数据均未公开。引用时有增改。）

中央电视台作为我国最权威以及影响力最广泛的电视频道，一直以来都在全国范围内拥有超高的收视率，如果企业能够在央视播放电视广告，便能够迅速提升企业在全国范围内的知名度。

现在中央电视台依然采用着广告商业竞标的模式，各家企业也争相参与竞争央视黄金段的广告位置。

二、山东秦池酒业有限公司和两届中央电视台“标王”桂冠

根据山东秦池酒业有限公司官网介绍，山东秦池酒业有限公司（简称秦池酒业）由原鲁中南军区领导的军工企业发展而来，1942 年始建于山东省潍坊市临朐县蒋峪镇薛庄村。1945 年，临朐解放后，鲁南军区将企业移交当地政府。1958 年，由山东省拨款建成蒸馏楼一座。1963 年，正式成立“国营临朐县酒厂”。1979 年，三次派员到贵州茅台酒厂学习，为酱香龙琬重釀的生产培养了技术力量。1986 年，“龙琬”牌商标在国家工商总局注册成功。1990 年，“秦池牌”商标在国家商标局注册成功。1993 年，打开沈阳市场，继而攻克东北三省及全国市场。1994 年，“临朐县酒厂”更名为“山东秦池酒厂”。1995 年，山东秦池集团成立。2002 年，山东秦池酒业有限公司成立。

20 世纪 90 年代，随着电视机走进大众生活，电视广告风潮逐渐兴起。在国内曾经毫无名气的县办小酒厂——“山东秦池酒厂”，也抓住了时机疯狂砸钱在中央电视

台做广告。根据山东秦池酒业有限公司官网介绍，1995 年 11 月 8 日，“秦池酒”以 66666698.88 元一举夺得了“中央电视台标王”桂冠。1996 年，全年共完成销售收入 95028 万元，完成利税 22016 万元。1996 年 11 月 8 日，“秦池酒”以 3.212118 亿元第二次夺得“中央电视台标王”桂冠。

1995—1996 年，秦池酒占据中央电视台黄金时段的广告时间，一时之间风头无限。即便是茅台、五粮液等名酒，也不一定有它的名气响亮。随着秦池酒广告刷屏央视，其广告语“永远的绿色，永远的秦池”也逐渐成为大众最深刻的记忆之一。秦池酒也因此挤入了“名酒”的行列。秦池古酒，如图 8–1 所示。

图 8–1　秦池古酒

（资料来源：https：//www.163.com/dy/article/HH7BB81O0552GN73.html）

三、中央电视台两届“标王”秦池酒的陨落

1996 年底，就在秦池酒蝉联标王之后，北京《经济参考报》的记者对“秦池酒业”开始暗访调查。他们来到四川省邛崃县，找到当地一家叫“春泉”的白酒厂。该厂厂长告诉记者，他们在当地收购一些小酒厂的散酒供给“秦池酒业”，1995 年供应了 4000 吨散酒，1996 年又供应了 7000 多吨散酒。记者在接下来的暗访中，还确认了另外几家同样向“秦池酒业”供应散酒的中小酒厂。

1997 年 1 月，《经济参考报》针对秦池酒连续刊发 4 篇系列报道：《雾里看花访秦池》《川酒滚滚流秦池》《秦池方式是与非》《广告业酒气冲天》，其中影响最大的一篇文章是《川酒滚滚入秦池》，指出“秦池酒业的白酒是用四川散装白酒勾兑而成”，成为当时的爆炸性新闻。很短的时间里，这则报道被国内无数家报刊转载，在全国读者中掀起轩然大波。秦池酒业当年在广告宣传中，传递了“古酒”和“绿色食品”的概念，在消费者心中树立了秦池酒是原产地古法酿造的品牌形象。当“收购异地散酒勾兑”这一事实被曝光，秦池酒业原有的品牌形象瞬间倒塌。知名财经作家吴晓波在《大败局 1》一书中写道：“一个从未被公众知晓的事实终于尴尬地浮出了水面：秦池酒业每年的原酒生产能力只有 3000 吨左右，他们从四川收购了大量的散酒，再加上本厂的原酒、酒精，勾兑成低度酒，然后以‘秦池古酒’‘秦池特曲’等品牌销往全国市场。”

1997 年，秦池酒业的销售额远远没有达到预期的 15 亿元，而是 6.5 亿元。

1998 年，秦池酒业销售额仅为 3 亿元。

2000 年 7 月，据《法制日报》报道，一家金属酒瓶帽的供应商指控秦池酒业拖欠其 300 多万元货款，山东一地区中级人民法院判决秦池酒业败诉，并裁定拍卖“秦池”注册商标。

此后秦池酒业利润连年下滑，2004 年曾一度沦落到被“资产整体出售”也无人问津的地步，“秦池酒业”逐渐淡出公众视野。

四、中央电视台两届“标王”秦池酒陨落的反思

自从 1949 年 10 月 1 日中华人民共和国成立以来，我国共进行了五届全国评酒会议，即 1952 年第一届全国评酒会议、1963 年第二届全国评酒会议、1979 年第三届全国评酒会议、1984 年第四届全国评酒会议和 1989 年第五届全国评酒会议。能够入选全国名酒（白酒）的都是一些质量最高、具有悠久生产历史的著名白酒。蝉联五届全国评酒会议的“全国名酒（白酒）”有三种：飞天牌茅台酒（大曲酱香）、泸州牌泸州老窖特曲（大曲浓香）和古井亭牌汾酒（大曲清香），它们都有着十分悠久的生产历史。例如，泸州牌泸州老窖特曲以“醇香浓郁、清冽甘爽、饮后尤香、回味悠长”的独特风格著称于世，被誉为“浓香鼻祖，酒中泰斗”。始建于 1573 年的明代古窖池群早在 1996 年 12 月就被国务院批准为第 4 批“全国重点文物保护单位”。2006 年 5 月，“泸州老窖酒传统酿制技艺”作为浓香型白酒的代表，入选首批“国家级非物质文化遗产名录”；汾酒既是中国著名白酒的杰出代表，也是清香型白酒国家标准的制定者。汾酒文化源远流长，悠久的酿造历史，精湛的酿

造技艺，卓越的清香品质，被誉为“中国白酒产业的奠基者、传承中国白酒文化的火炬手、中国白酒酿造技艺的教科书、见证中国白酒发展历史的活化石”，是“国酒之源，清香之祖，文化之根”，是当之无愧的“中国酒魂”。早在1500年前的南北朝时期，汾酒就作为宫廷御酒受到北齐武成帝的推崇，载入《二十四史》。晚唐大诗人杜牧的“借问酒家何处有，牧童遥指杏花村”使汾酒家喻户晓。杏花村汾酒老作坊遗址是“全国重点文物保护单位”。2006年，“杏花村汾酒酿制技艺”入选首批“国家级非物质文化遗产名录”。

秦池酒的生产始于20世纪90年代初，“山东秦池酒厂”当时只是山东一个县级小酒厂，每年白酒产量1万吨左右，产品从来没有走出过山东潍坊地区。秦池酒在历届全国评酒会议上也从未入选过“全国名酒”或“全国优质酒”。

名牌的特征有4点：①名牌体现出很强的竞争优势。②名牌能体现出优良的传统。③名牌能赢得很高的社会声誉。④名牌是企业的无形资产。

企业名牌的形成需要两个条件：第一，要有社会知名度。第二，更重要的还要有社会美誉度。

著名经济学家钟朋荣在“‘造名运动’引出概念经济”一文中曾指出：“近年来，一批企业之所以能靠造名迅速取胜，首先是由于中国社会有几大特点：其一，中国人口众多。一种产品即使不那么好，只要名气造到足够大，哪怕每人只试用一次，厂家也可以发大财。其二，消费者的盲从性。某种东西名气一大，大家都盲目跟风。中国人口众多，一旦大家都盲从某个东西，足以把这个东西从地下捧到天上。其三，新闻媒体的权威性。中国的新闻媒体长期以来都作为党和政府的喉舌，在人民群众中享有较高的威望，用媒体为产品做各种形式的广告，自然具有较高的可信度。”“消费者的盲从、人口的众多、媒体的权威性、产品的不可检验、效用的滞后和消费的奢侈性，这些都是企业靠造名取胜的有利条件。一些企业正是利用上述条件通过造名而暴富。部分企业造名暴富，就会诱使更多的企业加入过度造名的行列中来，结果使中国过度造名的企业越来越多。”“所谓过度造名，是指这些企业不是致力于生产产品，也不是致力于提高产品的质量，而是致力于创造和经营某种概念；消费者花掉巨额费用主要不是消费使用价值，而是消费概念。整个社会，相当大的一部分人力、物力、财力用于概念的创造。这种经济现象，我们称之为‘概念经济’。”“过度造名，对消费者造成灾难，而对于许多企业则构成陷阱。随着市场经济的发展，人们的成本意识、选择意识以及投入产出意识在逐步增强。某种产品一年花数亿元广告费，天天做广告，消费者自然会想到，掏100元买这种产品，其中可能有70元是用来支付广告费，只有 30 元才是买产品及其效用。于是，消费者就会感到产品的价格与价值差距太大，买这种产品等于挨宰。待消费者觉醒之时，也正是这种产品完蛋之时。”“企业要防止掉入造名陷阱，但也不是完全不要造名。在造名与造实的关系上，应把握以下准则：其一，既要造实，也要造名。其二，造实先于造名。其三，造实重于造名。其四，造名不能急于求成。”“产品的知名度可以通过广告迅速扩大，但以知名度、信任度和美誉度三者高度统一为基础的名牌，则不是靠广告在几天之内能造出来的，而是由产品质量和口碑的相互循环实现的。在这种循环中，产品质量是关键。而产品质量的提升往往要经历一个逐步改进、逐步完善的过程。所以，世界知名品牌都不是一夜之间造出来的，而是伴随着产品的不断改进和质量的不断提高，经过一个漫长过程形成的。”

广告（advertising）是由特定的赞助商采取付费方式对创意、商品或服务进行的非人员展示和促销。

一般人认为，市场营销就是广告。实际上，广告只是同潜在顾客进行沟通的一种营销方式。广告对一般大众来说是经常可见的，因此，许多人在想起市场营销时自然而然地就想到广告。美国市场营销学家格雷格·W.马歇尔和马克·W.约翰斯通认为：“好广告让坏产品失败得更快。”

现代市场营销之父美国菲利普·科特勒教授认为：“好广告等于好生意”的时代早已过去。

20 多年过去了，“秦池酒业”还一直在生产白酒。目前，在“秦池酒业”的产品系列中，“龙琬重釀”是酱香型、“百年秦池”和“秦池特曲”是浓香型。秦池系列产品先后被授予“山东轻工名牌”“山东省著名商标”；百年秦池酒被山东省轻工业协会评为“山东白酒创新品牌”；龙琬重酿被山东省轻工业协会认定为“山东轻工名牌”；百年秦池头排酒、龙琬重酿酒先后被评为“山东优质品牌”和“山东知名品牌”等。吴晓波认为：“秦池，没有永远的标王。在一片本不属于自己的天地里，呼啸而起，创造奇迹，大抵算得上是‘强人’；然而，能够在一鸣惊人之后，竭力地遏制其内在的非理性冲动，迅速地脱胎换骨，以一种平常的姿态和形象持续地成长，才算得上是真正的大英雄。”

第二节　“三株神话”的破灭及其反思

一、三株公司和三株营销宝典

根据三株集团官网介绍，三株集团创业始于1992年，是一家集科、工、贸于一体的综合性的现代化工商企业。三株集团独有的“益生菌多菌共生中药发酵技术”先后获得中国专利、欧盟专利和韩国专利。扶正散结合剂被国家科技部列为“国家级火炬计划项目”，被国家科技部等五部委评为“国家重点新产品计划”并获国家发明专利。三株拥有药准字号药品、保健品、发酵中药食品、生态美化妆品等系列产品。

山东济南三株实业有限公司（以下简称“三株公司”）成立于1994年8月8日，它是由吴炳新为首的济南大陆拓销公司和吴炳新儿子吴思伟的南京克立科工贸有限公司合并而成，以三株公司名称为品牌的三株口服液亦同时宣告研制成功，在山东济南问世。三株口服液，如图8-2所示。

图8-2　三株口服液

（资料来源：https：//detail.tmall.com/item.htm?abbucket=5&id=562252033798&ns=1&spm=a21n57.1.0.0.532d523c2gT7ar）

三株口服液的功效成分为双歧杆菌。双歧杆菌是益生菌（probiotic），益生菌泛指各种对于人体肠道健康有帮助的菌类。根据中华人民共和国国家标准《保健（功能）食品通用标准》（GB 16740—1997）的定义，保健（功能）食品是食品的一个种类，具有一般食品的共性，能调节人体的机能，适于特定人群食用，但不以治疗疾病为目的。双歧杆菌与乳酸菌一样属于活性菌类，是一种保健（功能）食品。

三株公司认为其三株口服液是高科技产品，其理论依据有二：①三株口服液采用三株公司独有的“益生菌多菌共生中药发酵技术”生产，该技术先后获得中国专利、欧盟专利和韩国专利。②三株公司极力推崇美国作者马克·A.布鲁奈克的著作 *The Probiotic Solution: Nature's Best-Kept Secret for Radiant Health*（Dragon Door Publications,U.S.1988），该书中文版于 2008 年由吉林文史出版社出版，书名被翻译为《益生菌是最好的药》。

吴晓波在《大败局 1》一书中曾详细记载了“三株营销宝典：一大方针、十大原则”。

在三株公司创业初期，帮助三株公司在市场上所向披靡的根本指导思想是被三株人奉为宝典的“一大方针、十大原则”。

一大方针：

站在高科技的角度，宣传一种产品的理论、技术、功能、消费理念，以优异的服务满足消费者的需求。

核心：满足消费者的需求。

角度：以高科技为依托。高科技产品，是产生于传统的中医药学、微生态学、营养学基础上的，是生态医学发展的必然产物，代表着保健品发展的方向。

基本方式：以观念——效果广告为线索，以服务营销为手段，通过理论宣传占领消费者的思想阵地；通过效果宣传激发消费者的购买欲望，产生购买行为。通过服务，提高消费者的满意度，增强消费者对三株的忠诚度。

十大原则：

（1）普遍宣传为主，重点宣传为辅，普遍宣传与重点宣传相结合

这是三株公司启动市场的首要原则。普遍宣传就是针对整个目标市场所进行的宣传，对消费者不进行区分，强调的是宣传的覆盖率、到位率。

重点宣传就是有针对性地对目标消费者进行宣传，在医院门诊、病房直接对患者进行宣传，在目标市场“三株”已具有一定知名度的基础上，再对目标人群进行深度的宣传。

（2）观念、机理、疗效宣传为主，形象宣传为辅

三株公司的成功在于擅长塑造观念，并引导消费者接受观念，根据不同的市场环境推出不同的观念。形象宣传是建立在功能宣传基础之上的，也就是说功能宣传是形象宣传的基础，保健品只有在功能宣传的基础上进行形象宣传才会收到效果。

（3）以报纸、电视的科技生活栏目为主，以广告栏目为辅

三株公司市场初期的广告多是以电视专题片和报纸软性文章的形式在公开媒体的生活栏目上刊发，仅在广告栏目上播放少量的标版广告，用于提醒消费者注意三株品牌。

（4）跟踪调查病例为主，培养典型病例为辅

在每一个市场启动的初期，三株公司市场经理都会尽可能地对购买三株口服液的患者进行登记，然后进行跟踪访问，以便能随时了解患者的服用情况，对患者的各种心理变化及时作出反应，能有效地解决患者服用的实际问题。

（5）广播宣传与专家讲座宣传相结合

（6）科普宣传与义诊宣传相结合

三株口服液刚问世时，是一种新型的保健品。消费者对其是一无所知的，于是三株公司就首先教育消费者，聘请了一些专家学者撰写科普文章介绍三株口服液的科学机理，播放科教电视专题，举办科普知识竞赛等一些形式多样的科普宣传工作。

人有了病，首先相信的是医生，然后才是医生推荐的药品。义诊在当时真不愧为保健品极好的宣传方式，作为三株公司宣传的三大法宝之一，对三株公司初期的市场推广起了相当大的作用。

（7）终端宣传中“硬终端”与“软终端”相结合

三株公司不仅对药店进行“硬终端”的包装，而且培养了较高素质的促销员队伍，促销员促销的目的是为消费者提供服务，使消费者获得最大限度的满意，从而获得消费者的信任，也为三株产品赢得了忠诚度。

（8）利用各种机会来宣传

每年的春节、中秋节都是商家促销的热点时机，三株公司也不例外，春节时举办“三株送福到万家”，将“福”字贴到所有家庭的大门上，利用五一劳动节举办“百名医生大义诊，向劳动者献爱心”活动，等等。

（9）宣传的可信性、可读性与宣传的到位率相结合

（10）以治疗宣传为主，同时预防宣传和保健宣传相结合

从上述三株营销宝典中，我们可以看出：三株公司认为营销即宣传，宣传即营

销。三株公司对三株口服液采用多种形式进行宣传，宣传无处不在，将其宣传工作做到了极致，它是我国保健品促销宣传的典范。但是，三株营销宝典中也存在着一些问题，例如，三株公司的宣传，本质上是促销，而不是营销；三株公司将消费者与患者概念混用；三株公司在保健品三株口服液宣传过程中以治疗宣传为主，有误导消费者或患者的嫌疑。

二、三株公司广告策略

在20世纪90年代中期，由于中国保健品市场存在着“广告依赖症”，三株公司对三株口服液的促销仍然采用“地毯式广告轰炸”。跟“太阳神”“娃哈哈”“飞龙”等前辈企业不同的是，三株公司的广告策划和组合独具特色。

1.常规产品广告与企业形象广告相结合

在广告策略上，三株公司从来不吝啬广告的投放。与众不同的是它采用一种更加巧妙的组合，除了常规的产品广告之外，三株公司还把大量广告费投放到企业形象广告中。三株公司是最早将企业电视形象片作为广告进行投放的企业，它在中央电视台和一些中心城市电视台购买了大量的非黄金时间的广告段位，用以播放三株公司系列形象片，宣传三株公司的“争当中国第一纳税人”及“以振兴民族工业为己任”的形象。三株公司注重对企业形象的包装和提升，使三株口服液具有较好品牌形象，在当时假货充斥、品牌繁杂的中国保健品市场，确实胜人一筹。

2.在城市市场，采用报纸广告加电视广告

在中国城市市场，针对城镇居民，三株公司采用报纸广告和电视广告来宣传其三株口服液。

三株公司往往选择一些带政治色彩的主流报纸，整版整版地刊登三株公司的形象文章传播三株公司振兴民族工业理念。它利用国人的爱国心，大张旗鼓地宣传三株口服液要振兴民族工业，支持三株口服液就是帮助振兴民族工业。三株公司与别的企业完全不同，它在与许多报纸的接触中，三株公司很少在价格上讨价还价，而它提出的唯一要求是不要在报纸版面的上方打上“广告”的字样，最好是以新闻的板式，或者是以“企业形象”版面来处理。等报纸文章发表后，三株公司又把这些文章连同那些显赫的报纸名字以新闻报道的方式放进它的广告宣传小册子中，仿佛在一夜之间，三株公司就变成了中国主流媒体最关注的企业。

在电视广告时间段位的选择上，在20世纪90年代中期，当其他国内企业还在为中央电视台昂贵的黄金广告段位及其所谓的标王血拼的时候，三株公司却选择了被其他企业视为鸡肋而广告价位又十分低廉的电视台非黄金广告时间段位，这不仅非常适合三株公司长达数分钟，甚至10多分钟的企业形象广告的大密度投放，而且起到了十分显著的广告效果，使三株公司在城市市场迅速地拥有了知名度。

3.在农村市场，采用“农村刷墙广告”

在20世纪90年代中期的中国农村，地广人多，购买力不足，农村居民素质偏低，消费观念保守，销售网络十分不健全。当时没有互联网，农村连电视都没普及，信息传递渠道单一和不畅。

1995年，三株口服液刚刚在北京和华东沿海站稳脚跟，三株公司就作出了挺进农村市场的决策。三株公司在中国农村没有采用报纸广告和电视广告来开拓市场，而是花了将近1年的时间构筑了三株公司的农村销售网络。三株公司为其农村市场推广设计了4级营销体系，即地级子公司、县级办事处、乡镇宣传站和村级宣传员。三株公司利用中国低廉的人力成本优势，开展人海战术，聘用了数以十万计的员工充实到县级、乡镇级办事处和宣传站。同时，采用“农村刷墙广告”方式，要求其员工把三株口服液广告刷在乡村每一个可以刷字的房屋墙面、道路护栏、畜圈和厕所墙上。三株口服液广告铺天盖地，当时在全国每一个村落，都几乎可以看到三株口服液的墙体广告。

三株口服液墙体广告是针对农村居民的，它经济实用，简单明了，用最简单最直白的语言，让农民一看就知道三株口服液的功能，例如：“治肠胃还是三株好”“有病请喝三株”等，希望将三株口服液的印象印在每个人的脑海里。

“三株口服液”农村刷墙广告

（资料来源：https：//www.sohu.com/a/655415554_121489953）

有病请喝三株——“三株口服液”农村刷墙广告夸大的宣传语

（资料来源：https：//www.163.com/dy/article/HSBMERO30532TSZB.html）

“农村刷墙广告”在20世纪90年代中期的中国农村市场是神奇的一招，它曾是适合中国农村市场的最有效促销手段之一。

1996年，三株公司的销售额达到了80亿元，而农村市场的销售额占到了三株公司总销售额的60%。三株口服液在中国农村市场获得巨大成功，使三株公司成为真正的“保健品之王”。

三、“三株神话”的破灭

三株公司成立于1994年8月8日。1994年，三株公司成立第一年的销售额即达到1.25亿元；1995年，三株公司销售额为20亿元；1996年，三株公司销售额达到了80亿元。在资产增值方面，三株公司的注册资本金为30万元，到1997年底公司净资产为48亿元，且据称资产负债率为零。在短短的3年时间里，三株公司打造出了迄今无人超越的保健品帝国。

吴晓波认为“三株的成功可以用这样一句话来概括：一个不安分的企业，在一个不规范的市场用一些不规范的做法，获得了不可思议的成功。”“它对竞争对手的无情打击和带有阴谋色彩的颠覆，它在产品宣传上的夸大无度，最终酿成了中国保健品市场的整体衰落。”

“三株神话”的破灭源自湖南常德陈伯顺一案，一审判决后，有关新闻报道《8瓶三株喝死一条老汉》成为压垮三株公司的最后一根稻草。

根据吴晓波《大败局 1》一书考证：湖南常德陈伯顺一案发生在三株公司鼎盛时期的 1996 年，而其引爆则是在山雨欲来风满楼的 2 年后。1996 年 6 月 3 日，湖南常德汉寿县的退休老船工陈伯顺在三株 “有病治病，无病保健” 的广告承诺打动下，花 428 元买回了 10 瓶三株口服液。据陈家人介绍，患老年性尿频症的陈老汉服用了两瓶口服液后夜尿减少，饭量增多，但一停用又旧病复发。当服用到 3~4 瓶时，老汉出现遍体红肿、全身瘙痒的症状。第 8 瓶服完，陈老汉全身溃烂，流脓流水。6 月 23 日，老汉被送到县医院求诊，医院诊断为 “三株药物高蛋白过敏症”。其后，病情不断反复，9 月 3 日死亡。

陈老汉死后，其妻子、儿女一纸诉状把三株公司告到了常德市中级人民法院。

此案发生时，正值三株口服液红遍全中国，跟其他许许多多与三株有关的诉讼案件一样，它只在湖南当地很小的范围内传播，远远还没有演变成一件全国性的新闻事件。

可是到了 1997 年底，案件突然峰回路转，出现了戏剧性的高潮。1997 年初，常德市中级人民法院把陈老汉未服用的 2 瓶三株口服液送至中国药品生物制品检定所作检定，该所最终拿出一份检定号为 SJIS 970667 的报告称：“未检出双歧杆菌等活菌；豚鼠过敏试验阳性；小鼠安全毒性试验阳性并经病理检查，心、肺、肝、脾、肾和胸腺均有病理改变。该检品为不合格制品。” 据此报告，1998 年 3 月 31 日，常德市中级人民法院作出三株公司败诉的一审判决，要求三株向死者家属赔偿 29.8 万元。（本书著者注：随之卫生部下发红头文件，要求三株停产整顿。这份判决书，几乎将三株口服液判了死刑。）

到此时，由于各种原因，湖南常德陈伯顺一案已引起了国内媒体的普遍关注。一审判决后，当即有 20 多家媒体进行了密集的报道，其标题均为《8 瓶三株口服液喝死一条老汉》。

1998 年 4 月下旬开始，三株公司的全国销售额急剧下降，从 4—7 月全部亏损，生产三株口服液的 2 个工厂全面停产。

三株公司一审败诉，上诉到湖南省高级人民法院。

1999 年 4 月，突然传出一条新闻：湖南高院终审判定三株胜诉。

《光明日报》北京 1999 年 4 月 4 日电：“历时 1 年的陈伯顺老人服用三株口服液致死因果关系一案，日前由湖南省高级人民法院做出终审判决，三株公司胜诉。该判决书说，现有证据不能认定陈伯顺死亡与服三株口服液有关系，原审判决认定事实、适用法律错误，应予改判，撤销常德市中级人民法院民事判决，驳回 3 位原审原告的诉讼请求。” “据了解，1998 年 3 月，湖南常德市中级人民法院在此案一审过程中作出陈伯顺，一位患有冠心病、心衰Ⅱ级和Ⅰ级、肺部感染，低钾血症、肥大性脊柱炎等多种疾病的老人，服用三株口服液致死的错误判决。三株公司不服，上诉湖南省高级人民法院。”“作为此案焦点的‘三株口服液’，是由山东省卫生厅批准的高科技保健药品。1997年，该口服液以罐装食品通过美国FDA注册认定。据中日友好医院、中国康复研究中心等专业单位提供的检定报告和学术研究结果综合表明，三株口服液是安全无毒、功效确切、质量可靠的高科技产品。”

对于三株公司来说，这是一个迟到的胜诉。至湖南常德陈伯顺案终审裁定时，三株的400多个子公司已经停业，几乎所有的办事处和工作站全部关闭，昔日那个年销售额高达80亿元、累计上缴利润18亿元、拥有15万员工的“三株帝国”几近崩溃。

2000年，三株企业网站消失，在全国市场的销售几乎停止。“三株”2个字，从那时起，也开始慢慢从人们的记忆中淡去。

四、“三株神话”破灭后的反思

20世纪80年代末至90年代末的10年，是我国由计划经济向社会主义市场经济转型的过渡阶段，消费品市场处于短缺状态，消费者心理不成熟，也是我国保健品市场不规范竞争、疯狂扩张的10年。在中国保健品市场上，先后出现了10大保健品公司：广东太阳神集团有限公司（“生物健口服液”）、杭州娃哈哈集团有限公司（“儿童营养液”）、福建杨振华851生物科技股份有限公司（“851”营养液）、上海交大昂立股份有限公司（“昂立一号”口服液）、沈阳飞龙药业有限公司（“延生护宝液”）、深圳太太药业有限公司（“太太口服液”）、广东乐百氏集团（“生命核能”）、巨人集团（“脑黄金”“脑白金”）、武汉红桃K集团（“红桃K生血剂”）、济南三株实业有限公司（“三株口服液”）等。（本书著者注：1992年，杭州娃哈哈集团有限公司推出了果奶，然后娃哈哈逐步淡出了保健品市场。）

在20世纪80年代末至90年代末的中国保健品市场上，广告是一种最有效的促销工具。“太阳神”“娃哈哈”等企业是依靠广告策略取得成功的先例。后起之秀“飞龙”则把宝全部压在广告上，采用轰炸式的广告投放，取得了出奇制胜的效果，“飞龙”曾一度成为中国保健品行业的龙头老大。“飞龙”广告策略极其成功，在中国企业界引起了巨大的关注。在“飞龙”之后崛起的“三株”“巨人”等保健品企业无不纷纷仿效，而且在做法上更是有过之而无不及。

三株公司在运用铺天盖地的广告轰炸创造出一个“三株神话”的同时，也暴露出了其广告策略的种种弊端。三株口服液虽然是一种保健品，但三株公司广告一直将其疗效作为宣传的中心，性质与非处方药（OTC药品）非常接近。在广告中，三株公司有意识地混淆保健品与药品的界限，夸大“三株口服液”的功效。

在吴晓波《大败局1》一书中，对三株公司广告问题有下列几项记载：

早在1994年，国内一些城市的工商行政管理部门就开始注意到了三株广告的不规范性。在三株的广告中经常出现一些擅自引用专家言语、夸大功效以及诋毁同行的词语。1994年5月，中国科学院上海生物工程研究中心的一名叫尹光琳的研究员在《新民晚报》刊登声明，指称三株在《三株广场》宣传册子中刊发的以其署名的《三株——人类微生态平衡的飞跃革命》一文属冒名作品。

1995年5月，广东省卫生厅专门发出了《关于吊销三株口服液药品广告批准文号的通知》，该通知称“济南三株保健品厂在《珠江经济信息报》上刊登的药品广告，超越了《药品广告审批表》审批的内容，出现获奖内容，擅自增加‘防治肿瘤’‘有效预防和辅助治疗肝炎、肝硬化’……从即日起吊销三株口服液的药品广告批准文号，暂停在我省做任何形式的广告宣传”。应该说，这是一份十分严厉、在某种程度上等于宣判了三株口服液在广东省“死刑”的通知。

1995年9月，《杭州日报》记者潘宪发表《济南三株公司屡屡发布虚假广告 三株杭州撞克星》一文，国内先后有近10家报纸进行了转载，引发出一起全国性的新闻事件。据这篇新闻稿报道，1995年8月15日，三株公司在杭州地区的《富阳报》刊登广告，宣称三株口服液可以治疗霍乱病，而当时该城市正受到急性肠道传染病的困扰。三株公司的广告一出，马上引起杭州市的高度紧张，工商行政管理部门、卫生部门当即进行了查处。潘宪还在这篇新闻中披露三株公司曾经有过盗用《开发时报》刊名、在广东及河南等省份遭到查处的事实。

一些地方的三株公司营销人员为了扩大产品的消费面，便擅自夸大三株口服液的功效，凡是常见病、急性病等，都拿来跟三株口服液挂上钩，最终把本来对肠道清洁有一定功效的产品夸大成包治百病的灵丹妙药。在一则广告宣传单中，甚至宣称三株口服液可以治疗“老年糖尿病、胃癌、直肠癌、食道癌、胰腺癌、白血病、风湿性心脏病、高血压”等40多种疾病，并出现了“有病治病，没病防病，无病保健”等充满江湖气息的字眼。

由上述各项记载可以看出，三株公司在广告中存在着虚假宣传是不争的事实。

三株公司董事长吴炳新自己也知道，三株公司有些子公司随意扩大疗效范围，宣传三株口服液百病皆治，引起消费者很大的反感。

事实上，三株口服液的功效成分为双歧杆菌，双歧杆菌主要用于急慢性腹泻，各种肠炎及肠道菌群失调症的防治。三株口服液是一种保健品，不是药品，更不是包治百病的药。

商家的促销广告不能误导消费者，但是三株某些子公司的广告却把三株口服液夸大成包治百病的药，误导了消费者或患者。湖南常德陈伯顺案中的陈伯顺就是受到误导的一个最典型案例，他身患多种疾病，由于听信三株口服液“有病治病，无病保健”的广告宣传购买过 10 瓶三株口服液，他在去世前服完了 8 瓶三株口服液。陈伯顺就诊县医院将其病情诊断为“三株药物高蛋白过敏症”，陈伯顺有可能死于异性蛋白过敏症。目前，在天猫三株保健品旗舰店中，人们可以看到三株公司对三株口服液食用方法已经注明“对异性蛋白过敏者慎用！”的字样。

巨人网络集团董事长史玉柱认为：“营销的基础一定是好产品。”“做保健品的两大关键：第一，它从理论上是不是真的有效。第二，它的效果，消费者自身能不能感觉到，如果能感受到，他就会通过口碑的方式给你传播出去。”“其实保健品要真赚钱，靠广告是赚不了钱的，因为广告成本太贵了。真正赚钱要扩大消费者，不能靠广告；广告只能起一个引子的作用。”巨人集团的保健品“脑白金”，它是胶囊加口服液，胶囊的功效成分是褪黑激素（melatonin），可以改善睡眠；口服液的功效成分是低聚糖，可以润肠通便。

第三节　瓜子二手车广告“吹牛”被罚款案及其反思

一、瓜子二手车广告“吹牛”被罚款案

根据瓜子二手车官网介绍，瓜子二手车成立于 2015 年 9 月，是行业内目前唯一一家提供二手车电商交易与服务的平台。

2018 年 11 月 15 日，北京市工商行政管理局海淀分局向“瓜子二手车”的经营主体——金瓜子科技发展（北京）有限公司下达行政处罚决定书，认定其二手车广告宣传中使用的“创办 1 年、成交量遥遥领先”的广告语缺乏事实依据，与实际情况不符，违反了我国《中华人民共和国广告法》第四条、第二十八条规定，罚款 1250 万元。

瓜子二手车广告语："创办 1 年、成交量遥遥领先"

（资料来源：https：//www.sohu.com/a/279240483_100132756）

北京市工商行政管理局海淀分局作出的行政处罚决定书显示：2016 年 12 月 3 日，金瓜子科技发展（北京）有限公司与乐视网信息技术（北京）股份有限公司签订《乐视网广告交易平台网络广告发布协议》，广告费总金额人民币 1250 万元。上述广告为一个时长约 15 秒钟的视频广告，内容为"创办 1 年、成交量就已遥遥领先"。金瓜子科技发展（北京）有限公司确认，上述广告中"创办 1 年"的起止时间为：2015 年 8 月至 2016 年 7 月，同时承诺此时间段内瓜子二手车成交量为 85874 辆。

针对"创办 1 年、成交量就已遥遥领先"的宣传语，瓜子二手车向北京市工商行政管理局海淀分局提供了 3 份证明材料。北京市工商行政管理局海淀分局执法人员针对这 3 份证明材料进行了调查核实。经核实，对当事人提供的 3 份证明材料不予采信。

行政处罚决定书显示，执法人员于 2018 年 11 月 5 日、11 月 6 日分别调取了北京市旧机动车交易市场有限公司和北京人人车旧机动车经纪有限公司的二手车成交数据，数据显示，北京市旧机动车交易市场有限公司 2015 年 7 月 1 日至 2016 年 7 月 31 日的成交量为 442878 辆车，北京人人车旧机动车经纪有限公司 2015 年 8 月 1 日至 2016 年 7 月 31 日的成交量为 92375 辆车。此两者的二手车成交数量均超过当事人的成交数量。

北京市工商行政管理局海淀分局据此认为瓜子二手车的广告宣传中使用的"创办 1 年、成交量就已遥遥领先"的广告语缺乏事实依据，与实际情况不符。违反了《中华人民共和国广告法》第四条的规定，同时构成《中华人民共和国广告法》第二十八条第二款第二项之规定，服务的销售状况与实际情况不符，对购买行为有实质性影响。

据了解，根据《中华人民共和国广告法》第二十八条第二款规定，广告有“商品的销售状况等信息与实际情况不符，对购买行为有实质性影响的”，应认定为虚假广告。

根据行政处罚决定书，北京市工商行政管理局海淀分局责令瓜子二手车在相应范围内消除影响，责令当事人停止发布违法广告，罚款 12500000 元。如不服对上述行为的处罚决定，瓜子二手车可自接到行政处罚决定书之日起 60 日内向北京市工商行政管理局或海淀区人民政府申请复议，也可自收到行政处罚决定书之日起 6 个月内向海淀区人民法院提起诉讼。

附：北京市工商行政管理局海淀分局行政处罚决定书

北京市工商行政管理局海淀分局
行政处罚决定书

京工商海处字〔2018〕第 2170 号

当事人：金瓜子科技发展（北京）有限公司

住所：北京市海淀区清河安宁庄东路 18 号 23 号楼二层 2356

注册号：110000450304322

法定代表人：杨浩涌

经查：2016 年 12 月 3 日，当事人与乐视网信息技术（北京）股份有限公司签订《乐视网广告交易平台网络广告发布协议》。该广告类型：体育前贴片，广告发布期限：2016.9.7—12.28，最终广告客户：金瓜子科技发展（北京）有限公司，广告费总金额：RMB 12,500,000 元。上述广告是一个时长约 15 秒钟的视频广告，内容：创办 1 年、成交量就已遥遥领先。当事人确认上述广告中“创办 1 年”的起止时间为：2015 年 8 月至 2016 年 7 月，同时承诺此时间段内瓜子二手车成交量为 85874 辆。

针对“创办 1 年、成交量就已遥遥领先”的宣传语，当事人向我局提供了 3 份证明材料，用以支持上述广告宣传语。我局执法人员针对这 3 份证明材料进行了调查核实，经核实，我局对于当事人提供的 3 份证明材料不予采信。

我局执法人员于 2018 年 11 月 5 日、11 月 6 日分别调取了北京市旧机动车交易市场有限公司和北京人人车旧机动车经纪有限公司的二手车成交数据，数据显示：北京市旧机动车交易市场有限公司 2015 年 7 月 1 日至

2016 年 7 月 31 日的成交量为 442878 辆车，北京人人车旧机动车经纪有限公司 2015 年 8 月 1 日至 2016 年 7 月 31 日的成交量为 92375 辆车。此 2 者的二手车成交数量均超过当事人的成交数量。

综上，木局认为当事人广告宣传中使用的“创办 1 年、成交量就已遥遥领先”的广告语缺乏事实依据，与实际情况不符。

以上事实以当事人营业执照副本复印件、经营资质复印件、当事人法定代表人及受托人身份证复印件、独家技术咨询和服务协议、IP 备案许可打印件、当事人网站截屏打印件、现场检查笔录、《乐视网广告交易平台网络广告发布协议》、广告发票复印件、乐视体育瓜子网贴片合作排期、中国电子商务协会数字服务中心出具的证明、中国汽车流通协会出具的《获奖证明》、《二手车交易行为研究报告》、北京市旧机动车交易市场有限公司二手车成交量成交额统计表、人人车有关 2015—2016 年成交量的说明、当事人提供的情况说明询问（调查）笔录等在案佐证。

我局于 2018 年 8 月 10 日向当事人送达了《行政处罚听证告知书》，告知当事人我局决定作出行政处罚决定的事实、理由、依据、内容以及当事人依法享有的陈述权、申辩权和要求举行听证的权利。当事人在法定期限内要求举行听证，我局于 2018 年 8 月 31 日依法举行了听证会，对于当事人在听证会上提出的陈述和申辩意见，我局不予采纳。

当事人的上述行为，违反了《中华人民共和国广告法》第四条的规定，同时构成《中华人民共和国广告法》第二十八条第二款第二项之规定，服务的销售状况与实际情况不符，对购买行为有实质性影响的。依据《中华人民共和国广告法》第五十五条第一款和《中华人民共和国行政处罚法》第二十七条第一款第一项的规定，责令当事人停止发布违法广告，责令广告主在相应范围内消除影响，决定处罚如下：

罚款 12500000 元。

当事人自收到本处罚决定书之日起 15 日内，将罚款交至就近银行。逾期不缴纳罚款，我局将依据《中华人民共和国行政处罚法》第五十一条第一、三项的规定，每日按罚款数额的 3% 加处罚款，并申请人民法院强制执行。如不服对上述行为的处罚决定，可自接到行政处罚决定书之日起 60 日内向北京市工商行政管理局或海淀区人民政府申请复议，也可以自收到行政处罚决定书之日起 6 个月内向海淀区人民法院提起诉讼。

北京市工商行政管理局海淀分局

2018 年 11 月 15 日

（资料来源：https：//www.sohu.com/a/279240483_100132756）

对此行政处罚决定，瓜子二手车于 2018 年 11 月 30 日发表声明称，对该决定的定性存有异议，已根据法律程序申请行政复议。

附：瓜子二手车官方声明

声明

首先，感谢政府相关部门的监督，感谢海淀区政府的支持，我们会继续积极与监管部门建立沟通管道，在其指导下确保自身健康稳定的发展，实现企业的社会价值。但针对该决定瓜子二手车也深感遗憾，我们对该决定的定性存有异议。为此，我们已根据法律程序申请行政复议，相信最终会得到公平合理的裁定。

诚信、遵纪守法一直是瓜子二手车的经营前提。我们再次重申，“成交量遥遥领先”广告用语是瓜子基于事实的客观表述。

根据会计师事务所对瓜子成交量的审计结果，结合公开数据：2016 年，瓜子二手车成交量为 19.5 万辆，高于线下最大的二手车经销商广汇汽车（9 万辆，二手车业务，下同），高于线上第二名优信二手车（13 万辆，2C 业务，下同）；2017 年，瓜子二手车以 48.5 万台的成交量超过了全球最大的北京花乡旧机动车交易市场（45 万辆）、广汇汽车（20.33 万辆）及优信二手车（28.4 万辆）、人人车（17.5 万辆，公开报道）。2018 年上半年，瓜子的成交量达 33.6 万辆，在中国二手乘用车市场的渗透率达到 6.7%，远超广汇汽车（14.24 万辆）及优信二手车（19.7 万辆）。瓜子成交量持续占据领先地位。

广告的作用是广而告之，不能最终决定交易。二手车交易的服务链条较长，成交的关键更在于产品体验与服务承接能力的优劣。瓜子二手车没有以与事实不符的广告方式博取眼球的利益驱动，也没有以此方式侵害消费者权益或获取不正当竞争利益。

二手车行业快速发展将对我国汽车消费起到重要的促进作用，我们相信相关部门会本着广告发布所依据的数据、事实以及对行业、对企业推动扶持的态度，给出公平公正的处理意见。

瓜子二手车

2018 年 11 月 30 日

（资料来源：https：//www.sohu.com/a/279240483_100132756）

二、瓜子二手车广告“吹牛”被罚款案的反思

在瓜子二手车广告“吹牛”被罚款案中，当事人金瓜子科技发展（北京）有限公司违反了《中华人民共和国广告法》第四条、第二十八条第二项规定，同时还违反了《中华人民共和国反不正当竞争法》第八条规定。

《中华人民共和国广告法》（2018 年修正）第四条规定：“广告不得含有虚假或者引人误解的内容，不得欺骗、误导消费者。广告主应当对广告内容的真实性负责。”第二十八条第二项规定：“广告以虚假或者引人误解的内容欺骗、误导消费者的，构成虚假广告。广告有下列情形之一的，为虚假广告……商品的性能、功能、产地、用途、质量、规格、成分、价格、生产者、有效期限、销售状况、曾获荣誉等信息，或者服务的内容、提供者、形式、质量、价格、销售状况、曾获荣誉等信息，以及与商品或者服务有关的允诺等信息与实际情况不符，对购买行为有实质性影响的；……”

《中华人民共和国反不正当竞争法》（2017 年修正）第八条规定：“经营者不得对其商品的性能、功能、质量、销售状况、用户评价、曾获荣誉等作虚假或者引人误解的商业宣传，欺骗、误导消费者。”

上海大邦律师事务所律师丁金坤认为，“遥遥领先”是指领先竞争对手很多，此条广告语（本书著者注：创办 1 年、成交量遥遥领先），不合实际，亦有使用“第一”绝对词之嫌。工商部门调查其他二手车市场成交量，否认了其“遥遥领先”地位，证据确凿，予以处罚，合乎法理。

广告是由特定的赞助商采取付费方式对创意、商品或服务进行的非人员展示和促销。

对广告采取严格监管态度，是发达国家通行做法，被视为对公众利益的有力保护。例如：在美国，广告受到大量法律法规的监管，广告商不得进行虚假说明、使用虚假演示或制作具有欺骗性的广告，即使没有人会真的被骗。

市场经济是诚信经济，更是法治经济。对任何企业而言，要想减少经营过程中的争议、非议，甚至立于不败之地，首要应以诚信为本。本案也告诫相关经营者，“二”绝对不是“一”，有几分就要说几分。其实，用法治护航市场经济，不只是针对虚假广告、明星不实代言等问题，更是用法律来保障公平的营商环境、健康的市场秩序、有序的市场竞争。

第九章

营销新领域和新发展中营销道德问题与反思

第一节　网络主播黄薇偷逃税案件及其反思

一、网络主播黄薇偷逃税案件

直播带货是一种网络直播营销活动，其兴起和发展与移动互联网的普及、社交媒体的崛起、视频直播技术的成熟等因素密不可分。

根据《网络直播营销管理办法（试行）》（2021 年）第二条规定,网络直播营销是指“通过互联网站、应用程序、小程序等，以视频直播、音频直播、图文直播或多种直播相结合等形式开展营销的商业活动”；网络主播作为“在网络直播营销中直接向社会公众开展营销的个人”，应该被划为直播营销人员。

2021 年 12 月 20 日 15 点 55 分，网络主播黄薇因为偷逃税款受到国家税务行政处理处罚。国家税务总局浙江省税务局发布了下列对网络主播黄薇依法严肃查处偷逃税案件结果。

附：“浙江省杭州市税务部门依法对黄薇偷逃税案件进行处理”全文如下：

浙江省杭州市税务部门依法对黄薇偷逃税案件进行处理

近期，浙江省杭州市税务部门经税收大数据分析发现网络主播黄薇（网名：薇娅）涉嫌偷逃税款，在相关税务机关协作配合下，依法对其开展了全面深入的税务检查。

经查，黄薇在 2019—2020 年，通过隐匿个人收入、虚构业务转换收入性质虚假申报等方式偷逃税款 6.43 亿元，其他少缴税款 0.6 亿元。

在税务调查过程中，黄薇能够配合并主动补缴税款 5 亿元，同时主动报告税务机关尚未掌握的涉税违法行为。综合考虑上述情况，国家税务总局杭州市税务局稽查局依据《中华人民共和国个人所得税法》《中华人民共和国税收征收管理法》《中华人民共和国行政处罚法》等相关法律法规规定，按照《浙江省税务行政处罚裁量基准》，对黄薇追缴税款、加收滞纳金并处罚款，共计 13.41 亿元。其中，对隐匿收入偷税但主动补缴的 5 亿元和主动报告的少缴税款 0.31 亿元，处 0.6 倍罚款计 3.19 亿元；对隐匿收入偷税但未主动补缴的 0.27 亿元，处 4 倍罚款计 1.09 亿元；对虚构业务转换收入性质偷税少缴的 1.16 亿元，处 1 倍罚款计 1.16 亿元。目前，杭州市税务局稽查局已依法向黄薇送达税务行政处理处罚决定书。

杭州市税务局有关负责人表示，税务部门将持续加强对网络直播行业从业人员的税收监管，并对协助偷逃税款的相关经纪公司及经纪人、网络平台企业、中介机构等进行联动检查，依法严肃查处涉税违法行为，切实提高税法遵从度，营造法治公平的税收环境。

（资料来源：国家税务总局浙江省税务局 http：//zhejiang.chinatax.gov.cn/art/2021/12/20/art_17746_529546.html）

2021 年 12 月 20 日 17 点 18 分，薇娅通过微博（@薇娅 viyaaa）发布致歉信称，在自查和调查过程中，发现自己确实在税务上有违反税收法律法规的行为，对此深感愧疚，在此向公众道歉，并表示，愿意为自己的错误承担一切后果。薇娅致歉信全文如下：

致歉信

税务部门发布加强直播行业从业人员税收管理通知以来，我针对税务问题进行自查，同时积极配合税务机关调查。在自查和调查过程中，我发现自己确实在税务上有违反税收法律法规的行为，对此我深感愧疚，在此向公众道歉。

在自查和配合调查期间，我将我的收入结构、收入来源都向税务机关汇报，并积极配合税务机关调查。这次税务问题让我深刻认识到，依法纳税是自己应尽的义务。

我完全接受税务部门依法对我做出的相关处罚决定并将积极筹措资金在规定时间内完成补缴税款、滞纳金和罚款。

再次向社会，向一直支持信赖我的用户致歉！错了就是错了，我愿意为我的错误承担一切后果，对不起！

薇娅

2021 年 12 月 20 日

2021 年 12 月 20 日，淘宝 APP 已经找不到薇娅直播间；12 月 20 日晚间，薇娅抖音、微博账号已被封；2021 年 12 月 21 日，薇娅被中国网络社会组织联合会撤销“2021 年度网络诚信宣传大使”； 2021 年 12 月 23 日，根据《全国三八红旗手标兵、全国三八红旗手（集体）评选表彰工作办法》，全国妇联决定撤销黄薇抗击新冠肺炎疫情全国三八红旗手称号并印发批复，收回其获奖证书和奖章。

二、网络主播黄薇偷逃税案件的反思

为加强网络直播营销管理，维护国家安全和公共利益，保护公民、法人和其他组织的合法权益，促进网络直播营销健康有序发展。2021 年 4 月 23 日，国家互联网信息办公室、公安部、商务部、文化和旅游部、国家税务总局、国家市场监督管理总局、国家广播电视总局等七部门联合制定了《网络直播营销管理办法（试行）》（以下简称《办法》）。其中，第二条规定 “在中华人民共和国境内，通过互联网站、应用程序、小程序等，以视频直播、音频直播、图文直播或多种直播相结合等形式开展营销的商业活动，适用本办法。” “本办法所称直播营销平台，是指在网络直播营销中提供直播服务的各类平台，包括互联网直播服务平台、互联网音视频服务平台、电子商务平台等。”“本办法所称直播间运营者，是指在直播营销平台上注册账号或者通过自建网站等其他网络服务，开设直播间从事网络直播营销活动的个人、法人和其他组织。”“本办法所称直播营销人员，是指在网络直播营销中直接向社会公众开展营销的个人。”“本办法所称直播营销人员服务机构，是指为直播营销人员从事网络直播营销活动提供策划、运营、经纪、培训等的专门机构。”第三条规定：“从事网络直播营销活动，应当遵守法律法规，遵循公序良俗，遵守商业道德，坚持正确导向，弘扬社会主义核心价值观，营造良好网络生态。”第十六条规定：“直播营销平台应当提示直播间运营者依法办理市场主体登记或税务登记，如实申报收入，依法履行纳税义务，并依法享受税收优惠。直播营销平台及直播营销人员服务机构应当依法履行代扣代缴义务。”本《办法》自 2021 年 5 月 25 日起施行。国家互联网信息办公室有关负责人表示，该《办法》的出台，旨在规范网络市场秩序，维护人民群众合法权益，促进新业态健康有序发展，营造清朗网络空间。

根据 2021 年 12 月 20 日“浙江省杭州市税务部门依法对黄薇偷逃税案件进行处理”情况通报来看，黄薇的违法事实主要涉及她于 2019—2020 年的直播带货收入。一方面，黄薇通过隐匿直播带货的佣金收入虚假申报偷逃税款；另一方面，黄薇通过设立上海蔚贺企业管理咨询中心、上海独苏企业管理咨询合伙企业等多家个人独资企业、合伙企业虚构业务，将其个人从事直播带货取得的佣金、坑位费等劳务报酬所得转换为企业经营所得进行虚假申报偷逃税款。

通过设立个人独资企业，转变收入性质，将个人综合所得转为经营所得，从而偷逃税款，这是我国影视行业、网络直播行业等高收入群体偷逃税的主要手段之一。此前影视行业的范冰冰、郑爽案件，以及网络直播行业的朱宸慧（网名：雪梨）、林珊珊案件都涉及这一偷逃税款方式。

这主要是由于我国个人综合所得与经营所得的计税方式和税率有较大不同。《中华人民共和国个人所得税法》（2018 年修正）第三条规定“个人所得税的税率：（1）综合所得，适用 3%~45% 的超额累进税率；（2）经营所得，适用 5%~35% 的超额累进税率。”

现行《中华人民共和国个人所得税法》规定，居民个人取得的工资、薪金、劳务报酬、稿酬、特许权使用费等 4 项所得须合并为综合所得，并按合并后的综合所得额纳税，统一适用 3%~45% 的超额累进税率。根据情况通报，黄薇直播带货的佣金、坑位费就属于个人综合所得，应按此方式进行纳税。

而当黄薇设立了个人独资企业，并将直播带货的个人综合所得转变为企业经营所得后，情况就有所不同了。个人独资企业不仅不用缴纳企业所得税，而且比照个人经营所得征收个人所得税。根据《中华人民共和国个人所得税法》，个人取得的经营所得单独纳税，适用5%~35%的超额累进税率。与个人综合所得相比，个人经营所得不用合并计税，纳税所得额相应减少，同时适用的超额累进税率的上限也更低，对高收入人群来说，纳税额将大幅减少。黄薇“虚构业务，把从有关企业取得的劳务报酬所得转换为个人独资企业的经营所得”，这种做法明显具有偷逃个人所得税的恶意，属于《中华人民共和国税收征收管理法》（2015年修正）第六十三条规定的偷税行为。

为进一步规范网络主播从业行为，加强职业道德建设，促进行业健康有序发展，2022年6月22日，国家广播电视总局、文化和旅游部联合发布《网络主播行为规范》（以下简称《规范》）。其中，第一条规定：“通过互联网提供网络表演、视听节目服务的主播人员，包括在网络平台直播、与用户进行实时交流互动、以上传音视频节目形式发声出镜的人员，应当遵照本行为规范。利用人工智能技术合成的虚拟主播及内容，参照本行为规范。”第二条规定：“网络主播应当自觉遵守中华人民共和国宪法和法律法规规范，维护国家利益、公共利益和他人合法权益，自觉履行社会责任，自觉接受行业主管部门监管和社会监督。”第十一条规定：“网络主播应当如实申报收入，依法履行纳税义务。”第十四条还规定了网络主播在提供网络表演及视听节目服务过程中不得出现的31种行为，为网络主播行为划定了底线和红线。

目前，社会上有不少人认为直播带货是当下来钱最快的一门“事业”。但是，全民直播是疯狂的、非理性的。

近年来，平台经济、直播带货迅猛发展，税务部门切实加强对新经济新业态的税收监管和规范，充分发挥税收大数据作用，先后查处多起偷逃税案件，并对重大案件进行曝光。

目前，网络主播的偷逃税主要是通过税收大数据分析发现的。黄薇以及朱宸慧（网名：雪梨）、林珊珊偷逃税案件都是如此。

我国财税、法律界专家学者认为，税务部门对黄薇等网络主播作出的处理处罚决定体现了税法权威和公平公正，再次警示网络主播从业人员，网络直播非“法外之地”，要自觉依法纳税，承担与其收入和地位相匹配的社会责任。

直播电商、网红经济等新经济新业态已成为当下经济发展的重要力量，在繁荣经济、促进就业等方面发挥了积极作用。中国宏观经济研究院研究员许生表示，多元化平台、多群体入场给网络直播带来了更多可能性，但也增加了监管的难度。网络主播网上从业，无实际经营地址、流动性强，一定程度上存在各地监管责任不清晰的难题，需要各部门各方面协同发力，共同促进直播行业健康长远发展。

“传统行业经历多年发展，已建立起行业会计核算制度，从业人员、企业的财税处理已基本标准化、制度化。相比之下，直播行业尚缺乏类似的行业规范。”许生提出，网络直播收入来源五花八门，收入性质划分存在模糊地带，较难从传统渠道获取其上下游业务的准确数据，客观上造成税收征管难度大，也助长了从业人员的偷逃税行为。相关部门要尽快出台适应行业特色的财务管理制度，对直播电商涉及的“坑位费”、“打赏”、直播佣金等多种收入进行规范核算，为依法纳税提供基础保障。

我国网络直播行业健康、规范发展的对策与建议：①网络直播行业应加强规范和自律。②行业健康发展需压实平台企业责任。③规范行业管理需凝聚多方合力。

第二节　辛巴卖假燕窝事件及其反思

一、辛巴卖假燕窝事件

根据辛选集团官网介绍：“辛选成立于2017年，是一家以供应链为核心的数字新零售企业。我们坚持普惠零售的理念，打造了联动全球品牌、工厂和产业带的C2M新零售数字供应链体系，构建了‘供应链管理+红人孵化+数字电商（含技术开发）+职业教育’4大业务板块，目前集团员工已超4000人，成长为新零售新业态龙头企业。”

辛选集团是一家直播电商行业的龙头企业，它的创始人是辛有志，网名辛巴。

辛巴卖假燕窝事件，缘起职业打假人王海打假。

2020年“双十一”，是辛巴团队直播带货的又一个里程碑，2020年11月12日凌晨，辛选官方公布“双十一”战绩：从2020年10月19日辛选“双十一辛起航”开启至11月11日，总直播销售额突破88亿元，是2019年“双十一”销售额23亿元的3.8倍。

2020年10月25日，辛选团队主播“时大漂亮”在其直播间推广一款名为“茗挚”的燕窝产品，直播价格为258元15碗，每碗17.2元。此时正值“双十一”活动期间，在平台大主播和优惠力度加持下，产品很快销售出57820单，销售额达15495760元。

2020 年 11 月 5 日，有消费者收到货后，在短视频平台吐槽“喝的时候没什么固体，是糖水”，却遭到众多网友的私信谩骂。根据私信截图，有人咒骂“早晚被雷劈”“你全家死，有人威胁”“等着收律师函吧”，还有人劝她“找辛巴直播间门口跪下求饶也许还能原谅”。

随后打假人王海跟进，通过实验和送检指出，辛巴直播中所谓“燕窝丝”是“海藻酸钠与乳酸钙化学合成的凝胶丝”，并通过“产品蛋白质含量为零”进一步指出，该“茗挚”品牌燕窝根本不含燕窝成分。

2020 年 11 月 27 日，“辛巴”以本名辛有志发布声明，在《辛有志写给广大网友的一封信》中，称存在对产品“夸大宣传”，并提出先行赔付方案，承担退一赔三责任，共需先退赔 61983040 元，并向消费者道歉。

2020 年 12 月 10 日，封面新闻记者陈彦霏就此事专访了揭露“假燕窝事件”的打假人王海。

“职业打假人”王海公布对辛巴燕窝产品的调查结果：

王海称，在收到消费者爆料后，他从产品配料成分表就发现了问题。

王海说：“不用检测，第一个从产品标签就能看出来，它没有蛋白质啊，你如果添加了燕窝没有蛋白质，这个是不应该的，燕窝大概有一半的成分，就是蛋白质。”

通过该产品配料表记者发现，蛋白质含量一栏里标注的确为 0g。

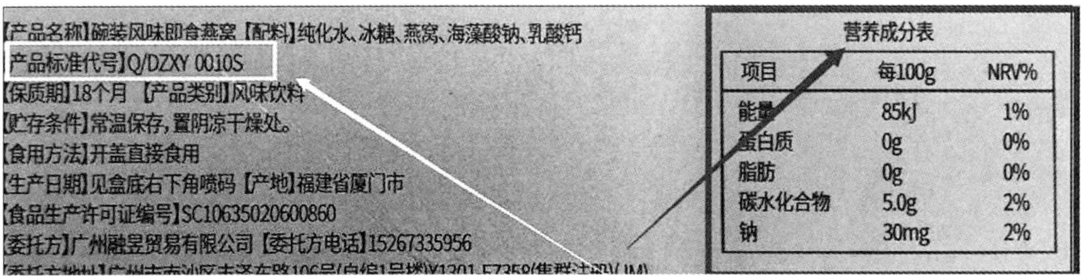
【产品名称】碗装风味即食燕窝 【配料】纯化水、冰糖、燕窝、海藻酸钠、乳酸钙
【产品标准代号】Q/DZXY 0010S
【保质期】18个月 【产品类别】风味饮料
【贮存条件】常温保存，置阴凉干燥处。
【食用方法】开盖直接食用
【生产日期】见盒底右下角喷码 【产地】福建省厦门市
【食品生产许可证编号】SC10635020600860
【委托方】广州融昱贸易有限公司 【委托方电话】15267335956

营养成分表

项目	每100g	NRV%
能量	85kJ	1%
蛋白质	0g	0%
脂肪	0g	0%
碳水化合物	5.0g	2%
钠	30mg	2%

“茗挚”牌碗装风味即食燕窝的配料和营养成分表

（资料来源：https：//www.thecover.cn/news/VuIV3c3WdIk=）

随后通过送检，王海发现，每 100g 产品中唾液酸含量是 14mg（即唾液酸含量为 0.014%），糖的含量是 4.8g。王海说：“燕窝还有另外一个成分叫唾液酸，好的燕窝唾液酸会达到 10% 左右，辛有志产品里主要成分是糖和水。”

王海称，为了证实，他们还曾派人去辛有志产品代工厂调查生产流程，发现整个过程完全不需要添加燕窝。王海说：“它都是乳酸钙和海藻酸钠化学合成的，再添加一些通过玉米发酵人工合成的唾液酸，这样也可以检测出唾液酸的成分，现在我自己在家都能生产了。”

在王海微博发布的视频中，王海将乳酸钙溶液和海藻酸钠溶液混合，很快便在水中捞出来了类似燕窝丝一样晶莹剔透的物质。

“1碗成本大概就是0.01元。”王海给记者算了一笔账，产品中最贵的是铝碗价值1.6元。糖、水各0.01元，海藻酸钠和乳酸钙加起来不到0.02元，唾液酸0.07元、设备0.2元、人工0.3元、包装0.24元，成本在2.5元左右。厂家卖出去4.2元，辛有志卖出去17.2元，剩下13元都归辛有志、品牌方和平台方，而13元只是1碗的利润。

快手主播辛巴在官方微博平台@辛有志xyz上发出《辛有志写给广大网友的一封信》，对风口浪尖上的“燕窝事件”作出了回应。

辛有志写给广大网友的一封信

广大的网友、媒体朋友们：

大家好，我是辛有志

“茗挚”品牌燕窝事件，一直处于舆论的风口浪尖，占用了公众资源，以及给用户、网友带来诸多疑虑，在此，我深表歉意。

自 11 月 20 日“燕窝事件回应声明”已过去 8 天，在此期间，我们团队做了深度的产品链路还原并对产品进行送检检测。

处理方案

经检测，这教“茗挚”品牌燕窝产品在直播间推广销售时，确实存在夸大宣传，燕窝成分不足每碗 2g, 根据辛选与广州融昱公司（下文统称“品牌方”）签署的《品牌推广合作协议》（附件 1），明确约定：品牌方必须保证提供给“时大漂亮”展示销售的产品说明、介绍、图片等信息资料不存在虚假、不侵犯任何第三方的合法权益，并且资料符合生产国及销售国的相关法律、法规、政策等，否则产生的一切责任和损失均由品牌方承担。跟品牌方按照合同规定协调，希望品牌方按照《消费者权益保护法》关于虚假宣传相关法律规定对所有用户进行赔偿。本应由品牌方与我方共同面对此次事件，但由于品牌方一直回避不见面，沟通不积极，方案不明确，所以我决定主动积极回应解决此次事件。

辛选现提出先行赔付方案，“召回辛选直播间销售的全部‘茗挚’品牌燕窝产品、承担退一赔三责任（共销售 57820 单，销售金 15495760 元，共需先退赔 61983040 元），先解决问题。此外，辛选会依据合同及法律规定追究品牌方的责任。无论结果如何，辛选都应该优先维护我方消费者的权益并坚决负责到底（专项处理窗口天猫“辛有志专属店”客服在线等您，没有看到此声明的用户，客服也会主动进行联系）。

这款“茗挚”品牌燕窝产品实为一款燕窝风味饮品，不应当作燕窝制品进行推广。此事件中，辛选团队在选品、质检方面因为对燕窝行业相关专业知识储备不够，未能甄别出品牌方提供的产品信总存在夸大宣传的内容，存在疏漏，以及我本人冲动回复，引发舆论风波，对此我再次向广大消费者和社会各界诚挚道歉。

团队整改

深刻反省内部管理，严抓品控，启动内部整改升级，所有主播和团队加强专业学习与培训。

主要措施如下：

a. 全面梳理和优化合作伙伴引入机制，提高资质审查门槛；对已有合作伙伴进行复查。

b. 对公司品控环节进行整改，全面加强品控审查力度，对于产品标准模糊的特殊领域，重点加强审查。

c. 引入各行业“专家”，进入选品和品控团队，并展开与专业检测机构、高等院校实验室等建立战略合作，为我方选品提供强有力的专业指导。

d. 经会议决定将成立辛选质量监督委员会，并设立专项基金用于完善选品标准，质量监控消费者权益保护，诚邀广大粉丝用户积极参与提供宝贵意见。

我的一些心里话

内疚，也很自责，看见舆情的第一时间，没有意识到自身的问题，也没有找第三方机构核实产品，去了解行业的真相，而是急于根据品牌方提供的信息，匆忙回应，闹了个乌龙笑话。

回看了我的回应视频，甚是可笑，面对所有的嘲讽、谩骂，我欣然接受。

须接受磨砺，有错得认，挨打立正，我虚心接受大家的批评。

辛选成长得快，但更需要的，是成长得好。

从燕窝事件的表象，我看到了更深层次的系统性问题

无论何种原因，我虽已不再年少，却还带有锋芒，这是我难以自欺的真相，作为公众人物，应学会自控，一言一行不能给用户和网友带来负面影响。

这份总结和道歉，也当是我代表辛选团队第一次给用户和所有公众作的汇报，只遗憾的是这种方式。真诚地感谢用户、网友、媒体朋友的监督，让我们发现了问题，我依然相信辛选会是一家好企业。用户的信任和支持是辛选的基石，未来将更加努力地给用户提供更好的服务以及更具性价比的产品。请大家未来继续监督和关注我们。望社会各界给予辛选一次涅槃重生、品牌重塑的机会！

辛有志

2020年11月27日

（资料来源：https：//www.thecover.cn/news/VuIV3c3WdIk=）

在上述《辛有志写给广大网友的一封信》中，辛有志称“经检测，这款‘茗挚’品牌燕窝产品在直播间推广销售时，确实存在夸大宣传，燕窝成分不足每碗2g，……这款‘茗挚’品牌燕窝产品实为一款燕窝风味饮品，不应当作燕窝制品进行推广。”对此王海质疑：“水里没有燕窝还谎称不到2g燕窝是一而再地欺骗，辛巴糖水进货价4.2元，燕窝15元1g！哪儿来的不到2g燕窝？”

据了解，“网红带 货假燕窝”事件发生后，广州市白云区市场监督管理局等多部门介入调查，前往辛有志直播地了解情况。

广州白云区市场监督管理局协调应急科科长蒋锋，在接受媒体采访时表示，主播是在白云区直播，所售卖的燕窝产品又涉及南沙、海珠区，还有它实际生产地址厦门。

王海也对记者表示，欺骗性强、维权难度大、监管需要多部门协作，是现在直播假货大行其道的3大原因。

王海认为：“网络直播带货和传统售卖不同在于欺骗性更强，却承担着更小的责任，传统店铺覆盖的人群，覆盖的地区是有限的，网店则是覆盖全国的。” “以前我家门口的商店，我找家门口工商所投诉，就解决了，网店你可能得异地去投诉。” “现在网络直播带货很狡猾，你会发现他很多商品是2个月以后发货，为什么要2个月以后发货呢？因为2个月以后啊，他带货视频下架了。平台上带货视频只保存2个月。” “监管需要多部门协作也是一个难点。我可能电商注册在广州，发货在厦门，工厂在哈尔滨，需要多部门协同作战。以上种种原因造成互联网的确成为各种欺诈行为的一个乐土了。”

（资料来源：https：//www.thecover.cn/news/VuIV3c3WdIk=）

二、辛巴卖假燕窝事件相关公司受到行政处罚

因在直播间售卖的燕窝被质疑为“糖水”，网红主播辛巴团队疑似售假事件引发关注。

2020年12月23日，广州市市场监督管理局通报，广州和翊电子商务有限公司作为涉事直播间的开办者，受商品品牌方广州融昱贸易有限公司委托，于2020年9月17日、10月25日，安排主播“时大漂亮”通过快手直播平台推广商品“茗挚碗装风味即食燕窝”。

广州市场监管部门依法依规对相关当事人进行立案调查。通报显示，主播在直播

带货过程中，主播仅凭融昱公司提供的“卖点卡”等内容，加上对商品的个人理解，即对商品进行直播推广，强调商品的燕窝含量足、功效好，未提及商品的真实属性为风味饮料，存在引人误解的商业宣传行为，其行为违反了《中华人民共和国反不正当竞争法》的规定，拟对涉事直播间开办者广州和翊电子商务有限公司作出责令停止违法行为、罚款 90 万元的行政处罚。

此外，直播公司直播期间投放的商品购买链接，是广州融昱贸易有限公司在天猫平台开设的“茗挚旗舰店”，收款和发货等行为均由广州融昱贸易有限公司实施。据此，市场监管部门认定涉案商品的销售主体是广州融昱贸易有限公司。

通报显示，广州融昱贸易有限公司为直播活动提供的“卖点卡”，以及在天猫“茗挚旗舰店”网店发布的内容，均存在引人误解的商业宣传行为，其行为违反了反不正当竞争法的规定。市场监管部门拟对其作出责令停止违法行为、罚款 200 万元的行政处罚。

三、辛巴卖假燕窝事件最新进展

据河南省消费者协会披露，2020 年 12 月底，河南省消费者协会接到消费者投诉，称在辛有志（辛巴）的快手直播间购买的“茗挚”牌“小金碗碗装冰糖即食燕窝”系风味饮料，并非即食燕窝，涉嫌欺诈消费者。2021 年 2 月 26 日，河南省消费者协会举行媒体通报会时曾表示，河南省消协希望快手直播平台对辛巴团队的处罚不是封停 60 天账号，应是永久封停。河南省消费者协会法律与理论研究部主任段晓明说：“虽然辛巴团队和燕窝的品牌方都是广州的公司，但损害到了我们河南消费者利益了，这事儿我们就得管！”据段晓明介绍，自 2021 年 1 月 7 日起，河南省消协便开始对北京快手科技有限公司发出约谈函。

2021 年 7 月，广州仲裁委员会就沭阳和翊信息有限公司（辛选集团旗下公司，以下简称“和翊公司”）诉广州融昱贸易有限公司（以下简称“融昱公司”）一案做出终结裁决：确认融昱公司故意误导辛选做出虚假、引人误解的宣传行为。仲裁庭认为在融昱公司未对消费者的诉求进行回应及反馈的情况下，和翊公司有权先行赔付消费者后再向融昱公司主张赔偿款。仲裁庭裁定：2020 年 12 月 16 日以前的退赔货款中 30355459 元由融昱公司承担。仲裁庭还认定：因融昱公司的误导行为，导致和翊公司做出虚假或者引人误解的商业行为，对和翊公司的主播造成严重的负面影响。根据和翊公司的申请，裁决融昱公司象征性赔偿和翊公司损失 1 元。

2022 年 1 月 14 日，河南省消费者协会就“辛巴卖假燕窝事件”提起民事公益诉讼案件举行诉讼情况新闻通报会。河南省消费者协会具体诉求为：北京快手科技有限公司、辛巴（辛有志）、广州融昱贸易有限公司、广州和翊电子商务有限公司共同承担退一赔三的责任，退还“茗挚碗装风味即食燕窝”产品销售总价款人民币 19928539 元，并处以销售总价款 3 倍的惩罚性赔款共计人民币 59785617 元，退赔金额总计人民币 79714156 元，并要求快手永久封停辛巴的直播间账号。

据悉，2021 年 8 月 3 日，河南省消费者协会向郑州市中级人民法院线上提交立案材料。2021 年 12 月 15 日，郑州市中级人民法院受理了该案（受理通知书案号为 2021 豫 01 民初 1461 号）。该案件是河南省第一例由消费者协会组织提起的消费民事公益诉讼案件，也是国内规范直播带货行为，治理电商直播新业态，尝试解决“网红直播带货销售模式”法律问题的典型案件。

2022 年 1 月 14 日，辛选集团官博发文称，已注意到今日河南省消协对“辛巴直播带货即食燕窝消费民事公益诉讼案件”举行诉讼情况新闻通报会，并再次就 2020 年 10 月的“燕窝事件”向消费者致歉。对于此事，辛选集团发布关于燕窝事件相关情况的说明，说明提到，“燕窝事件”后，辛选于 2020 年 11 月 27 日提出了“先行赔付方案”，即：召回辛选直播间销售的全部“茗挚”品牌燕窝产品、承诺退一赔三，先保护消费者权益（2020 年 12 月 23 日，经市场监管部门查明认定两次直播成功交易共 47474 盒，实际销售金额 12513173 元）。并依据合同及法律规定追究品牌方的责任，“经核查：截止到 2022 年 1 月 14 日，我司已向与此事件有关的消费者赔付人民币共计 41439216 元。我司到目前能够联系到的、且符合退赔条件的消费者，均已获得赔付。”辛选集团表示，此次事件中所有消费者均是与商家店铺直接建立的订单成交关系，辛选方面无法获知消费者相关联络信息。因此，需要请用户主动与其联系赔付事宜。辛选集团方面表示，只要用户符合退赔条件，仍将继续兑现承诺、负责到底，且不设时限，直到全部赔付完毕为止。

2022年5月9日，原告河南省消费者协会诉被告北京快手科技有限公司、辛有志、广州和翊电子商务有限公司、广州融昱贸易有限公司、浙江天猫网络有限公司、大洲新燕（厦门）生物科技有限公司消费者权益保护民事公益诉讼一案，在郑州市中级人民法院公开开庭审理。据了解，本案源于 2020 年“双十一”发生的“辛巴卖假燕窝事件”，虽然辛巴方面已经召回了辛选直播间销售的全部该燕窝产品、并先行承担了退一赔三责任，广州市场监管部门、快手也对辛巴和燕窝品牌方进行了罚款、停播等处罚，但事件远未就此结束。在庭审尾声，各方表示愿意在法庭主持下调解。但北京市中闻律师事务所律师王维维认为，多重因素下，此案距离最终结果的公布，仍将经历漫长的等待。

四、网络直播销售中存在的侵害消费者权益行为的主要类型

2020 年，中国消费者协会开展了《网络直播侵害消费者权益类型化研究》，在对网络直播销售行为进行深入分析的基础上，对其中侵害消费者权益的现象进行系统性梳理并予以类型化研究，归纳出虚假宣传、退换货难、销售违禁产品、利用“专拍链接”误导消费者、诱导场外交易、滥用极限词、直播内容违法等 7 类网络直播销售中存在的侵害消费者权益行为的主要类型。

1. 虚假宣传

所谓虚假宣传是指在商业活动中经营者利用广告或其他方法对商品或者服务做出与实际内容不相符的虚假信息，导致消费者误解的行为。在直播电商购物中，虚假宣传是问题高发地。根据虚假宣传内容不同，网络直播销售中的虚假宣传主要包括 2 种行为：一是图文不符，推荐产品与实物不一致。二是夸大宣传，毫无根据地夸大产品功效。

2. 退换货难

根据《中华人民共和国消费者权益保护法》第二十五条规定，直播带货作为新型网络销售商品方式，应提供 7 天无理由退换货服务。现实中，某些网络直播电商出于各种理由不遵守该规定，因拒绝售后、限制退货、拒绝退货等问题导致的消费纠纷频发，严重侵害了消费者权益。

3. 销售违禁产品

网络直播电商推销各类商品无奇不有，甚至为违禁品销售提供滋生土壤。一些在线下禁止出售、限制出售的物品，悄然通过网络直播电商流入市场。主要表现为：一是某些直播电商违反《中华人民共和国野生动物保护法》，公然销售野生动物。二是直播电商不具有相应资质，随意销售处方药。三是某些直播电商销售假药，直接危害到了消费者的身体健康。

4. 利用“专拍链接”误导消费者

专拍链接是卖家专门设置的货物购买链接。目前，某些网络直播电商违规利用“专拍链接”误导消费者，侵犯消费者合法权益的行为广泛存在。主要包括：一是链接内缺乏商品详情介绍。直播间所销售商品没有明确的商品详情页对商品性状、质

量、参数进行准确描述，仅以秒杀链接，邮费链接甚至只是价格链接等不能说明商品特性的商品链接在直播间进行售卖。二是所售商品和宝贝链接描述商品严重不符。主播可能在直播间内介绍的是A产品，但以无法上链接等理由要求消费者拍B产品的链接；或者主播在直播间内介绍多件物品，但在链接中仅有对其中一件商品的描述。这与通常在网络购物平台中所遇到的邮费链接、补拍链接等专拍链接不同。在非直播场景下的网络购物中，有些消费者购买的商品没有出现在商家的上架商品中，此时消费者可与商家联系，双方达成合意后由商家向消费者提供专拍链接，这种情况下的链接是符合规定的。

5.诱导场外交易

网络直播电商场外交易是指主播在直播间内通过语言、文字、图形、动画、动作等方式，直接或间接引导消费者转入原网络直播电商平台以外的微信等社交软件平台进行交易。场外交易造成消费者在维权时往往存在举证能力、主体认定、责任分担等方面的较大困难。因此消费者应尽量避免进行场外交易，如发现主播存在诱导进行场外交易行为的，要及时通过截屏、录像等方式保存有关证据，并及时向网络直播电商平台投诉举报，以净化整体消费环境。网络直播电商平台也应加强对主播的教育和监管，加大对主播违规行为的约束力度。此外，网络直播电商平台亦应建立消费者友好型的救济机制，不断优化网络直播销售消费维权的环境。

6.滥用极限词

极限词是指类似于“最佳”“第一”“顶级”等极端描述性的词语，这类词语本身没有统一的评价标准，极有可能夸大产品的功能和价值，对消费者造成误导。在网络直播电商中，处于信息劣势地位的消费者往往在“限量秒杀”等言语引导下“冲动消费”，这也使主播更倾向使用“极限广告词汇”博人眼球、提振销量。

7.直播内容违法

网络直播电商具有“电商”与“直播”两种属性，作为一种新兴业态，现阶段仍处于野蛮生长期，内容良莠不齐，影响了网络直播电商的健康发展。比如，某些电商直播为提高人气、吸引流量，博得资本青睐，色情低俗内容频频出现。虽然早在直播产业发展初期，行业内就发布过相关管理规定或条例，但收效甚微，低俗、庸俗、媚俗内容仍有大量市场，且有向直播电商蔓延的趋向。据梳理，相关违法内容主要包括：一是低俗色情，主播为了吸引流量，提高收看率，在直播中穿着暴露，进行低俗表演。二是存在不当言论，部分主播文化水平有限，知识严重欠缺，在直播中口无遮拦，甚至发表破坏社会稳定、民族团结、国家尊严的言论。

五、辛巴卖假燕窝事件的反思

近年来，我国电商直播行业迎来蓬勃发展的黄金期。电商直播活跃了消费市场，为经济发展注入了生机与活力。与此同时，网络直播行业中的种种乱象也给不少消费者带来困扰，直播电商平台投诉多发。产品质量差、虚假宣传、不文明带货、价格误导等问题引发消费者“吐槽”。相关问题不仅损害了消费者的合法权益，也影响了市场公平竞争。

由于直播带货是一种新业态，不同于传统电商平台的模式。与传统的电商平台销售商品相比，直播带货涉及的主体和交易环节更多、更复杂，监管难度更大。此外，对于新业态中某些行为的定性，比如主播的带货是否属于广告以及什么情况下构成广告，业界对此还存在不同的意见，从而增加了监管的难度。由于直播带货是跨多个领域的商业模式，存在监管职责交叉问题。

直播间绝非法外之地。《中华人民共和国反不正当竞争法》《中华人民共和国消费者权益保护法》《中华人民共和国电子商务法》《中华人民共和国广告法》《中华人民共和国产品质量法》等法律规定，皆适用于网络直播带货。2021 年 5 月 25 日施行的《网络直播营销管理办法（试行）》，明确了直播营销各方参与主体的责任；2022 年 3 月 25 日印发的《关于进一步规范网络直播营利行为促进行业健康发展的意见》，提出加强网络直播营利行为规范性引导；2023 年 5 月 1 日起施行的《互联网广告管理办法》，将通过互联网直播方式推销商品或者服务的商业广告纳入管理。

辛巴卖假燕窝事件涉及多方主体，根据上述国家有关法律法规，各方主体应按各自角色定位承担相应的法律责任。

辛巴卖假燕窝事件涉及北京快手科技有限公司、辛有志、广州融昱贸易有限公司、广州和翊电子商务有限公司等公司或个人。

北京快手科技有限公司在辛巴卖假燕窝事件中，是直播营销平台、互联网平台经营者。北京快手科技有限公司对“快手”直播营销平台负有监管责任，它需要对直播间运营者、直播营销人员售假行为尽到审慎的监管责任，并采取合理有效的措施对售假行为进行及时制止等。

辛有志在辛巴卖假燕窝事件中，是辛选集团创始人、网红、“辛选直播间”运营者、直播营销人员。得益于数字技术的发展与普及，一些人依托数字平台生产内容，成为网红。网红因其拥有较大的粉丝群，具有强大的粉丝号召力。为了使流量及时变现，网红纷纷涉入商业领域，网红推荐式广告应运而生。作为一种特殊广告形态的网红推荐式广告，利用网红身份向粉丝进行保证，使粉丝更多地倾向相信推荐者。受利益驱动，网红推荐式广告利用其互动性和隐蔽性等特点，游走在法律边缘，甚至违反《中华人民共和国广告法》。辛巴卖假燕窝事件属于网红推荐式广告，它是一种虚假广告，它欺骗、误导了消费者，辛有志违反了《中华人民共和国广告法》（2018 年修正）。同时，辛有志也违反了《中华人民共和国反不正当竞争法》（2019 年修正）、《中华人民共和国消费者权益保护法》（2013 年修正）等法律。

广州融昱贸易有限公司在辛巴卖假燕窝事件中，是涉事商品“茗挚”牌碗装风味即食燕窝的品牌方和销售主体。广州融昱贸易有限公司违反了《中华人民共和国反不正当竞争法》、《中华人民共和国消费者权益保护法》、《中华人民共和国电子商务法》、《中华人民共和国产品质量法》（2018 年修正）、《中华人民共和国广告法》等法律。

广州和翊电子商务有限公司在辛巴卖假燕窝事件中，是涉事“辛选直播间”的开办者。广州和翊电子商务有限公司由广州辛选供应链有限公司全资持股，辛有志为实际控制人。广州和翊电子商务有限公司违反了《中华人民共和国反不正当竞争法》《中华人民共和国消费者权益保护法》《中华人民共和国广告法》等法律。

辛巴卖假燕窝事件属于网络直播销售中的虚假宣传，它严重侵害了消费者权益。辛巴销售的“茗挚”牌碗装风味即食燕窝根本不含燕窝成分，只是一种风味饮料，由于涉嫌欺诈消费者，经过 2 年多的公益诉讼，最终被诉 79714156 元惩罚性赔偿。

直播带货作为一种互联网经济新业态，已经迅速发展成为重要的营销及引流手段。精明的商家都知道，粉丝们购买商品并非全都出于对商品的需要，还有对主播的喜爱；粉丝们信任一个并不了解的新商品，很大原因是主播的推荐。

在移动互联网时代，虽然买卖的形式发生了变化，但无论线上消费还是线下交易，推送商品还是直播带货，公平的商业逻辑本质并不会变，直播带货不能跨越诚信“红线”。在直播带货中，欺骗、误导消费者的行为会损害互联网经济的长远健康发展。

网络消费市场的繁荣发展离不开法治护航，也需要多方力量协同共治。政府监管部门应认真履职尽责，对电商直播相关违法违规行为加大打击力度；直播营销平台要认真履行管理主体的责任，加大监管力度，做好引导规范；商家和主播则须严格遵守法律法规，强化自律，诚信经营；消费者要做理智的消费者，提高自身的风险意识、维权意识。消费者在网购过程中要加强对各类促销套路的防范，发现自己权益受损要及时向直播营销平台和政府监管部门举报、求助。经营者多一分担当，消费者多一分理性，直播带货就能在欣欣向荣中行稳致远。

第三节　携程大数据“杀熟”案及其反思

一、大数据“杀熟”行为

大数据“杀熟”是指具有信息优势的经营者对消费者的一种差别定价行为，经营者依据大数据手段收集消费者信息，并对消费者的价格耐受度、消费偏好、消费习惯、家庭构成等信息进行收集与定性分析，利用忠诚客户的路径依赖以及消费者与经营者之间的信息不对称，就同一商品或服务向老用户索取高于新用户的价格。但这种价格差异并不由成本差异造成，而是经营者滥用市场支配地位，利用信息优势和技术优势进行数据分析之后的差别定价行为。

大数据“杀熟”行为，即老客户购买某种产品或服务反而比新客户花钱更多。

一般来说，在线旅游平台、飞机票预订、宾馆预订等网络平台都会存在大数据“杀熟”行为。

从大数据角度筛选出来的熟客，其消费习惯基本定型，其特定消费变成了一种刚需存在，因此商家对此类高黏性用户形成差异性对待，变成理所当然。

只是，从消费者常理上看来应该是适当优惠、但对于商家而言则变成不怕不来的适当加价，于是，作为一种有效获利的方式，商家也往往对大数据“杀熟”情有独钟了。

大数据“杀熟”的根基在于电子商务的普遍应用，而其源头还是商家自己的盈利理念和模式所带来的算法选择。

大数据“杀熟”三部曲：收集大量数据、构建用户画像、区别对待顾客。

“大数据”能够实现精准营销，通过给用户精确画像实现靶向传播，满足不同消费者个性化需求。但是，大数据“杀熟”却是一种商业套路，这一定价“潜规则”，正是依据大数据所形成的用户画像和消费习惯进行精准溢价。

二、携程大数据“杀熟”案

上海携程商务有限公司（以下简称“携程公司”）是中国最大的在线旅游服务

商（Online Travel Agency，缩写为OTA）。OTA其实就是一个渠道平台，平台把交通、住宿、旅游等产品放到网站进行售卖。从平台营收来源看，目前OTA平台收入主要来自作为中介平台销售交通票务、酒店客房、旅游产品中抽取佣金；此外，还兼有部分批发赚差价（酒店为主）和广告收入。

1.基本案情

原告胡某某诉称：其通过被告携程公司名下的携程APP预订了2020年7月18日的舟山希尔顿酒店客房一间，被告携程公司以编号13000885272的订单向其收取房费2889元，并向其声明，其为被告携程公司的钻石贵宾客户，上述2889元房价已为被告携程公司为其争取的最优价。胡某某当天通过名下的中国银行信用卡向被告携程公司支付2889元订房款，后其按时入住。第二日退房时，因偶然要求酒店开发票，才发现酒店的房价加上服务费、税金总价仅1377.63元，其向酒店方反映，酒店明确告知，真实的零售开票价仅是1377.63元。被告携程公司声称的最惠房价并非真实房价。胡某某认为被告的行为实属欺诈，深感愤慨，随即与被告进行维权交涉，被告虽同意返还价格虚高部分，但以调查核实的最优价为1621元为由，仅同意返还虚高部分房价1268元。

原告认为：①销售欺诈损害消费者权益，应退一赔三，但被告连退还全部差价都不愿意履行，对自身的欺诈销售，缺乏应有的认识及歉意。②原告作为被告的钻石贵宾客户，之前原告多次频繁通过被告名下的携程网预订价格不菲的客房、机票，从未要求酒店等服务实际提供方开发票，也从未核实过真实价格，原告有理由怀疑被告通过原告此前的消费行为将原告界定为消费金额不敏感用户，利用原告消费行为沉淀的数据对原告进行大数据“杀熟”，恶意侵犯原告的消费者权益。故原告请求被告不再使用、利用原告的消费数据，不同意被告为原告进行消费者画像。③被告名下的携程APP在全国的旅游服务市场占据较大份额，已具有优势地位，现用户在使用该APP前系统自动推送《服务协议》和《隐私政策》，如用户不同意则直接退出APP，导致原告被迫同意被告采集原告个人数据信息，形成个人信息上的强制缔约。为杜绝被告收集个人数据进行消费者画像、数据“杀熟”的行为，尊重用户个人意愿，保护个人信息权，被告应在携程APP推送《服务协议》和《隐私政策》时提供“不同意，继续使用”的选项。故为维护自身合法权益，惩治被告“杀熟”的欺诈违法行为，也为维护公序良俗，特提起诉讼。

原告诉请：①判令携程公司向其退还因欺诈销售而多支出的酒店预订款243.37

元。②判令携程公司向其按差额房费的三倍赔付，计为4534.11元。③责令携程公司对此次销售欺诈在《中国消费者报》及中国消费网上向原告赔礼道歉。④判令携程公司在携程APP增加选项，使客户不同意其《服务协议》和《隐私政策》时，仍能使用该APP。

被告携程公司在证据交换时答辩称：被告系携程旅行网的平台方，在携程旅行网上售卖的酒店产品均由相关平台内经营者提供。被告并非涉案订单的合同相对方，未收取过原告任何费用，也未提供订单中的内容。经与被告核实，涉案酒店产品由上海赫程国际旅行社有限公司（以下简称赫程公司）提供，收款方亦为该公司，在预订页面及原告提供的携程发票中均有所体现。针对诉争订单的疑问，被告进一步向赫程公司核实，赫程公司方面称，该酒店产品由供应商张家口捷锐信息技术咨询服务有限公司（以下简称捷锐公司）向赫程公司提供，捷锐公司提供的该产品价格为2889元，赫程公司结算给捷锐公司2600元，收取服务费289元。在从被告处得知原告情况后，赫程公司同捷锐公司也进行了沟通，捷锐公司表示该价格系当晚酒店预订房价紧张所致，后被告客服暗访酒店，得知原告预订的2020年7月18日舟山希尔顿酒店豪华湖景大床房（含早餐）的售价为1621元，故被告考虑到给原告带来的不佳体验，先行于2020年7月19日向原告补偿了1268元。由于本案订单并非酒店直接与原告订立，故原告所述酒店开票价与本案无关联，被告不存在欺诈故意，也不存在客观侵权。

法院经审理查明：胡某某于2016年在携程APP上注册为用户，已为携程公司的钻石贵宾客户。依照携程公司对外宣传，钻石贵宾客户享有酒店会员价8.5折起等特权。2020年7月18日，胡某某在携程公司运营的携程APP中预订了当天舟山希尔顿酒店豪华湖景大床房一间，订单金额为2889元，并于当天上午8:42付款完成。2020年7月18日上午8:53，酒店对外电话接到自称王先生的人来电，以胡某某名义直接向酒店预订，房款1377.63元通过微信支付，且注明房价保密。2020年7月19日退房时，胡某某要求酒店开具发票，发现酒店房价为1377.63元，胡某某遂当即电话向携程公司客服反映，要求按此价格退差价，携程公司客服以潜在顾客名义致电舟山希尔顿酒店进行暗访，并于当日13:50向胡某某退款1268元。但胡某某对此不满意，认为携程公司构成欺诈，并主张携程公司应承担退一赔三的责任。

法院同时查明：案涉订单系案外人帅某提前三日以王先生名义预订，但未付费。帅某发现某某旅行APP上案涉房型房源中携程公司直采房型已销售完毕后，其通过捷锐公司在携程APP代理商后台系统输入案涉房间价格2600元，该价格在附加携程公司收取的10%服务费等费用后，展示在携程APP平台上的价格为2889元。在胡某某通过携程APP下单并付款后，帅某联系案涉酒店更换入住房客为胡某某，并支付费用。携程APP向胡某某手机发送信息，除告知订单确认号、金额、服务电话等内容外，还有“特别提示：此单通过代理商预定，请直接报胡某某办理入住”的字样。携程公司按照代理商确定的2600元收取10%的费用。

另根据携程公司集团自行公布的2020年第四季度及全年财务业绩载明，该公司连续3年居全球在线旅游行业第一。截至一审判决作出之日，如新下载携程APP，页面直接跳出《服务协议》《隐私政策》的温馨提示，并仅有两个选择：“同意并继续”“不同意并退出”。用户必须点击同意《服务协议》《隐私政策》方能使用该APP，如不同意，将直接退出该APP。携程APP的《服务协议》《隐私政策》含有对用户个人信息采集和使用权利条款，要求用户允许公司进行数据分析及商业利用。胡某某认为携程公司对其构成大数据“杀熟”，要求携程公司在其开发的携程APP增加选项，使客户不同意其《服务协议》和《隐私政策》时，仍能使用该APP。

2. 裁判结果

浙江省绍兴市柯桥区人民法院于2021年7月7日作出（2021）浙0603民初790号民事判决：①携程公司于判决生效之日起10日内退还胡某某订房差价243.37元并按差额房费的三倍支付赔偿金4534.11元。②限携程公司于判决生效之日起30日内在其运营的携程旅行APP中为胡某某增加不同意其现有《服务协议》和《隐私政策》仍可继续使用的选项，或者在判决生效之日起30日内为胡某某修订携程旅行APP的《服务协议》和《隐私政策》，去除对用户非必要信息采集和使用的相关内容（修订版本需提交该院审定同意）。③驳回胡某某的其他诉讼请求。

宣判后，携程公司提出上诉，浙江省绍兴市中级人民法院于2021年12月31日作出（2021）浙06民终3129号民事判决：①维持浙江省绍兴市柯桥区人民法院（2021）浙0603民初790号民事判决第一项，即携程公司于判决生效之日起10日内退还胡某某订房差价243.37元，并按差额房费的3倍支付赔偿金4534.11元。②撤销浙江省绍兴市柯桥区人民法院（2021）浙0603民初790号民事判决第二项、第三项。③驳回胡某某的其余诉讼请求。

3. 裁判理由

法院生效判决认为：胡某某通过携程APP预订酒店的房价远高于门市价，携程公司对此构成欺诈。携程公司未依法以显著标识将自营业务与他营业务予以区分，未依法向消费者披露其所称的平台内经营者信息，对第三方代理商渠道房源存在的风险未予告知。同时，携程公司作为携程APP网络服务提供者，有义务、有能力、有必要对利用其平台发布高溢价房源信息、赚取高额利润的不当行为进行监管。本案中，携程APP上存在第三方代理商预先零费用囤房、择机翻倍加价的“倒房”行为，但携程公司怠于履行平台主体责任未进行有效监管。而且携程公司一直在消费者心目中营造“低价”“放心”等品牌形象，使消费者有合理理由相信并充分信赖，在携程APP上展示的2889元价格应当是低于或者至少是不高于酒店正常对外销售价格。携程公司的上述错误行为，使胡某某陷入了对交易对象的认知错误，继而又基于对携程公司的充分信赖而陷入了对交易价格优惠的认知错误，最终作出了不真实的意思表示，实际支付了远高于门市价格的价款。携程公司应承担欺诈的惩罚性赔偿责任。

对胡某某要求携程公司对其APP增加不同意《服务协议》《隐私政策》仍可继续使用的选项之诉请不宜支持。本案中，携程公司存在侵害消费者个人信息权益的行为，其“强制且不指明具体内容”的信息收集方式违反有关处理个人信息的正当性原则；对个人信息的收集超出所必需的信息范围，不符合对个人信息收集的最小范围原则；将信息分享给携程公司可随意界定的关联公司、业务合作伙伴进行数据分析和商业利用，不符合对个人信息最小损害原则。但民事责任的承担方式应与侵权行为相适应，且依法严格保护个人信息应当平衡信息提供者利益、数据平台使用者利益和公共利益。携程公司未对消费者个人信息肆意披露和以极端方式加以侵害，给其否定性评价并要求其承担惩罚性赔偿已可达到胡某某使用携程APP的预期效果和合同订立初衷。同时，随着新一代信息技术的迅速发展，人类已经进入数字经济时代。数字经济是当前最具创新活力的经济形态，必要的信息收集、积累和数据加工是数字经济发展的关键要素和核心竞争力，但必须坚持促进发展与保护权利相统一，在发展利益和个人利益之间寻找最佳平衡点。如不允许携程公司收集消费者的姓名、手机号码、身份信息等就无法实现具体的服务事项。如允许消费者不提供任何个人信息，仍可使用携程APP要求携程公司提供服务，系对携程公司的过分苛责。平台经营者会因此丧失支撑起经营模式的基础资源，也无法通过合理的数据处理更好地保障消费者利益，如此既不利于数字经济的长远发展，最终也会损害消费者权益。故对胡某某要求增加该APP选项的诉请不予支持。

（资料来源：最高人民法院中国应用法学研究所.全国法院系统优秀案例分析一等奖专辑（二〇二二）（平装）[M].人民法院出版社，2023；https：//mp.weixin.qq.com/s?__biz=MjM5Njc0OTI5MA==&mid=2652048151&idx=1&sn=0497c7bb59a55a2fca82c4c3528c2cb1&chksm=bd0321928a74a884fa815d9cd815470eb4b1b4eb7fdf9a736b3f297c8c48ba4a74a4c6282806&scene=27）

三、携程大数据“杀熟”案的反思

美国加利福尼亚大学圣巴巴拉分校道恩·E·霍尔姆斯教授为了定义大数据（big data），将大数据的主要特征归纳为：数量大、种类多、速度快和准确性等4个方面。

南京大学王崇骏教授认为："数据的本质是行为主体（例如人）在进行各类活动（生活、工作、娱乐）时的行为、偏好等痕迹被业务系统（或互联网、物联网等）记录在各个服务器里。因此，数据本身暗含着行为主体的隐私，所以围绕大数据价值的实现，数据隐私与安全保护是一个不可回避的重要内容。"

随着数字经济的发展，网络平台经营者侵犯消费者财产权益和个人信息权益的现象逐渐增多。2021年8月，《中华人民共和国个人信息保护法》出台后，网络平台经营者发布高溢价信息是否构成欺诈，其对个人信息的处理是否构成侵害消费者个人信息权益，在个案中如何平衡保护个人信息权益和促进数字经济发展，民事责任的承担方式如何与侵权行为相适应，等等，成为当前亟待解决的问题。本案所处理的纠纷正是消费者使用平台APP经常遭遇的问题，为公众高度关注。

中国古代商业道德讲究"市不豫贾""诚实守信"。"市不豫贾"，就是商人不虚高定价以欺骗顾客，买卖要公平；"诚实守信"，就是童叟无欺，讲求信誉。

大数据"杀熟"属于"价格欺诈"，是一种严重侵害消费者权益的行为。互联网平台利用大数据"杀熟"，既不讲营销道德，也违反了法律规定。

在我国，与大数据"杀熟"问题有关的法律、法规和管理办法主要有：《中华人民共和国反垄断法》《中华人民共和国消费者权益保护法》《中华人民共和国个人信息保护法》《国务院反垄断委员会发布关于平台经济领域的反垄断指南》《互联网信息服务算法推荐管理规定》等。

《中华人民共和国反垄断法》（2022年修正）第三章"滥用市场支配地位"中第二十二条："禁止具有市场支配地位的经营者从事下列滥用市场支配地位的行为。"第一款第六项规定："没有正当理由，对条件相同的交易相对人在交易价格等交易条件上实行差别待遇。"

《中华人民共和国消费者权益保护法》（2013年修正）第五十五条规定："经营者提供商品或者服务有欺诈行为的，应当按照消费者的要求增加赔偿其受到的损失，增加赔偿的金额为消费者购买商品的价款或者接受服务的费用的三倍；增加赔偿的金额不足五百元的，为五百元。法律另有规定的，依照其规定。"

《中华人民共和国个人信息保护法》（2021年11月1日起施行）第五条规定：“处理个人信息应当遵循合法、正当、必要和诚信原则，不得通过误导、欺诈、胁迫等方式处理个人信息。”第六条规定：“处理个人信息应当具有明确、合理的目的，并应当与处理目的直接相关，采取对个人权益影响最小的方式。收集个人信息，应当限于实现处理目的的最小范围，不得过度收集个人信息。”

《国务院反垄断委员会发布关于平台经济领域的反垄断指南》（2021年2月7日起实施）第三章“滥用市场支配地位”中的第十七条“差别待遇”条款第一项中：“具有市场支配地位的平台经济领域经营者，可能滥用市场支配地位，无正当理由对交易条件相同的交易相对人实施差别待遇，排除、限制市场竞争。”“基于大数据和算法，根据交易相对人的支付能力、消费偏好、使用习惯等，实行差异性交易价格或者其他交易条件。”

《互联网信息服务算法推荐管理规定》（2022年3月1日起施行）第二十一条规定：“算法推荐服务提供者向消费者销售商品或者提供服务的，应当保护消费者公平交易的权利，不得根据消费者的偏好、交易习惯等特征，利用算法在交易价格等交易条件上实施不合理的差别待遇等违法行为。”

携程公司作为平台经营者未依法以显著标识将自营业务与他营业务予以区分，未依法向消费者披露其所称的平台内经营者信息，对他营业务存在的风险未予告知，同时，对利用其平台发布高溢价房源信息、赚取高额利润的不当行为未尽有效监管，应依法认定构成欺诈。

携程公司作为在携程APP上具有高度支配力的平台经营者，其在追求自身利益最大化的同时应当兼顾广大消费者的合理需求，对其掌握的数据进行合理利用，对平台内经营者在平台发布的相关数据进行有效监管，并制定公平合理的交易规则以约束平台内经营者与交易相对人，此既是互联网平台经营者的权利和义务，亦是其积极履行企业社会责任，提高企业社会认同度的应有之义务。

携程大数据“杀熟”案被称为“国内大数据杀熟第一案”，具有典型性和代表性。本案判决较好地把握了消费者权益及个人信息保护与数字经济发展之间的平衡点，引导平台经营者在使用个人信息时，应恪守合法性、正当性、必要性原则。同时，本案裁判结果导向正确，有利于保障互联网用户知情消费，有利于引导平台经营者诚信经营，有利于互联网平台健康发展，取得了良好的社会效果。

近年来，不少平台被质疑大数据杀熟，而随着各部门对消费者权益保护的重视，相关规定与法律也相继出台。但在现实中，几乎没有一个平台承认存在大数据杀熟行为。比如有平台称，这并不是大数据杀熟，而是针对不同用户所进行的差异化营销。

由于大数据“杀熟”具有隐蔽性，而且消费者很难掌握大数据“杀熟”的实质性证据，因此容易陷入维权困境，国家监管部门也很难查证和处罚。

第十章

外国跨国公司在华营销道德问题与反思

第一节　沃尔玛中国市场商业诚信危机现象及其反思

美国沃尔玛公司（WALMART）（简称“沃尔玛”）由山姆·沃尔顿（Sam Walton）于1962年在美国阿肯色州罗杰斯成立，沃尔玛是世界第一大零售商。2023年，沃尔玛名列《财富》杂志世界500强排行榜第1位。近年来沃尔玛多次荣登《财富》杂志世界500强榜首。

沃尔玛不但对美国零售业的发展做出了巨大贡献，同时也提高了供应商生产水平及其利益相关者的整体利益。Bradford C.Johnson 研究表明，在1987—1999年间，美国普通商品零售生产率增长的50%都要归功于沃尔玛的推动；Qingyi Huang 和 Vincent R.Nijs 等研究发现，生产商成为沃尔玛供应商后其整个市场的利润增加了17.77%。可以说，沃尔玛在美国真正做到了一个企业公民的角色，但其在中国市场的发展却并不尽如人意，先不说与其年销售额1000亿美元的美好期望相距甚远，近年来接连不断的负面事件就让沃尔玛中国有限公司难以招架。

沃尔玛在美国本土的问题主要集中在劳资关系及对本土传统零售企业经营造成的冲击上，并没有出现在中国市场上这种因售卖过期食品、假冒“绿色猪肉”等不讲诚信、不讲企业社会责任的现象而造成商业诚信危机。1996年在中国深圳开设了第一家沃尔玛购物广场和山姆会员商店。沃尔玛进入中国市场后，一定程度上促进了中国零售业的发展，但从整体来说，沃尔玛在中国市场企业社会责任的履行不够理想，逃避甚至践踏企业社会责任的事件时有发生。沃尔玛为何在美国本土和其他国家能够坚持诚信经营，而单单在中国市场发生诚信危机？究竟是什么原因导致沃尔玛中国市场频频出现负面事件，出现这种“南橘北枳”的现象？应该如何去改善这种情况？

诚信的意思是诚实、守信用，它在企业日常经营过程中表现为高度的言行一致，使企业能够获得利益相关者及消费者的认同。商业诚信危机是指由于企业在商业活动中不讲诚信而引起的消费者或利益相关者甚至社会对企业的不信任，随着这种不信任的加剧，可能使企业业绩下滑甚至破产，给企业带来危机。

近年来，沃尔玛屡遭商业诚信危机，一系列的负面新闻使沃尔玛感到有些力不从心，鞭长莫及。通过对期刊文献的检索及网页搜索发现，在沃尔玛刚进入中国的前 10 年间很少有与其相关的负面新闻出现，绝大多数都是对沃尔玛企业文化及管理相关方面的优点进行讨论研究。据不完全统计，沃尔玛 1996 年进入中国以来，截止到 2011 年底，沃尔玛被中国政府处罚及引起社会关注较大的负面事件共发生 52 起，这些负面事件主要集中在 2009—2011 年这 3 年中（34 起）。表 10–1 是沃尔玛进入中国以来各类被政府处罚及引起社会关注产生较大影响的负面事件分类，从表 10–1 中可以看出食品安全问题发生最为频繁。

表 10–1　沃尔玛进入中国以来产生较大影响负面事件（52 起）信息分类（1996—2011 年）

类型	次数(起)	比重 %	主要问题	直接原因分析
食品安全	21	40	其中散装及预包装食品不合格占 28.6%，过期食品占 23.8%，食品来源有问题的情况占 47.6%	1. 过于追求低成本，而故意销售不符合食品安全规定的食品。2. 对供应商审核不严，导致出现三无产品或食品来自“地下工厂”。3. 过于关注销售及利润，从而忽视食品安全问题。4. 对预包装食品保质期管理不够重视
质量问题	16	31	其中服装等非食品商品不合格占 62.5%，食品不合格占 37.5%	1. 服装含有有害物质，与供应商合作时过于注重低价格而忽视产品质量。2. 产品质量不过关，为降低成本以次充好

续表 10-1

类型	次数(起)	比重 %	主要问题	直接原因分析
价格欺诈	9	17	其中价签不符占 77.8%，虚构原价占 22.2%	1. 虚高原价，以吸引更多消费者购买。2. 管理人员对价签不符现象不重视，更改价格后没及时更换标签
虚假广告	2	4	为吸引更多顾客而虚假宣传	为吸引更多顾客而虚假宣传，以提高销售
其他	4	8	行贿、顾客关系及零供关系	没有坚持沃尔玛自身的价值观，“入乡随俗”
合计	52	100	—	—

以上这些负面事件使沃尔玛在中国市场的形象严重受损，一些事件甚至轰动全国，造成了极其恶劣的社会影响，例如，2011 年重庆沃尔玛的“绿色猪肉”事件及 2009 年景德镇沃尔玛员工围殴顾客致死事件。沃尔玛虽然打着“为顾客节省更多”“为顾客创造更好的生活”的口号，但其在实际经营过程中往往并没有真正为顾客着想，往往忽视自己所应该承担的企业社会责任。以上这些被曝光出来的事件其实是因为达到了一定的影响程度，且在日常营业过程中不讲诚信、损害消费者利益的事件时有发生。据沃尔玛中国有限公司内部员工露，每家门店每个月来自顾客的食品安全投诉大概在 3 ~ 5 次左右，在夏季这个数据往往会大于 5，而因价格问题发生的投诉 2 ~ 4 次左右，由此可见沃尔玛中国有限公司在内部管理中存在严重的管理漏洞。

二、沃尔玛中国市场商业诚信危机深层次原因分析

1. 过度追求低成本、高利润，而忽视社会责任

低成本运营是沃尔玛的成功因素之一，但由于中国的交通不如美国发达，沃尔玛的物流配送系统并不能充分发挥降低运营成本的作用，使沃尔玛中国的运营成本居

高不下，自进入中国以来长期处于亏损状态。为了改变长期亏损的局面，在2006年，陈耀昌出任沃尔玛中国总裁后,实行了换将、裁员、推行低价等一系列铁腕改革，经营成本迅速降低，利润随之而来,但接踵而至的则是接二连三的丑闻。

裁员往往是降低成本最直接的方法，以营业面积在7000～10000平方米的沃尔玛门店为例，裁员后员工数量从以前的400人以上降到不足300人,员工人数少了，但工作量及报酬却没有变，这导致内部管理问题慢慢凸显出来，逐渐忽视沃尔玛一直坚持的顾客服务理念。在供应商管理方面同样存在漏洞，由于利润的压力，门店对供应商管理不再严格要求，并开始模仿本土超市向供应商收取“赞助费”,增加了供应商成本,而增加的成本必然会转移到顾客身上。频频出现的负面事件中，有一部分就是供应商的不诚信造成的，如供应商私自涂改生产日期、过期食品返包再销售等。沃尔玛这样只关注自身利益的做法是不讲社会责任的，一个负有社会责任的企业应同时关注所有合适的利益相关者的合法利益而不仅仅是企业股东的利益。

2.本土化过于激进，对沃尔玛传统文化产生冲击

沃尔玛自1996年进入中国市场，在华发展处处受阻，曾一度处于被动地位，落后于其全球竞争对手家乐福，这种情况使沃尔玛认识到本土化的重要性。出现这种现象的主要原因是沃尔玛在中国市场过于坚持自己的经营理念，灵活性不够而导致其在中国市场的效率低下。为了改变这种局面，沃尔玛进行了大刀阔斧的本土化改革，改变了以往发展缓慢的局面，并在2008年首次实现了盈利。但是从另一方面来看，沃尔玛所进行的改革过于激进，除了快速开店和并购外，还有企业价值文化的崩溃及大量的管理漏洞等问题在日常的经营管理过程中慢慢凸显出来。

本土化是一把“双刃剑”，它的弊端是客观存在的、难以避免的，本土化不仅是商业策略，还包括与人沟通、与社会环境相融合等方面。在本土化过程中，沃尔玛企业文化遭受了严重的打击，特别是在快速开店及“空降”管理层的影响下，沃尔玛门店从管理层到员工对于沃尔玛原有的企业文化的认同度逐渐降低。一些未经过沃尔玛文化熏陶的员工，他们存在一定的折现心理，只顾现实利润而没有用心去保护品牌形象。沃尔玛管理层把日常工作重点从企业文化建设转向了销售数据，因此，一些原有的企业文化元素被“本土化”的“潜规则”所代替。在中国市场这种大环境下，沃尔玛也难免“入乡随俗”，渐渐迷失在了利润的沼泽中。

本土化改革后，沃尔玛将许多权力下放到区域甚至门店，特别是2010年3月，沃尔玛启用大区建制，采购权全部下放，这些改革对沃尔玛的营运管理及企业文化产生了不可估量的影响。由于权力下放加上总部对利润的要求，一些门店慢慢偏离了原

有的企业文化价值观，整个公司把注意力集中在利润上而不是顾客上。总部不能很好地控制区域，同时区域在利润压力下对门店的一些行为视而不见，造成内部管理失控，重庆地区 13 家门店发生的“绿色猪肉”事件就说明沃尔玛内部系统出现了问题。

3. 监管缺失、违法成本低，“激发”企业“贪婪天性”

追求利润是企业的天性，不论是中国企业还是外国企业，其进入市场的根本目的都是为了谋利，这也决定了企业必然会选择自身利益最大化的策略。沃尔玛在市场经济制度高度发达的美国发展壮大，能严格遵守美国的各项规章制度；而中国经过 30 多年的改革开放，才初步形成市场经济的框架，各项制度不尽完善，相关的政府部门监管执行不力，法制不健全。这种宽松的执法环境降低了沃尔玛的违法成本，追逐利益的冲动使其铤而走险，以次充好、以假乱真，频频出现商业欺诈行为。2011 年，轰动全国的重庆沃尔玛假冒“绿色猪肉”事件曝光后，当地工商部门最后的处理结果是罚款 269 万元，停业整顿 15 天。这已经是沃尔玛在中国收到的最大罚单，但是这所谓的最大罚单对于重庆沃尔玛 10 家分店来说只是一天的销售额，类似的事情若发生在西方发达国家，其后果将是不可想象的严重，甚至导致公司倒闭。正是因为我国法律法规不健全，违法成本过低，才使沃尔玛敢不顾消费者利益使用双重标准。到了 2011 年，中国加入 WTO 已有 10 年，如果法律武器继续缺失，违法成本低，跨国企业就会实行双重标准，不重视中国消费者的权益，中国消费者还将继续蒙受歧视待遇。

4. 中国消费者成熟度不够，消费者维权成本高

沃尔玛顶着诸多光环进入中国零售市场，一直被看作是优质产品的供应者，先进管理方法的引领者。这种高品质象征使得社会各界把沃尔玛想象得比较完美，对沃尔玛有一种盲目的崇拜和莫名的信任。对于接二连三发生的欺诈事件，消费者不以为然，认为这是中国零售市场的普遍现象。同时，中国消费者维权成本过高、维权成本与收益不成比例，使很多消费者最终放弃维权，这种现象更是对商业欺诈行为的纵容。据中国新闻网 2009 年的网上调查问卷显示，在当消费者合法权益受到侵害时“会选择何种方式维权”问题上，有 63.817% 的受调者选择“默默忍受”，而近七成消费者认为维权成本太高。沃尔玛在国外遵纪守法，到了中国却频频侵害消费者利益，就是因为中国消费者对侵权行为选择默默忍受，从而助长了其在中国市场如此“放肆”的局面。

三、对沃尔玛中国市场诚信危机事件的反思

沃尔玛应当以一个学习典范的角色出现在消费者面前，它所引领的商业模式，已是中国大型零售商的共同选择，而其企业文化及企业社会责任意识均有许多值得我们学习的地方。沃尔玛亚洲总裁兼 CEO 贝思哲曾表示："合规守法、诚信经营始终是沃尔玛企业文化的核心，也是沃尔玛在世界各地成功的基石。"沃尔玛在中国市场希望成为一个地道的企业公民，同时也进行了一系列的企业社会责任活动，其企业社会责任计划重点体现在环境可持续发展、回馈社区、妇女经济自立、营养与健康、支持教育及救助灾区 6 个方面，但在日常经营过程中却表现得不尽如人意，商业欺诈现象接连不断。沃尔玛之所以在中国市场出现如此严重的商业诚信危机，最主要是因为其企业文化在实践中有所偏离，门店管理层不注重企业文化的建设。另一方面，管理沟通上也存在问题，沃尔玛在中国市场权力下放后，大区与中国总部、中国总部与美国总部出现了沟通障碍，特别是在利润压力下，这种障碍显得更加突出。

制度与文化在组织中是不可分割的，缺一不可，制度是文化的沉淀，文化是制度的精华。沃尔玛在中国市场屡屡违规，出现诚信危机，需要反思的不仅仅是制度问题，更主要的是文化的改变。对一个企业而言，首先要做的是选择一种符合公司发展及其价值观的一种文化，然后才是制定怎么样的制度对文化进行表现和加强。通过制度完善可以有效改善沃尔玛现在所面临的状况，但制度并不能解决制度本身所带来的问题，这时就需要文化，如果没有文化的原则坚持，再好的制度也会让员工有漏洞可钻。沃尔玛前中国区总裁兼 CEO 陈耀昌在沃尔玛本土化改革中所主导的分权改革在一定程度上破坏了沃尔玛一贯的价值体系，与沃尔玛传统的文化价值观相违背。因此，沃尔玛在中国市场亟待改善的是其近几年以"降低成本、提升业绩为主"的核心价值观。

同时，中国市场的市场机制、人文及文化环境在一定程度上也促使了沃尔玛在中国市场发生转变。中国并不缺少诚信的文化元素，"仁、义、礼、智、信"是中华民族的传统美德，但在市场经济初期的今天，中国商业社会却随处可见欺诈，企业诚信问题层出不穷。沃尔玛进入中国后，其员工、供应商、竞争者、顾客及绝大部分管理者均是中国本土人士，而这些土生土长的个人或组织在道德与利益面前难免有一些人会倾向于利益，特别是在中国目前这种监管不力、执法不严、违法成本低的情况下更是毫无顾忌。

面对频频出现的商业诚信危机，沃尔玛显得分身乏术，为了更好地应对在中国市

场的种种碰壁，沃尔玛采取了一系列措施。在内部管理方面，沃尔玛中国于2011年12月15日正式宣布设立合规管理部门，该部门主要负责食品安全、消费者权益保护、营运安全等方面事务，担负起公司内部第三方监督的作用，以保证公司日常运营全面符合政府部门的相关法律法规以及沃尔玛公司的标准；在维护消费者权益方面，沃尔玛将在全国范围内深入推行“顾客下午茶”活动，加强门店负责人与顾客面对面的沟通。沃尔玛虽然采取了一系列的措施希望改变现状，但这些措施能否真正改善沃尔玛在中国市场的境况，还有待时间检验。

四、对策与建议

沃尔玛在中国市场频频出现不讲商业诚信、欺诈消费者的事件，要想改变这种现象，需要从政策法律、社会、企业自身3方面入手。

1.政策法律方面

市场机制不成熟，法律体制不健全，执法力度不够强，是造成目前中国企业诚信危机接连不断发生的主要外因，要形成良好的商业氛围，法制和制度建设是必经之路。只有用严厉的法律法规扼制非法获利的源头，提高违法成本才能遏制这种接二连三的侵权事件。提高侵权成本的同时还要降低维权成本，在维权过程中，消费者面临取证难、投诉难、查处难、诉讼难、赔偿难等诸多问题，有多高的维权成本就有多少人选择沉默。Po Keung Ip（2009）指出，在文化多样性的中国构建一个可行的、合理的商业道德氛围是一项艰巨的任务，需要建立一个有效的后台机制（运作良好的市场、自由的新闻媒体、教育、有效的法律和执法）以及一个适当的激励系统作为社会伦理的补充。

2.社会方面

社会监督是法律法规的重要补充，主要包括舆论监督、行业协会监督、消费者监督等3个方面，全社会需要形成“讲诚信、讲责任、讲良心”的商业氛围。舆论方面，加大对不讲诚信事件的曝光度，让这些欺诈行为无所遁形。行业监管方面，成立行业协会或商会，制定行业标准，规范生产经营流程，并监督组织内企业严格执行。消费者方面，树立正确的消费观念，增强维权意识，一方面，消费者需要做到理性购买，同时对于洋品牌不要盲目地崇拜；另一方面，当消费者权益受到侵害时，要积极地拿起法律的武器来维护自己的合法权益，使不诚实的行为受到法律的惩罚。

3. 企业自身方面

良好的商业氛围及政策法规只是起到监督、约束作用，最后的结果还需要落实到企业自身的主动性上。对于沃尔玛而言，要改变这种现状，需要从以下 3 方面着手。

（1）注重企业文化建设

企业文化是企业成长发展的基石，是一个企业由其价值观、信念、处事方式等组成的其特有的文化形象，更是企业经过长久发展所创造的具有该企业特色的精神财富。沃尔玛的企业文化一直被众多管理学者及企业家所追捧，在中国市场本土化过程中不应该改变其核心价值观，而应该发扬其自身优点，并以其理念与价值观为导向，制定适合中国市场的管理制度，严格执行沃尔玛总公司的生产标准。应加大企业文化的宣传及培训力度，让诚信及服务文化深入每一个员工的心中，在顾客心中重新树立起诚实守信的企业形象，促进沃尔玛在中国的发展。

（2）处理好本土化进程中的各种矛盾

本土化问题的核心是如何决定本土化的程度，零售企业的本土化归根结底是为了满足当地消费者的需求，从而占领东道国的消费市场。沃尔玛要想真正融入中国市场就必须进行本土化，只有处理好了本土化中出现的矛盾，才能获得成功。一是管理团队本土化与企业文化之间的矛盾。“空降”管理人员及新员工对公司的企业文化及价值观不一定认同，需要加强对新员工的企业文化培训。二是经营理念与社会环境之间的矛盾。在中国目前的市场大环境下，中国本土的经营理念在竞争中可能具有一定优势，但在全球化背景下这种优势只是暂时的，沃尔玛应坚持自己的经营理念。

（3）全球统一标准，加强企业内部管理

在全球化的浪潮中，统一标准将是未来的趋势，沃尔玛在中国市场与发达国家市场实行双重标准是不明智的，当中国消费者对其失去信心时，将是沃尔玛的噩梦。所以，要想在中国零售市场获得一席之地，沃尔玛必须全球统一标准，坚持诚信经营。同时，沃尔玛应加强企业内部的管理，不但要注重结果，更应该注重过程的合规性。在内部管理中，首先，应该注重对人员的管理，因为无论是顾客服务还是卖场标准，都必须通过人来完成，这就需要有足够的培训，使员工认同公司文化，愿意去维护企业的品牌形象。另一方面，要加强各级间的管理沟通，确保信息能够被真实、准确地传达，避免出现管理沟通障碍。

第二节　奔驰公司价格垄断案及其反思

一、奔驰公司价格垄断案

德国梅赛德斯–奔驰集团股份公司（Mercedes–Benz Group AG）（简称“奔驰公司”）是世界上最成功的汽车公司之一，也是全球领先的高端乘用车和高档面包车供应商之一。近年来奔驰公司一直位居《财富》杂志世界500强前列。2023年，奔驰公司名列《财富》杂志世界500强排行榜第47位。

2001年1月18日，梅赛德斯–奔驰（中国）投资有限公司在北京成立。2005年8月8日，北京奔驰汽车有限公司（简称“北京奔驰”）成立。北京奔驰是北京汽车股份有限公司与梅赛德斯–奔驰集团股份公司、梅赛德斯–奔驰（中国）投资有限公司共同投资，集研发、发动机与整车生产、销售和售后服务于一体的中德合资企业。

2015年4月23日，江苏省物价局对奔驰汽车垄断案依法作出行政处罚，对奔驰公司罚款3.5亿元，对部分奔驰经销商罚款786.9万元。

经查，奔驰公司与江苏省内经销商达成并实施了限定E级、S级整车及部分配件最低转售价格的垄断协议，违反了《中华人民共和国反垄断法》的有关规定，排除、限制了相关市场竞争，损害了消费者利益。

附：江苏省物价局对奔驰公司行政处罚决定书

江苏省物价局行政处罚决定书 〔2014〕苏价反垄断案2号
当事人：北京梅赛德斯–奔驰销售服务有限公司，住所：（略）
当事人：梅赛德斯–奔驰（中国）汽车销售有限公司，住所：（略） 当事人：北京奔驰汽车有限公司，住所：（略） 根据《中华人民共和国反垄断法》（以下简称《反垄断法》），经国家发展改革委授权，本机关从2014年7月22日起，对当事人达成并实施限定向第三人转售商品最低价格的垄断协议行为进行了调查。经查，当事人主要违法事实如下：

续表

江苏省物价局行政处罚决定书

〔2014〕苏价反垄断案2号

一、达成限定江苏省内经销商奔驰E级、S级整车最低转售价格的垄断协议

2013年1月至2014年7月，当事人工作人员通过电话、口头通知或者召开经销商会议的形式，对江苏省不同区域内E级、S级整车的最低转售价格进行限定。

1. 通过电话或口头通知形式限定E级、S级整车最低转售价格

（1）南京地区：当事人销售区域经理×××自2014年初至7月底期间，通过电话形式向南京地区4家经销商，不定期地传达奔驰E级车和S级车的限价要求。其中，2014年2月18日、19日，×××分别电话通知：2013款国产奔驰E级车的优惠幅度不得超过零售指导价的12%；2014款国产奔驰E级车不得超过9%；其余E级车不得超过10%；S级车开票价不得低于零售指导价。

（2）无锡地区：2013年底，当事人销售区域经理××多次通过电话向无锡地区经销商传达E级、S级车的限价要求。2014年2月16日，当事人销售区域经理××电话通知无锡地区经销商，传达奔驰车的限价政策。具体包括：2013款国产奔驰E级车的优惠幅度不得超过零售指导价的12%；2014款国产奔驰E级车不得超过9%；其余E级车不得超过10%；S级车不允许打折等内容。同日，无锡××公司销售经理发出内部邮件，传达了××对部分车型的限价要求。2014年7月4日，××向无锡地区经销商传达了S级、2015款E级车的限价政策，具体包括：2015款E级车优惠幅度为2014款E级车优惠幅度减去两款车型的感知价差点数，S级可以有约1万元的现金优惠。

（3）常州地区：2013年底至2014年初，当事人销售区域经理××多次以口头或电话等方式向常州地区经销商传达奔驰车的限价要求。具体包括：2013款国产奔驰E级车的优惠幅度不得超过零售指导价的12%；2014款国产奔驰E级车不得超过9%；S级车不允许打折等内容。

（4）苏州地区：2013年10月、2014年2月，当事人销售区域经理×××向苏州地区经销商传达奔驰车的限价要求，具体包括：2013款国产奔驰E级车的优惠幅度不得超过零售指导价的12%；2014款国产奔驰E级车不得超过9%；其余E级车不得超过10%；S级车不得让价等内容。

（5）江苏省其他地区：2013年底至2014年上半年，当事人销售区域经理××多次通过电话或口头通知等方式，向南通、盐城地区经销商传达2013款E级车优惠不超过12%、2014款E级车不超过9%、S级车不打折的限价政策。2014年2月10日前后，当事人销售区域经理××通过电话向扬州、徐州、镇江、连云港等地经销商传达了E级、S级车最低限价要求。2014年4月，当事人销售区域经理×××向淮安、泰州地区经销商，传达E级车优惠幅度不得超过零售指导价的11%、S级不得让价等政策。

2. 通过召开经销商会议限定E级、S级整车最低转售价格

（1）南京地区：2014年4月17日、5月9日，当事人销售区域经理×××分别组织召开南京地区经销商会议，南京地区全部4家经销商的总经理及相关人员参加会议。会上，×××

续表

<table>
<tr><th>江苏省物价局行政处罚决定书
〔2014〕苏价反垄断案 2 号</th></tr>
<tr><td>要求各经销商要保证车展期间价格稳定，明确各级别整车开票价格，执行奔驰 E 级、S 级等车型现有的限价政策。
（2）无锡地区：2014 年 2 月，当事人销售区域经理 ×× 组织无锡地区 6 家经销商，在无锡 ×× 公司召开会议，对 E 级、S 级车进行限价。2014 年 3 月 5 日，当事人华东地区管理办公室（以下简称东区）销售高级经理 ×××、区域经理 ××、×× 在无锡 ×× 公司，组织召开无锡地区经销商 3 月份销售会议，对 3 月 8 日车展相关车型进行限价，包括：S 级车不打折；E 级车分别优惠 9%、10%、12% 等内容。会后，×× 将会议限价内容以邮件形式发给了各经销商相关人员。2014 年 4 月 22 日，×× 在无锡 ×× 公司，组织无锡市区 4 家经销商会议，传达了对各经销商车展期间的限价要求，主要包括：新上市车型不打折；黑色 S 级车无现金折让；E 级车维持现有限价要求等内容。
（3）常州地区：2013 年 11 月 14 日，当事人销售区域经理 ×× 在常州 ×× 公司，组织召开常州地区 3 家经销商会议。会上，×× 要求对车展重点车型进行限价，主要包括：所有 E 级车统一优惠 10%，坚决不得超过 12% 等内容。会后，×× 将会议内容以邮件形式发给了各经销商相关人员。2014 年 2 月 12 日，×× 组织常州地区 3 家经销商，在常州 ×× 公司召开会议。会上，×× 重申了限价政策，具体包括：2013 款国产奔驰 E 级车的优惠幅度不得超过零售指导价的 12%；2014 款国产奔驰 E 级车不得超过 9%；S 级车不允许打折等内容。2014 年 4 月 11 日下午，当事人东区负责人 ×× 在溧阳市 ×× 酒店召开各经销商总经理会议。会上，×× 要求各经销商其他人员及酒店服务人员离场，参会人员上交手机，口头强调了各经销商要严格执行对奔驰 E 级、S 级车的限价要求，S 级车不允许低于零售指导价销售，如果有违反将对经销商责任人员进行劝退处罚。
（4）苏州地区：2013 年 1 月 7 日，当事人销售高级经理 ××× 在苏州 ×× 公司 ×× 店召开苏州地区 7 家经销商会议，会上 ××× 提出了奔驰各重点车型的限价规定。会后，当事人工作人员 ×× 分别于 1 月 7 日、1 月 9 日，将价格明细表、会议纪要等以邮件形式发给了经销商相关人员。2014 年 2 月 26 日，××× 组织苏州市区 4 家经销商召开会议。会上，××× 要求经销商在车展期间对 S 级、E 级等车型执行限价政策。2 月 27 日，××× 将会议内容以邮件形式发给了各经销商相关人员。
二、达成限定江苏省内经销商配件最低转售价格的垄断协议
自 2010 年起，当事人就对江苏省内经销商转售奔驰汽车相关配件的最低价格进行限定。当事人根据事故车（保险公司理赔）、停产车型（保修期外）、在产车型（保修期内）等不同情况，分别实行不得低于 7 折、8 折、9 折的限价政策（以下简称“7、8、9”折扣原则）。
2010 年 11 月 15 日，当事人售后区域经理 ×× 在苏州 ×× 公司，组织召开苏州经销商售后负责人会议。会议形成了包含“7、8、9”折扣原则等内容的苏州地区售后服务价格协议，该协议自 2011 年 1 月 1 日起执行。</td></tr>
</table>

续表

江苏省物价局行政处罚决定书 〔2014〕苏价反垄断案 2 号
2012 年 5 月 22 日，当事人售后区域经理 ×× 在南京 ×× 公司，组织召开江苏部分经销商售后经理培训会议，当事人售后区域经理 ××、××、××× 等人员参会。会上，苏州 ×× 公司应 ×× 要求介绍了苏州“7、8、9”折扣协议。5 月 25 日，××× 将会议内容以邮件的形式发给各经销商相关人员，并要求各经销商参照执行。 2014 年 1 月 7 日，当事人东区售后高级经理 ×××、区域经理 ××、××、×× 在无锡 ×× 公司，组织召开无锡地区 7 家经销商售后经理会议。会议参照苏州售后服务价格协议，制定了无锡地区统一售后服务价格协议，主要包括对配件销售价格实行“7、8、9”折扣原则等内容。会后，×× 将会议记录以邮件形式发给各经销商相关人员。 2014 年 1 月 8 日，当事人售后区域经理 ××、××、×× 在南京 ×× 公司，组织召开南京地区 4 家经销商售后沟通会。会议参照苏州售后服务价格协议，制定了南京地区售后服务价格协议，主要包括对配件销售价格实行“7、8、9”折扣原则等内容。会后，×× 将相关会议记录以邮件形式发给各经销商相关人员。 2014 年 6 月 6 日，当事人售后区域经理 ×× 在无锡 ×× 公司，组织召开无锡地区 7 家经销商会议，重申了事故车维修价格折扣，规定了对客户赠送金额不得超过定损金额的 3%，明确要求无锡地区经销商向客户赠送的维修基金不适用星徽保养套餐。 2014 年 6 月 15 日，当事人售后区域经理 ××× 在南京 ×× 公司，组织南京地区 4 家经销商售后经理召开会议，对星徽保养套餐统一了宣传口径，“告知星徽保养套餐价格是厂家全国性的统一降价行为，不可以在此基础上再享受协议折扣”，对星徽保养套餐未覆盖车型配件按照“7、8、9”折扣原则执行。会后，××× 将会议记录以邮件形式发给了各经销商相关人员。 **三、实施限定江苏省内经销商 E 级、S 级整车和配件最低转售价格的垄断协议** 主要包括：①要求经销商每周将 E 级、S 级车辆销售发票上传销售激励管理系统（SIMS 系统），组织专门人员对上传的发票进行检查，超出限价要求的，经销商必须说明原因。②跟踪经销商销售流程，对低价销售的经销商，加大考核力度和频率，对经销商施加压力。③对违反限价政策的经销商，减少政策支持力度，如停止热销车型供货、停止批准新店项目。④对经销商相关责任人员进行约谈，对情节严重者，要求经销商将其辞退出奔驰经销系统。 2014 年 2 月 15 日，当事人销售区域经理 ×× 在向无锡经销商传达限价政策的同时，要求经销商开展自查并上报自查结果。2 月 18 日，无锡 ×× 公司将低于限价销售的情况向 ×× 发邮件予以说明。2014 年 3 月 12 日，当事人销售区域经理 ××× 通知南京 ×× 公司总经理和销售经理到当事人东区上海办公室接受约谈，对其 2 月 14 日的一起低价销售行为进行解释。3 月 13 日在约谈期间，当事人东区负责人 ×× 口头警告南京 ×× 公司人员不得再次低于限价开票，否则直接劝退离开奔驰系统。 根据本机关对江苏省内 33 家经销商的调查，江苏经销商执行了当事人对 E 级、S 级整车和配件的最低转售价格要求。

续表

江苏省物价局行政处罚决定书

〔2014〕苏价反垄断案2号

另查明，当事人上一年度相关市场销售额为5000859866元。

上述事实有各经销商情况说明、整车销售明细、合同、发票、售后保养维修明细、结算单、邮件、经销商相关人员询问笔录、当事人相关人员询问笔录、财务数据等证据材料为证。

本机关认为，当事人与江苏省内经销商分别处于奔驰汽车及相关配件销售链条的不同环节，二者各自具有独立的地位，属于上游和下游的关系。当事人凭借自身优势地位及严格的管理措施，对经销商实施的整车、配件最低转售价格的限定，具有强大的约束力。这种价格控制，剥夺、干预了下游经销商的自主定价权，排除、限制了奔驰经销商间的价格竞争，弱化了价格信号对资源配置的引导作用，损害了消费者的利益。

当事人达成并实施限定经销商转售商品最低价格的垄断协议行为，破坏了奔驰整车和售后服务市场的正常竞争秩序，违反了《反垄断法》第十四条第二项的规定，属于达成并实施"限定向第三人转售商品的最低价格"垄断协议的违法行为，并且当事人未能证明上述行为符合《反垄断法》第十五条规定的豁免情形，依法应当予以处罚。

《反垄断法》第四十六条规定，对经营者达成并实施垄断协议的，由反垄断执法机构责令停止违法行为，处上一年度销售额1%以上10%以下的罚款。依据《反垄断法》第四十六条、第四十九条规定，本机关决定处罚如下：

（1）责令当事人立即停止限定经销商向第三人转售商品的最低价格的违法行为；

（2）对当事人处以上一年度相关市场销售额5000859860元7%的罚款350060190.62元。

当事人自收到本处罚决定书之日起15日内，携带本决定书，将罚款通过×××解缴入库。到期不缴纳罚款的，本机关将每日按罚款数额的3%加处罚款，并申请人民法院强制执行。
当事人如对本行政处罚决定不服，可以自收到本处罚决定书之日起60日内向国家发展和改革委员会或者江苏省人民政府申请行政复议，或者自收到本处罚决定书之日起3个月内，依法直接向南京市中级人民法院起诉。复议、诉讼期间不停止本处罚决定的执行。

江苏省物价局

2015年5月20日

二、对奔驰公司价格垄断案的反思

放眼全球，反垄断是国际惯例，有利于保护市场公平竞争和创新，维护消费者权益。

从2014年开始，汽车行业就成了我国反垄断的重点目标，不少企业闻风而动，先后下调了零部件价格和售后保养价格。这次被罚的奔驰公司，此前就已经3次下调了零配件价格，降幅达到了 25%。

对终端销售价格的绝对控制，这是大部分进口车企的一贯做法。因此你无论去哪家 4S 店买车，最终的成交价格都差不了多少。为了加强对经销商的把控，不少厂商甚至派出了秘密调查员，一旦经销商私自降价，就有可能受到处罚。然而，厂商所谓的限制不恰当竞争，恰恰正是一种纵向垄断行为。

与此同时，同一品牌经销商之间，往往还存在着横向垄断（即若干经销商达成价格同盟）行为。这些经销商往往会定期开会，对于某些车型、配件甚至是工时费，都会协商一个最低的价格折扣。这种暗地的默契，完全扭曲了正常的市场竞争，损害了消费者的利益。

奔驰公司通过电话、口头通知或召开经销商会议的形式，达成并实施了限定整车及部分配件最低转售价格的垄断协议，这显然违反了《中华人民共和国反垄断法》，排除、限制了相关市场竞争，损害了消费者利益。

在奔驰公司价格垄断案中，奔驰公司对其经销商的奔驰汽车最低销售价格进行限定，这是一种纵向垄断，它导致经销商之间缺乏价格竞争，即排除、限制了竞争，因而为《中华人民共和国反垄断法》所不容。显然，纵向垄断不仅干涉了奔驰经销商的经营自主权，而且损害了江苏省相关区域内奔驰汽车消费者的权益，使人们无法获得更便宜的奔驰汽车。

《中华人民共和国反垄断法》（2007 年）第一条规定："为了预防和制止垄断行为，保护市场公平竞争，提高经济运行效率，维护消费者利益和社会公共利益，促进社会主义市场经济健康发展，制定本法。"第二条规定："中华人民共和国境内经济活动中的垄断行为，适用本法；"第三条规定："本法规定的垄断行为包括：（一）经营者达成垄断协议；（二）经营者滥用市场支配地位；（三）具有或者可能具有排除、限制竞争效果的经营者集中。"第十三条规定："本法所称垄断协议，是指排除、限制竞争的协议、决定或者其他协同行为。"第十四条规定："禁止经营者与交易相对人达成下列垄断协议：（一）固定向第三人转售商品的价格；（二）限定向第三人转售商品的最低价格；（三）国务院反垄断执法机构认定的其他垄断协议。"

在奔驰公司价格垄断案中，当事人奔驰公司违反了《中华人民共和国反垄断法》第十四条第二项的规定"限定向第三人转售商品的最低价格"，因此受到了江苏省物价局的 3.5 亿元行政处罚，成为汽车行业反垄断最大罚单。奔驰公司表示，完全尊重、诚恳接受处罚，并将立即遵照执行。

法律面前，人人平等。国家发展改革委价格监督检查与反垄断局相关负责人表示，中国的反垄断执法工作公正透明，没有针对任何市场主体，始终都是从垄断行为出发，从来没有因为实施垄断行为的主体性质不同、国别不同而有所区别。

汽车行业资深专家贾新光表示，我国进行的汽车行业反垄断不仅仅是针对价格，更是针对全行业的竞争规则，这仍然需要更深层次、更常态化的调查执法，不是罚个款就了事。

诚信经营是公司抢占市场的法宝。搞歪门邪道也许一时能得逞，但绝对走不远，也难长久。坑蒙拐骗只能是一锤子买卖，而且还会给自己带来不必要的麻烦。只有坚守诚信，并提供优质服务才能赢得广大消费者的青睐，从而扩大市场份额，做大做强。俗话说，金杯银杯不如老百姓口碑，金奖银奖不如老百姓夸奖。真正把顾客当作上帝，才是公司唯一的经营之道。

第三节　家乐福在华离经叛道及其反思

一、家乐福在华离经叛道

法国家乐福集团公司（CARREFOUR）（简称“家乐福”）于1959年在法国阿纳西创立，家乐福是世界第二大零售商。2023年,家乐福名列《财富》杂志世界500强排行榜第125位。

在20世纪90年代我国零售业未完全开放的背景下，家乐福敢冒天下之大不韪，采取了一些非常规手段，甚至是违反中国政府关于零售业对外开放的政策法规，跑马圈地，终于招致我国政府的整顿。

“向上游供应商要利益”，已经成为讨价还价能力极强的家乐福的一个杀手锏，不但收取相当高的“进场费”等各种名目的服务费用，还千方百计压低供货商的产品进价，使家乐福一时间成为众矢之的。

家乐福在中国的成功和它的合法性都遭到了质疑。

1.违规开店

从1992年中国零售市场开始对外开放直到2001年中国加入WTO以前，中国政府规定外资零售企业进入中国市场的唯一法定形式为合资，且外资零售企业的设立必须经过国务院批准。在1999年6月国务院批准发布的《外商投资商业企业试点办法》

明确中外合资零售企业中，外方持股比例的上限为65%。但是，家乐福一直在中国政府政策框架内打“擦边球”，采取了许多变通的方法，违规进入中国市场。

1995年12月25日，在北京北三环边上，中国第一家真正意义上的巨型商场（hypermarket）——家乐福创益佳商城开业。在那个我国百姓购物还主要集中在小卖部、杂货店、批发市场、百货商店的时代，这家拥有上万种产品，整齐划一的商品陈列，一字排开的收银台，可以自选货物卖场的出现，给我国百姓带来了非同一般的震撼。

1995年，家乐福和中资的中创商业公司在中国北京注册了合资的“家创商业管理公司”。在当时，合资的商业管理公司是允许的，但是按照有关规定，商业管理公司只能做咨询管理，不能从事投资活动。所以，中创公司有注册了一家“创益佳商城”，它可以不受国家有关政策的限制而进行商业经营活动，然后，这家“创益佳商城”把一切业务全部托管给了合资的“家创商业管理公司”。家乐福作为“家创商业管理公司”的大股东，法国家乐福很快就介入并控制了“创益佳商城”在北京国际展览中心的超市连锁经营业务，并打上了“家乐福”的招牌，靠着这种变通的方式，家乐福自己的连锁店拥有了绝对的控制权。

家乐福之所以这样运作，是因为在20世纪90年代我国对外资零售业进入我国市场的审批手续非常严格，但是有的外资零售业企业通过其他手段进入市场。在当时，合资的商业管理公司是允许的，按照有关规定，商业管理公司只能做咨询管理，而不能投资。也就是说，家乐福只能做商业管理的输出，而不能真正注资连锁企业的经营业务，创益佳商城则可不受任何政策限制地进行商业经营活动。通过商城业务的托管，家乐福顺理成章地介入企业经营，进入了中国的零售业市场。

严格来说，家乐福在开设创益佳店时还是非常谨慎的，对于如何巧妙地绕开政策，有相当严密的考虑。最终，家乐福找到了严格政策的“背面”，在中国商业最高监管机关的眼皮底下开始了“苔藓战略”。

家乐福还为自己的发展找到强有力的后盾——地方政府，家乐福通过我国地方政府“越权审批”开独资店。家乐福中国高层在飞机上度过了一个又一个工作日，出现在诸多城市招商引资大会上。世界500强的耀眼光环和招商引资带来的税收与就业实惠，是家乐福给地方政府天平上加上的最重砝码。家乐福所承诺的每家超市提供500个工作机会，以及高额税收，对这些地方政府而言，无不都是巨大的诱惑。

树大招风。所向披靡的家乐福让中国零售业真正见识了“狼”的厉害。然而，跟随者的步伐将家乐福的“苔藓战略”暴露在光天化日之下。

1999年底，近300家疯狂涌入的外资零售店引起监管层空前重视。经过一番酝酿，2000 年 11 月和 2001 年 8 月，原国家经贸委 2 次联合相关部门，连发 2 道禁令，正式宣布对违规外资零售企业进行整改。整改令措辞严厉，277 家违规企业名单随文件下发。家乐福在中国所有开业商店全部上榜，位列整改榜第一名。

不过，家乐福的违规行为远不止于此。它还违反了当时中国实行的《外商投资商业企业试点办法》（1999 年）第六条第四项规定："采取 3 家以上分店连锁方式经营的合营商业企业（便民店、专业店和专卖店除外），中国合营者出资比例应达到 51% 以上；其中对合营商业企业本身经营情况较好，外国合营者已从国内大量采购产品，并能借助外国合营者的国际营销网络，进一步扩大国内产品出口的合营连锁商业企业，经国务院批准后，可允许外国合营者控股；开设 3 家以下分店（包括 3 家）的合营商业企业和连锁方式经营的便民店、专业店、专卖店，中国合营者出资比例应不低于 35%；从事批发业务（包括零售企业兼营批发业务）的合营商业企业，中国合营者出资比例应达到 51% 以上。"但是，当时家乐福在华的 27 家连锁店都是独资经营，违规当属无疑。

家乐福在中国的扩张由此戛然而止，不得不进行整顿。在向中央级监管部门递交的整改文件中，家乐福表示愿意接受 65 ∶ 35 的股权改革，将其在华 27 家商店的 35% 股权出让给中方企业，以符合《外商投资商业企业试点办法》中的规定。

家乐福忍痛出卖股权套现换取生存，并借此到各地考察市场兼开新店。家乐福此举明显有违公平原则。一是"洋枪对土炮"。众所周知，家乐福在资金、管理、品牌等方面相对于国内企业都占据绝对优势，毫无限制地进入，国内企业就处在了必输无疑的境地。二是对外资企业同样不公平。沃尔玛始终不能进入北京市场，就是因为一直在按规矩办事，而"绕道"策略恰恰造成了机会的不均等。

2. 违规扩张

家乐福作为世界排名第二的零售企业，直到 2000 年底，家乐福已在中国开了 27 家分店，但从未正式向中国政府提交申请。特别是 1999 年 6 月国务院批准发布了《外商投资商业企业试点办法》之后，依然没有申请，这显然违反了规定。

家乐福违规扩张严重影响了我国零售市场的公平竞争。首先，在我国零售业尚未掌握现代零售技术之前，家乐福凭借资金、管理、品牌等方面的绝对优势，毫无限制地进入，国内企业就只有落入惨败境地；其次，对外资企业同样也不公平，由于一直在按规矩办事，沃尔玛始终未能大规模进入中国市场。

违规快速扩张者跳过了市场竞争、淘汰、消费者选择的过程，顺利地借助不合理的方法获得了强势的市场地位。

3. 盘剥供货商

赢利模式是现代零售企业发展的一个重要保障，不适当的赢利模式将不利于企业的可持续发展。

沃尔玛的赢利模式与家乐福的赢利模式完全不同。

沃尔玛的赢利模式在于采用高新技术搞好物流配送，严格控制采购成本和物流成本来实现赢利，而且注重与供应商发展良好的合作关系（例如与宝洁的关系），以降低供应商的运营成本；家乐福的赢利模式在于向供应商收取高额进场费。

家乐福向供应商收取的部分进场费明细，如表 10–2 所示。

表 10–2　家乐福向供应商收取的部分进场费

进场费明细	金额
1. 法国节日店庆费	每年 10 万元
2. 中国节庆费	每年 30 万元
3. 新店开张费	1 万 ~2 万元
4. 老店翻新费	1 万 ~2 万元
5. 海报费	每店 2340 元，一般每家门店每年要印 10 次海报
6. 端头费	每家门店 2000 元
7. 新品费	每家门店进一个新商品要 1000 元
8. 人员管理费	每人每月 2000 元
9. 堆头费	每家门店 3 万 ~10 万元
10. 出厂价让利	占销售额的 8%
11. 服务费	占销售额的 1.5%~2%
12. 咨询费	约占销售额的 2%
13. 排面管理费	2.5%
14. 送货不及时扣款	每天 3‰
15. 补损费	产品保管不善，无条件扣款

续表 10-2

进场费明细	金额
16. 无条件退货	占销售额的 3%~5%
17. 税差	占销售额的 5%~6%
18. 补差价	在任何地方，只要发现有一家商店炒货价格低于家乐福，就要向家乐福缴纳相当数额的罚金

（资料来源：李飞，王高，等. 中国零售业发展历程（1981—2005）[M]. 北京：社会科学文献出版社，2006：372）

20 世纪 90 年代，由于中国零售企业规模普遍较小，家乐福这样的外资大型零售企业比较容易形成市场垄断。家乐福不断压榨供应商的利润空间，向供应商收取大量的店庆费、促销费、管理费、服务费、咨询费等各类费用，变相把经营风险转嫁到供应商身上，使我国大量本土制造商、供应商的利益严重受损。

对于与供货商的“谈判条件很苛刻”的指责，法国家乐福集团默认家乐福与供应商的谈判是“把对方逼到墙角，再给他一点甜头”。正是这样的经营思路，使家乐福与供应商的关系一直很紧张。2003 年 6 月中旬，上海炒货协会的 10 家会员单位由于家乐福的进场费问题集体停止向其供货，双方僵持了 1 个多月。

而随后美林公司出台的一份调查报告似乎印证了家乐福此种模式的可行性。这份报告对跨国公司在中国市场 7 个行业的运作进行了评估，零售业和家电业普遍亏损。调查结果显示，几乎所有在华外国零售企业都处于亏损状态，只有家乐福宣称有盈利。在这种时刻，美林公司出台的这份报告自然使人把家乐福的盈利与它采用的让供货商“忍无可忍的剥削方式”联系在了一起，而跨国零售巨头一直为国内企业所仿效的先进管理模式与物流效应似乎并未为其营业状况带来直接的效果。

作为始作俑者，家乐福带坏了中国零售市场的风气。我国很多零售商收取进场费的做法也是从家乐福学来的。很长一段时间以来，无论是零售商还是供应商，大家似乎都相安无事，在外界看来，供应商进超市首先要交进场费，这种模式已经成为不成文的规矩。

追求薄利多销的家乐福，其赢利模式不是指望着商品的批零差价赚钱，而是靠着吃进场费、店内广告堆头费以及其他名目繁多的各种收费挣钱，甚至包括“随意”拖延账期、收了钱却不给供货商开发票、丢失商品让供货商补赔等手段。

在进货上，家乐福也善于向供应商“借鸡生蛋”。它与供应商签订的合同付款条件为“月结60天数”，以借此吞吃供应商的流动资金，利用供应商的资金周转，从而相应地大大节约了自有流动资金的占用成本。

在中国，家乐福几乎控制了绝大多数供应商，除了直接收取各种名目的进场费用，无论是前期开店还是后期进货，家乐福在供应商方面不但可以推迟付款，还享受供应商以各种方式慷慨拿出的货物馈赠。据称，家乐福中国公司收取供应商进场费等相关费用，占到了家乐福整体收入的1/3以上。

但是，由于家乐福销售量大，可以接纳的商品品种多，并向供应商提供许多的优惠条件及赞助，所以，供应商为了赚钱，对家乐福“盘剥”也只能忍气吞声。

4.不遵守市场秩序

供应链是家乐福的生命链，是家乐福在全世界范围内发展壮大的有力保证和坚实后盾。从1960年家乐福在法国阿纳西小镇开设第一家超市以来，它就不断用事实诠释着其供应链管理的特色。然而正是这条家乐福一直引以为特色的供应链，在中国却频频受到挑战和质疑。

2003年9月初，在家乐福杭州店及上海古北和共江2个分店查扣了637瓶（杭州157瓶、上海480瓶）“贵州茅台酒”后，经贵州茅台酒销售有限公司专业人员的鉴定，杭州的157瓶“贵州茅台酒”均属假货。而这批假茅台酒是由家乐福中国总部供货。

而据茅台酒公司的销售人员介绍，家乐福售假茅台已经不是第一次了。2000年下半年，当地工商部门与酒类专卖局联手办案，发现家乐福沈阳店有假茅台酒出售，并查出该店一次购进900箱假茅台酒。

“假茅台酒”事件暴露出家乐福在中国迅猛扩张背后的问题。2003年1月，家乐福将原来中央集权式的采购系统全线下放，这样既可以让分店根据当地的消费习惯进行采购，又节省了时间。同时分店拥有的权力空前加大，不可避免会导致一些不正当的行为发生。

分店在采购环节上有着绝对的主动权，在追求利润最大化目标的怂恿下，自然会对供货商提出更多利益上的要求，多头供货使得家乐福在价格控制上占据了主动。供货商同样也需要利润最大化，这样少数供应商铤而走险，寻找来路不明的利润更高的产品就“水到渠成”。

“本土化供应”虽然为家乐福降低了成本，但如果不考虑到中国当前商品生产中存在的诸多假冒伪劣问题，对供应商过于追求低价，而放松前、中、后有关阶段的管理工作，就有可能给劣质产品带来可乘之机。

据了解，一种商品进入家乐福的程序为：在其进场前，首先要经过苛刻的检验和长期的谈判。然而，一旦合同签订，产品的质量即受合同约束，由供货商负责，家乐福只是定期检查。但是，显然家乐福的这种管理方式只能在事前和事后起到一定作用，却难以保证问题的有效避免。

就在沪杭两地的几家分店涉嫌出售假茅台尚未消停之际，家乐福又生是非：2003年9月26日，家乐福上海武宁店公开出售中国法律禁售的来自病虫害疫区国家的“洋禁果”，被上海出入境检验检疫局执法大队当场查获。

如果说“炒货风波”只属商业资本与产业资本的博弈，假茅台事件有待工商部门最终认定的话，家乐福违法出售“洋禁果”可是人赃俱获。就在查处过程中，家乐福的工作人员居然还在修改电脑储存的进货数据，将进货原产地南非、以色列等国名“擦掉”，结果，被擦掉的数据由执法人员当场恢复。由此，家乐福事实上向执法人员提供了伪证。

家乐福“假茅台事件”和“洋禁果事件”是其经营管理出现问题的一个现实反映。问题所及，在于其管理链条过长，也在于其中、下管理层“本土化”步伐过快造成约束脱节所致。

从违规开店到卖过期食品，这些大大小小问题其实是家乐福一贯不遵守我国市场秩序所致。

表面看来，其原因似乎应当是家乐福忽视了食品安全，另外有人认为是因为中国对食品安全违法的惩罚力度不够，违法成本过低。但是，真正造成家乐福屡屡犯规的原因在于20世纪90年代我国对外资零售业违规扩张的监管缺失。

21世纪初，尽管家乐福取得了暂时的领先优势，但也存在不少的问题：虽然靠打“擦边球”抢占了先机，在全面开放后它仍将面对沃尔玛等巨头的强势反击，卖股求存后将面临高价回购股权的问题，挤压供应商的利润空间的模式将带来诸多麻烦，而在处理一系列争端的过程中又体现了家乐福“危机管理”水平欠佳；另外，家乐福放弃统一采购模式而将大部分采购权下放，这在长期而言，有可能导致腐败，减少规模效应从而导致成本上升。

二、家乐福在华离经叛道的反思

家乐福通过违规开店、违规扩张和盘剥供货商等，顺利地借助不合理的方法获得了强势的市场地位。虽然家乐福在全球市场的规模上远远不及沃尔玛，但是家乐福自1995年进入中国内地市场以来，在扩张速度和影响力方面均取得了领先地位，同时，家乐福也是在中国市场最早实现赢利的外资零售企业，曾经在中国取得过巨大的成功。到2006年，家乐福便在中国25个城市开店多达109家，聘请员工超3万名，一跃成为外资零售企业在华门店数量第一的公司，“开心购物家乐福”也成为一代人的经典回忆。

外资零售企业进入中国是从改革开放开始的。1992年，第一家外资零售企业日本八佰伴（Yaohan）在中国上海开业，标志着外资零售企业正式涉足中国零售市场。

根据李飞，王高等《中国零售业发展历程（1981—2005）》一书中的统计资料，在1992—1997年首批国务院正式批准的18家中外合资零售企业中，并没有看到有法国的家乐福。（本书著者注：我国港、澳、台投资的零售企业当时被视作外资企业对待。）但实际情况是家乐福已经于1995年在中国北京开设了第一家店，通过违规的方式进入了中国市场。直到2000年底，家乐福已在中国开了27家分店，但从未正式向中国政府提交申请。特别是1999年6月国务院批准发布了《外商投资商业企业试点办法》之后，依然没有申请，这显然违反了规定。

《外商投资商业企业试点办法》（1999年）规定，外资零售企业进入中国市场的唯一法定形式是合资。暂不允许外商独资设立商业企业。但是，当时家乐福在华的27家连锁店都是独资经营，违规当属无疑。

家乐福在华违规开店、违规扩张，严重影响了我国零售市场的公平竞争，也侵害了我国消费者的合法权益。

法国家乐福自1959年创立以来，供应链是它的生命线，其最大的特点就是与上游供应商的讨价还价能力强，“向上游供应商要利益”已经成为家乐福的特色。这条坚实的供应链把这个从法国小镇走出来的“零售之王”推广到了世界各国,特别在商业不发达国家或地区,它迅速成功了。

在中国，家乐福不断压榨供应商的利润空间，向供应商收取大量的店庆费、促销费、管理费、服务费、咨询费等各类费用，变相把经营风险转嫁到供应商身上，使我国大量本土制造商、供应商的利益严重受损。

然而，在商业体制健全的国家，完善的商业监管制度让家乐福在这方面屡屡碰壁。20世纪60年代末，家乐福先后被迫从英国、比利时和瑞士撤出。直到1988年，家乐福才决定进军美国，但家乐福在美国的发展极不顺利，1993年，它不得不关闭了在美国仅有的两家巨型商场，完全退出美国零售业市场。发达国家的生产商经过几十年上百年的竞争已经非常集中化了，供应链形成了大的生产商与大型零售商的直接对接，这样的状况显然不利于家乐福与供应商的讨价还价，这是家乐福在发达国家经营状况不好的一个重要原因。

在家乐福“假茅台事件”中，家乐福销售假茅台酒违反了《中华人民共和国产品质量法》（2000）第三十九条规定，理应受到我国法律的惩处。

《中华人民共和国产品质量法》（2000）第三十九条规定：“销售者销售产品，不得掺杂、掺假，不得以假充真、以次充好，不得以不合格产品冒充合格产品。”第五十条规定：“在产品中掺杂、掺假，以假充真，以次充好，或者以不合格产品冒充合格产品的，责令停止生产、销售，没收违法生产、销售的产品，并处违法生产、销售产品货值金额百分之五十以上三倍以下的罚款；有违法所得的，并处没收违法所得；情节严重的，吊销营业执照；构成犯罪的，依法追究刑事责任。”

（本书著者注：2019 年 9 月 27 日，苏宁易购以 48 亿元收购了家乐福中国 80% 股份。这意味着，家乐福中国正式进入苏宁时代。

2023 年 3 月 27 日，家乐福在中国大陆的首家门店——北京家乐福创益佳店，因租约到期并不再续租，正式结束了其长达 28 年的运营。

2020—2023 年，家乐福（中国）出现大规模闭店与亏损，家乐福在中国大陆的衰败已然开始。）

第四节　高通公司在华垄断案及其反思

一、高通公司在华垄断案

美国高通公司（QUALCOMM）创立于 1985 年，总部设于美国加利福尼亚州圣迭戈市。高通公司是全球领先的无线科技创新者，也是 5G研发、商用与实现规模化的推动力量。高通公司截至 2019 年底累计研发投入已超过 610 亿美元，在全球拥有超过 140000 项专利和专利申请。高通公司连续 10 余年入选《财富》杂志世界 500 强。2023 年，高通公司名列《财富》杂志世界 500 强排行榜第 334 位。

2015 年 2 月 9 日，中华人民共和国国家发展和改革委员会（以下简称“国家发展改革委”）发布行政处罚决定书（发改办价监处罚〔2015〕1号），对高通公司滥用市场支配地位实施排除、限制竞争的垄断行为依法作出处理，责令高通公司停止相关违法行为，处2013年度在我国市场销售额8%的罚款，计60.88亿元。

2013年11月，国家发展改革委根据举报启动了对高通公司的反垄断调查。在调查过程中，国家发展改革委对数十家国内外手机生产企业和基带芯片制造企业进行了深入调查，获取了高通公司实施价格垄断等行为的相关证据，充分听取了高通公司的陈述和申辩意见，并就高通公司相关行为构成我国《中华人民共和国反垄断法》禁止的滥用市场支配地位行为进行了调研论证。

经调查取证和分析论证，高通公司在CDMA、WCDMA、LTE无线通信标准必要专利许可市场和基带芯片市场具有市场支配地位，实施了以下滥用市场支配地位的行为：

一是收取不公平的高价专利许可费。高通公司对我国企业进行专利许可时拒绝提供专利清单，过期专利一直包含在专利组合中并收取许可费。同时，高通公司要求我国被许可人将持有的相关专利向其进行免费反向许可，拒绝在许可费中抵扣反向许可的专利价值或提供其他对价。此外，对于曾被迫接受非标准必要专利一揽子许可的我国被许可人，高通公司在坚持较高许可费率的同时，按手机整机批发净售价收取专利许可费。这些因素的结合导致许可费过高。

二是没有正当理由搭售非无线通信标准必要专利许可。在专利许可中，高通公司不将性质不同的无线通信标准必要专利与非无线通信标准必要专利进行区分并分别对外许可，而是利用在无线通信标准必要专利许可市场的支配地位，没有正当理由将非无线通信标准必要专利许可进行搭售，我国部分被许可人被迫从高通公司获得非无线通信标准必要专利许可。

三是在基带芯片销售中附加不合理条件。高通公司将签订和不挑战专利许可协议作为我国被许可人获得其基带芯片供应的条件。如果潜在被许可人未签订包含了以上不合理条款的专利许可协议，或者被许可人就专利许可协议产生争议并提起诉讼，高通公司均拒绝供应基带芯片。由于高通公司在基带芯片市场具有市场支配地位，我国被许可人对其基带芯片高度依赖，高通公司在基带芯片销售时附加不合理条件，使我国被许可人被迫接受不公平、不合理的专利许可条件。

高通公司的上述行为，排除、限制了市场竞争，阻碍和抑制了技术创新和发展，损害了消费者利益，违反了我国《中华人民共和国反垄断法》关于禁止具有市场支配地位的经营者以不公平的高价销售商品、没有正当理由搭售商品和在交易时附加不合理交易条件的规定。

在反垄断调查过程中，高通公司能够配合调查，主动提出了一揽子整改措施。这些整改措施针对高通对某些无线标准必要专利的许可，包括：①对为在我国境内使用而销售的手机，按手机整机批发净售价的65%收取专利许可费。②向我国被许可人进行专利许可时，将提供专利清单，不得对过期专利收取许可费。③不要求我国被许可人将专利进行免费反向许可。④在进行无线标准必要专利许可时，不得没有正当理由搭售非无线通信标准必要专利许可。⑤销售基带芯片时不要求我国被许可人签订包含不合理条件的许可协议，不将不挑战专利许可协议作为向我国被许可人供应基带芯片的条件。高通提交的一揽子整改措施满足了国家发展改革委的决定和整改的要求。高通公司同时表示，将继续加大在我国的投资，谋求更好的发展。国家发展改革委对高通公司在我国持续投资表示欢迎，并支持高通公司对使用其受到专利保护的技术收取合理的专利费。

由于高通公司滥用市场支配地位实施垄断行为的性质严重，程度深，持续时间长，国家发展改革委在责令高通公司停止违法行为的同时，依法对高通公司处以2013年度在我国市场销售额8%的罚款。此次反垄断执法，制止了高通公司的垄断行为，维护了市场公平竞争秩序，保护了消费者利益。

附：国家发展改革委对高通公司行政处罚决定书（发改办价监处罚〔2015〕1号）（略）

（资料来源：http：//econ.taiwan.cn/ec_dalu/201503/t20150303_9155216.htm；http：//www.iprdaily.cn/article/index/6967.html）

在国家发展改革委发布对高通公司行政处罚决定书以后，美国高通公司发表公告，表示接受中国国家发展改革委对其处罚60.88亿元的决定，并如期缴纳罚款，不再寻求进一步的法律程序。

二、高通公司在华垄断案的反思

高通公司是全球无线通信技术的市场领导者，在CDMA、WCDMA、LTE无线通信标准必要专利许可市场和基带芯片市场具有支配地位。它拥有众多核心专利，主要利润则来自专利授权收费，这也是高通最核心的商业模式。目前市面上在售的绝大部分Android智能手机均采用其芯片。

高通公司多年来对我国的手机制造商按整机售价的5%收取不合理的专利许可费，被业内称之为“高通税”。

无线通信领域的知识产权反垄断执法，一直是全球范围内一大难点。此前高通由于涉嫌垄断行为，同样被欧盟、日本、韩国等国家反垄断执法机构发起过反垄断调查，但对其罚款者寥寥。

在高通公司在华垄断案中，高通公司违反了《中华人民共和国反垄断法》（2007年）第十七条第一项、第五项规定。

《中华人民共和国反垄断法》（2007年）第十七条第一项、第五项规定，即“禁止具有市场支配地位的经营者从事下列滥用市场支配地位的行为：（一）以不公平的高价销售商品……（五）没有正当理由搭售商品，或者在交易时附加其他不合理的交易条件。”“本法所称市场支配地位，是指经营者在相关市场内具有能够控制商品价格、数量或者其他交易条件，或者能够阻碍、影响其他经营者进入相关市场能力的市场地位。”《中华人民共和国反垄断法》（2007年）第四十七条规定：“经营者违反本法规定，滥用市场支配地位的，由反垄断执法机构责令停止违法行为，没收违法所得，并处上一年度销售额百分之一以上百分之十以下的罚款。”第四十九条规定：“对本法第四十六条、第四十七条、第四十八条规定的罚款，反垄断执法机构确定具体罚款数额时，应当考虑违法行为的性质、程度和持续的时间等因素。”

美国高通公司在中国因垄断行为被国家发展改革委处罚60.88亿元，并被责令整改。这一罚单不仅改写了中国反垄断历史，更是在全球范围率先改变了高通实行20余年、通行全球的专利收费模式。

上海交通大学范思博博士认为：“市场支配地位的滥用形式具有多样性、复杂性和隐蔽性，且在不断地改变与‘进化’中。高通公司作为无线通信行业拥有最多标准必要专利的专利许可经营者、芯片制造商和销售商，近年来被全球范围的竞争执法和司法机构的高度关注。”“拥有市场支配地位本身并不违法，而滥用市场支配地位才违法。虽然各国或地区在认定高通具有市场支配地位方面结论一致，但在滥用行为，或者说违法行为的认定方面有很大的差别。在全球范围，高通滥用市场支配地位行为的情况，如表10-3所示。”

表 10–3　高通在全球滥用市场支配地位的行为

	中国大陆	韩国	中国台湾	欧盟	美国
过期专利收许可费	√				
免费反向许可（交叉授权）	√	√	√		
手机整机批发净售价作为计算许可收费基础	√		√		
搭售非无线标准必要专利许可（合并授权）	√		√		
不主张权利或提起诉讼协议	√				
拒绝或限制授权给芯片竞争对手		√	√		√
无许可，无芯片		√	√		√
独家交易协议			√	√	√

（资料来源：范思博.高通的全球反垄断调查与标准必要专利研究[J].情报杂志，2021，40（4）：92–100）

从上述表 10–3 中我们可以看出：高通公司在全球各地都存在着滥用市场支配地位行为；高通公司在中国大陆滥用市场支配地位行为完全不同于它在美国、欧盟滥用市场支配地位行为。

高通公司在中国大陆滥用市场支配地位行为主要集中在：对过期专利收许可费、免费反向许可、手机整机批发净售价作为计算许可收费基础、搭售非无线标准必要专利许可、不主张权利或提起诉讼协议等。

高通公司在美国滥用市场支配地位行为主要集中在：拒绝或限制授权给芯片竞争对手、无许可，无芯片、独家交易协议等。

高通公司在欧盟滥用市场支配地位行为主要表现在：独家交易协议。

第五节　葛兰素史克在华商业贿赂案及其反思

一、葛兰素史克在华商业贿赂案

英国葛兰素史克集团（GlaxoSmithKline, GSK，以下简称葛兰素史克）是一家总部位于英国伦敦的全球生物医药公司。葛兰素史克的药物研发专注于4大治疗领域：传染性疾病、HIV、呼吸系统疾病/免疫学、肿瘤学。2023年，葛兰素史克名列《财富》杂志世界500强排行榜第343位。

2013年3月，公安部经侦局在工作中发现，一家名不见经传的上海旅行社存在大量违规套现行为。该旅行社在不做旅游业务的情况下，营业额却高达数亿元，而收入来源就是为葛兰素史克（中国）投资有限公司等跨国药企在华子公司提供会务服务。一条看似不起眼的线索，可能潜藏着重大案件。

2013年6月，经公安部指定，具有侦办商业贿赂案件丰富经验的长沙公安机关成立专案组，对葛兰素史克（中国）投资有限公司涉嫌经济犯罪一案立案侦查。

2014年5月，葛兰素史克（中国）投资有限公司（以下简称GSKCI）涉嫌对非国家工作人员行贿、单位行贿、对单位行贿等案已侦查终结，于日前依法移送检察机关审查起诉。

侦查机关现已查明，2009年1月犯罪嫌疑人马克锐就任犯罪嫌疑单位GSKCI处方药事业部总经理后，为了完成GSK总部下达的高额销售增长指标，在犯罪嫌疑人张国维等人支持下，全面倡导“以销售产品为导向”的经营理念，强调“没有费用，就没有销量”的销售手段，先后组建和扩充了多个销售部门，将贿赂成本预先摊入药品成本，并组织各部门在虚高药价条件下，通过大肆贿赂医院、医生、医疗机构、医药相关协会组织等医药销售相关部门及其所属人员推销药品，牟取非法所得数十亿元。

据侦查机关介绍，GSKCI在中国销售的药品大多冠以海外原研药名义，在药品进口前通过转移定价的方式，增高药品报关价格，将巨额利润预提在境外的基础上，设定高额销售成本用于支撑贿赂资金。GSKCI药品的价格远高于在其他国家的价格，最高的达到其他国家的7倍。通过贿赂销售，GSKCI的主营业务收入实现了逐年攀升，从2009年的39亿余元，增长至2012年的69亿余元。在此期间，马克锐等犯罪嫌疑人组织其财务部门，采取在GSK内部虚假交易的手段，将在中国境内的绝大部分违法所得作为采购成本转移到境外预设的公司结算。其巨额贿赂成本及违法所得，实际上都通过虚高的药价转嫁给中国的病患人员和国家财政承担。

侦查表明，为了刺激增加销售额，GSKCI采取多种方式鼓动销售员工“轻合规，重销售”，不但向员工提供高额销售费用，还制定了奖惩制度，完成销售指标获得高额奖金，完不成者则面临着被解雇或无法升迁的命运。在这种畸形的考核目标和制度导向下，GSKCI下属销售员工采用各种方法大肆进行贿赂活动。马克锐等公司高管人员组织各部门，在各种公开场合和行政执法部门检查中，极力回避和掩护贿赂销售行为，努力维护行贿费用的资金输出渠道。

侦查机关查明，在处方药和疫苗销售过程中，GSKCI下属各药品生产企业、与经营相关的各部门全面参与，建立自营药品销售、外包药品销售、“冷链”（疫苗）销售、大客户团队销售、危机公关5条“贿赂链”，形成了医药代表贿赂医生、地区经理贿赂大客户、大区经理贿赂VIP客户、市场部贿赂专家、大客户部贿赂机构的贿赂网，贿赂销售行为涉及全国各地。其中，外包药品销售贿赂链中，GSKCI为规避贿赂销售法律风险，以支付推广服务费形式将药品外包给江苏泰陵医药等7家公司代销，并全盘复制其贿赂销售模式通过其对医生行贿；疫苗销售贿赂链中，为在销售终端打压竞争对手，实施“冷链”计划，出资1300余万元采购小汽车、电视机、电动车、摄影摄像器材等非医疗设备，根据疫苗销量，向疾控中心和疫苗接种点客户行贿。

侦查机关查明，为抢占市场份额，GSKCI通过贿赂设置排他性障碍，提高药品市场销量。2010年以来，因肝炎药“贺普丁”专利药资格到期、大量国内仿制药即将大量上市，GSKCI先后实施所谓“长城计划”“龙腾计划”，行贿数千万元，并明确要求不得采用国产同类药品。实施“长城计划”后，不少医院不再采购贺普丁国内同类药品。

2014年9月4日，湖南省长沙市人民检察院以被告单位葛兰素史克（中国）投资有限公司（GSKCI）及被告人马克锐、张国维、梁宏、赵虹燕犯对非国家工作人员行贿罪，被告人黄红犯对非国家工作人员行贿罪、非国家工作人员受贿罪，向湖南省长沙市中级人民法院提起公诉。长沙市中级人民法院受理后，依法向被告单位诉讼代表人、各被告人及其辩护人送达了起诉书副本，为马克锐提供了起诉书英文译本，并将相关事项通知了英国驻华使领馆。被告单位葛兰素史克（中国）投资有限公司以案件涉及商业秘密为由，向法院申请不公开审理。长沙市中级人民法院经依法审查，根据刑事诉讼法相关规定，决定不公开开庭审理。

2014 年 9 月 19 日，湖南省长沙市中级人民法院依法对葛兰素史克（中国）投资有限公司（GSKCI）和马克锐等人对非国家工作人员行贿、非国家工作人员受贿案进行不公开开庭审理，并于当日公开宣判。葛兰素史克（中国）投资有限公司被判处罚金人民币 30 亿元，这是迄今为止中国对商业贿赂开出的最大罚单，马克锐等被告人被判处有期徒刑 2~3 年。

法院经审理查明，被告单位葛兰素史克（中国）投资有限公司为扩大药品销量，谋取不正当利益，采取贿赂销售模式，以多种形式向全国多地医疗机构的从事医务工作的非国家工作人员行贿，数额巨大。被告人马克锐、张国维、梁宏、黄红、赵虹燕等公司高管作为直接负责的主管人员，积极组织、推动、实施贿赂销售，被告单位及被告人的行为均已构成对非国家工作人员行贿罪。被告人黄红利用职务便利非法收受他人财物并为他人谋取利益，其行为还构成非国家工作人员受贿罪。

法院认为，公诉机关指控被告单位葛兰素史克（中国）投资有限公司及各被告犯罪事实清楚，证据确实、充分，指控罪名成立。鉴于被告人马克锐能够主动从英国返回中国接受调查并如实交代犯罪事实，系单位自首。其他被告人也如实供述犯罪事实，具有自首情节，且各被告人均自愿认罪，依法可以减轻处罚。检察机关也当庭建议减轻处罚。

法院以对非国家工作人员行贿罪判处被告单位葛兰素史克（中国）投资有限公司罚金人民币 30 亿元；判处被告人马克锐有期徒刑 3 年，缓刑 4 年，并处驱逐出境；判处被告人张国维有期徒刑 3 年，缓刑 3 年；判处被告人梁宏有期徒刑 2 年，缓刑 3 年；判处被告人赵虹燕有期徒刑 2 年，缓刑 2 年；以对非国家工作人员行贿罪判处被告人黄红有期徒刑 2 年，以非国家工作人员受贿罪判处其有期徒刑 2 年，决定执行有期徒刑 3 年，缓刑 4 年。

宣判后，被告单位的诉讼代表人及各被告人均当庭表示认罪服判，不提出上诉。

被告单位及各被告人均聘请了辩护律师，辩护律师均当庭发表了辩护意见。

被告人马克锐系英国公民，从案件侦查、起诉直至审理阶段，办案机关依法依规向英国驻华使领馆进行了通知，并均为马克锐提供翻译人员，确保其准确、全面、完整地理解我国法律规定及不同诉讼环节的权利义务，马克锐本人也聘请两名中国律师担任辩护人，有效保证其在诉讼过程中的合法权益。

2014 年 9 月 19 日，就在中国法院公开宣判后，葛兰素史克总公司迅速在其官网上发布了致歉声明，以下为声明全文：

葛兰素史克总公司向中国人民的致歉声明

中国司法机关经过全面深入调查，依法认定葛兰素史克中国公司为谋取不正当利益，给予非国家工作人员财物，构成对非国家工作人员行贿罪。葛兰素史克总公司完全认同中国司法机关依法认定的事实和证据，服从中国司法机关的依法判决，并向中国患者、医生、医院和中国政府、全体中国人民深刻道歉，对于由此造成的损害，葛兰素史克总公司深感痛心和愧疚。对由于受到葛兰素史克中国公司非法调查而受到伤害的有关人员，葛兰素史克总公司也深表歉意。

葛兰素史克中国公司的违法行为同样严重违背了葛兰素史克总公司的规章制度，完全背离了总公司要求员工遵守的价值观和行为准则。这些行为未能及时被发现并被制止，葛兰素史克总公司深感遗憾。葛兰素史克总公司已经深刻反省，并从中吸取教训，采取了具体措施，全面整改葛兰素史克中国公司运营中存在的问题，尽一切努力，重新赢得中国人民的信任。

今天，葛兰素史克总公司进一步向中国政府和人民承诺，葛兰素史克中国公司将以实际行动在中国医药行业树立改革的样板：将坚持在中国持续投资，并一如既往地支持中国的科技发展；将针对流行于中国的疾病，进一步推进药物和疫苗的研发。葛兰素史克中国公司还将通过扩大生产、扩大药品价格下浮空间，让中国农村地区和城市一样，提高对葛兰素史克药品的可及性。

葛兰素史克总公司将以践行这一系列长远的发展战略，致力于促进中国人民的健康福祉，为中国经济社会发展积极贡献力量。

GSK plc Statement of Apology to the People of China

Following a comprehensive investigation by the Chinese judicial authorities, GSK China Investment Co.Ltd（GSKCI）has been identified according to Chinese law to have offered money or property to non-government personnel in order to obtain improper commercial gains, and has been found guilty of bribing non-government personnel.GSK plc fully accepts the facts and evidence of the investigation, and the verdict of the Chinese judicial authorities.Furthermore, GSK plc sincerely apologises to the Chinese patients, doctors and hospitals, and to the Chinese Government and the Chinese people.GSK plc deeply regrets the damage caused.GSK plc also apologises for the harm caused to individuals who were illegally investigated by GSKCI.

The illegal activities of GSKCI are a clear breach of GSK plc's governance and compliance procedures; and are wholly contrary to the values and standards we expect from our employees.It is deeply disAPPointing that these issues were not identified and addressed.GSK plc has reflected deeply and learned from its mistakes, has taken steps to comprehensively rectify the issues identified at the operations of GSKCI, and must work hard to regain the trust of the Chinese people.

Today, GSK plc makes a further commitment to the Chinese government and people that GSKCI will take tangible actions to establish itself as a model for reform in China's healthcare industry: by continuing to invest in China and supporting China's scientific development; and by further development of innovative new medicines and vaccines for diseases prevalent in China.GSKCI will also increase access to its products in both city and rural areas of China through greater expansion of production and through price flexibility.

This long-term development strategy of GSK plc will promote the future health and well-being of the Chinese people, and positively contribute to China's economic and social development.

（资料来源：葛兰素史克总公司向中国人民的致歉声明 https：//news.china.com/news100/11038989/20140919/18802053.html）

二、葛兰素史克在华商业贿赂案的反思

在《财富》世界 500 强企业的在华子公司中，因触犯中国法律而站上中国法庭被告席的，葛兰素史克（中国）投资有限公司是第一家。同时，湖南省长沙市中级人民法院以对非国家工作人员行贿罪判处葛兰素史克（中国）投资有限公司罚金人民币 30 亿元，这也是中国迄今为止对商业贿赂开出的最大罚单。

在葛兰素史克在华商业贿赂案中，葛兰素史克（中国）投资有限公司违反了《中华人民共和国刑法》（1997 年修订）第一百六十四条规定。

《中华人民共和国刑法》（1997 年修订）第一百六十四条规定："为谋取不正当利益，给予公司、企业的工作人员以财物，数额较大的，处三年以下有期徒刑或者拘役；数额巨大的，处三年以上十年以下有期徒刑，并处罚金。" "单位犯前款罪的，对单位判处罚金，并对其直接负责的主管人员和其他直接责任人员，依照前款的规定处罚。"

葛兰素史克在华商业贿赂案的法院裁判结果，表明开放的中国不是法外之地。此案为中国医药行业营销行为确立了标准，进一步透射出中国司法机关以法治促开放的坚定决心，表明了中国厉行法治、为创造更加规范、公平、稳定、可预期市场环境而付出的不懈努力。

（本书著者注：《中华人民共和国刑法修正案（十二）》是十四届全国人大常委会第七次会议表决通过的法律，自2024年3月1日起正式施行。刑法修正案（十二）共8条，进一步修改完善行贿犯罪规定，加大对行贿行为惩治力度。刑法修正案（十二）第五条，将刑法第三百九十条修改为："对犯行贿罪的，处三年以下有期徒刑或者拘役，并处罚金；因行贿谋取不正当利益，情节严重的，或者使国家利益遭受重大损失的，处三年以上十年以下有期徒刑，并处罚金；情节特别严重的，或者使国家利益遭受特别重大损失的，处十年以上有期徒刑或者无期徒刑，并处罚金或者没收财产。有下列情形之一的，从重处罚：（一）多次行贿或者向多人行贿的；（二）国家工作人员行贿的；（三）在国家重点工程、重大项目中行贿的；（四）为谋取职务、职级晋升、调整行贿的；（五）对监察、行政执法、司法工作人员行贿的；（六）在生态环境、财政金融、安全生产、食品药品、防灾救灾、社会保障、教育、医疗等领域行贿，实施违法犯罪活动的；（七）将违法所得用于行贿的。"由此可以看出，我国对在食品药品、医疗等等领域行贿，实施违法犯罪活动的，将从重处罚。）

在世界上，西方主要大国都有反腐败法律，商业贿赂普遍被认为是违法行为。

美国在1971年实施《反海外腐败法》（Foreign Corrupt Practices Act）后，为得到业务而向外国人行贿便属于违法行为。

拥有最多工业化国家的经济合作与发展组织（OECD）也宣布行贿是非法行为。

2010年4月获得批准、2011年7月生效的英国《2010年反贿赂法》被普遍认为是世界上最为严厉的反贿赂法之一。这部法规是围绕"解决商业机构在经营环境中可能面临的贿赂问题"这一基本目标展开的，取得了良好的实践效果。从英国《2010年反贿赂法》的内容来看，其规定主要涉及一般贿赂犯罪和预防商业机构贿赂失职犯罪两个方面，其中一般贿赂犯罪包括行贿罪、受贿罪、贿赂外国公职人员罪3个具体罪名，而预防商业机构贿赂失职犯罪项下则只包含预防商业机构贿赂失职罪1个具体罪名。英国《2010年反贿赂法》具有2个最主要特点：①采取复合责任模式。英国《2010年反贿赂法》第七条规定了"预防商业机构贿赂失职罪"，该罪名是贿赂犯罪领域立法的首创。这一罪名的设置，以法律形式确定了商业机构在经营活动中应当履行的预防贿赂职责，进一步加大了对贿赂犯罪的打击力度。在预防商业机构贿赂失职罪中，商业机构唯一的有效抗辩理由是，其在经营过程中已经制定了能有效预防贿赂行为发生的合规化程序。英国《2010 年反贿赂法》采用了直接责任与严格责任相结合的复合责任模式，规定在行贿行为已经被充分证明的情况下，除非商业机构能证明其有能充分预防行贿的内部程序，否则应当直接承担刑事责任。复合责任模式的引入，是英国对贿赂犯罪传统责任模式的重大调整，反映了其在治理贿赂犯罪方面的理性态度，即不仅要惩戒行贿人，而且要求与该行贿人相关联的商业机构承担未能有效预防行贿的主体责任。②严厉打击犯罪行为。从实施之日起，英国《2010 年反贿赂法》就被冠上了英国“史上最严厉反贿赂法”的名号。它不仅适用于同公务员相关的贿赂行为，也适用于私人或者私营部门间的贿赂行为，管辖范围较为广泛。此外，该法令还将行贿与受贿置于相同地位加以规制，行贿者和受贿者都要受到严厉惩罚，对行贿罪的惩罚并不比受贿罪轻。

在“葛兰素史克总公司向中国人民的致歉声明”中提到：“葛兰素史克中国公司的违法行为同样严重违背了葛兰素史克总公司的规章制度，完全背离了总公司要求员工遵守的价值观和行为准则。”由此我们可以推断，葛兰素史克总公司规章制度对商业贿赂行为是禁止的，商业贿赂行为也有悖于葛兰素史克总公司员工的价值观和行为准则。但是，为何英国有世界上最为严厉的反贿赂法——《2010 年反贿赂法》，葛兰素史克总公司规章制度也禁止商业贿赂行为，而葛兰素史克公司在华子公司——葛兰素史克（中国）投资有限公司却在中国市场肆无忌惮大搞商业贿赂呢？

《财富》世界 500 强外国公司在其本土市场或成熟市场的运作相对规范，能够遵守法律和营销道德规范，而它在中国市场则搞“双重标准”，存在不少营销道德题。世界 500 强外国公司双重标准之所以发生，与中国市场相关法律不够完善和监管不够严格有关。在国外成熟的市场环境中，世界 500 强外国公司的违法成本很高，一旦被监管部门发现，将面临巨额的处罚，甚至把公司罚得破产倒闭。在中国执法不够严、企业违法成本过低，导致一些世界 500 强外国公司在中国屡次违法违规，但是依旧我行我素，这说明我国处罚力度对这些公司来说无足轻重，其违法违规所得远远高于罚款支出。

第六节　罗维邓白氏买卖信息案及其反思

一、罗维邓白氏买卖信息案

1841 年，路易斯·塔潘（Lewis Tappan）在美国纽约开设了一家商业征信所，即邓白氏的前身，公司于 1859 年由罗伯特·格雷厄姆·邓（Robert Graham Dun）接手运营。1933 年，R.G.Dun 公司与 The Bradstreet 公司合并成为 Dun & Bradstreet（邓白氏）公司。邓白氏（Dun & Bradstreet）公司是美国历史最悠久的企业信息服务公司。邓白氏公司通过搭建全球企业数据库和完善数据分析技术，不断开拓市场。基于数据，邓白氏公司为企业提供风险管理和营销两大类服务。2009 年 7 月，邓白氏公司收购中国本土数据营销机构罗维互动的大部分股权。根据协议，罗维互动更名为"上海罗维邓白氏营销服务有限公司"，简称"罗维邓白氏"。罗维邓白氏的主营业务是短信精准营销。

2012 年，上海罗维邓白氏公司因涉嫌非法获取、买卖公民个人信息被媒体曝光。作为一家商业信息服务机构，罗维邓白氏购买巨量个人信息的同时还将信息再次卖出。这家公司号称拥有 1.5 亿条个人信息数据，会帮助客户按照地域、时间、身份、资产情况等各方面进行精准筛选，并且根据市场需求进行信息销售，信息越详细，价格越高。

被央视曝光的罗维邓白氏，总部设在上海，在北京、广州、西安等城市设有分公司。该公司销售人员介绍，他们可以应客户的要求及有 1.2 亿个人信息数据，按照地域、时间、身份等情况进行精准筛选，有的还可查找到账户资金数额等敏感个人资产信息。《中国企业报》记者看到，每个用户的个人信息被罗维邓白氏拆分成不同字段，每个字段以 0.3 元对外出售，一条用户完整信息售价为 1.5 元。罗维邓白氏人员也坦言，公司在帮银行、基金、证券等金融机构做业务的时候，都能很轻易而且很合理地得到一些个人信息，包括 1.2 亿个人的银行存款多少、信用卡额度、是否有车（车型）、是否购买股票和基金等。此外，汽车 4S 店、保险公司、房产开发商也成为个人信息泄露渠道。

令人不安的是，当前以罗维邓白氏为代表的信息咨询业已经形成一条完善的商业信息链条。其中以银行等金融机构的信息泄露最令人惊讶：每个VIP客户的信息2块钱，普通客户每个0.2元。央视曝光招商银行、工商银行员工通过中介向外界兜售客户个人信息将近3000份，造成的损失达3000多万元。无论是罗维邓白氏，还是招商银行，抑或汽车4S店，出售个人信息已经触犯我国刑法。我国早在2009年2月底颁布实施《中华人民共和国刑法修正案（七）》，开始对侵犯公民个人信息罪立法，明确规定了出售公民个人信息、非法提供公民个人信息以及非法获取公民个人信息等3项罪名。

与此前罗维邓白氏宣称拥有1.2亿高端人士的信息相比，同为邓白氏中国子公司的华夏邓白氏声称拥有全球最大的商业数据库，超过2亿家企业信息，1100万条中国企业信息。业内专家指出，企业咨询业是一个比较新兴的行业，接触的都是比较有实力的企业和它们的高管，理应对这些高端信息严格保护，坚决避免罗维邓白氏事件的重演，为行业发展创造一个健康的环境。罗维邓白氏因非法买卖公民个人信息，公司负责人被上海警方以“单位犯罪”依法拘押调查。邓白氏中国未就此事及时表态。涉事的招商银行官方微博在致歉声明中表示，对个别员工违法违规绝不姑息。

据经济之声《天下公司》报道，由于涉嫌非法采集公民个人信息，位于上海的罗维邓白氏公司总部已于2012年5月8日关闭，员工也被迫遣散。此前的2012年3月18日，美国邓白氏公司已经宣布暂停罗维邓白氏在中国的业务运营。与此同时，邓白氏公司也正自查其在中国的业务运营，以确认是否违反了美国的《反海外腐败法》及其他法律。

2012年11月，罗维邓白氏非法获取公民个人信息案在上海闸北法院公开开庭。起诉书披露，从2010年3月起，罗维邓白氏以“信息数据采购合同”或“商业资讯咨询顾问合同”的形式，购买了包括手机号码、电子邮箱、家庭住址、银行账户、消费记录、婴幼儿情况等各类涉及公民个人的相关信息，用于该公司为其他公司提供的营销推广等服务。仅在2010年11月至2011年11月间，该公司就以约250万元的价格，购买了总数超过9000万条的各类个人信息。庭审中首次披露，向“罗维邓白氏”出卖个人信息的，共有10多家企业。

根据涉案人的描述，早在罗维互动时期，该公司已经广泛涉足个人信息购买的业务。“一般是他们主动找到我们，向我们提供信息。我们审核后觉得有价值的就会出价购买，然后存进我们的数据库。”涉案人称，按照含金量的高低，每条个人信息的价格并不相同，例如简单的电子邮箱每条只值几分钱，而如果是包括了“车牌号、车款、姓名、手机”等字段的高档车车主信息，每条的价值可能就在1元以上。

2011 年 9 月，罗维邓白氏的王某、孙某从媒体披露的一个北京案例中，获悉自己从事的个人信息收集可能违法。在以邮件告知崔某、袁某、李某之后，该公司还曾专门邀请法律顾问对此进行过商讨，但律师在之后提供的法律意见中，并没有明确公司的做法肯定违法，而是建议公司将“信息数据采购合同”改成“商业资讯咨询顾问合同”，以规避法律风险。而在 2012 年 1 月，王某再次就个人信息采购的合法性向上级请示，最终由袁某向美国律师咨询，证实该行为无论在中国还是美国都同样违法，才决定公司停止个人信息购买业务。

2018 年 4 月 23 日，美国证监会与邓白氏达成了一项金额 810 万美元的和解协议，案由是邓白氏主动披露有关其两家中国子公司的违规行为。邓白氏向执法机构披露的是其中一家子公司及其员工非法获取中国公民数据的情况。美国司法部对邓白氏不予起诉的部分原因是其主动披露、合作以及采取合规补救措施的行为。

（资料来源：许意强，郭奎涛.罗维邓白氏们的暗黑商业[EB/OL]中国企业报，http：//epaper.zqcn.com.cn/attachement/1/2012-03/20/13/2012032013_pdf.pdf，2012-3-20；中国广播网，罗维邓白氏停止在华业务 个人信息安全缺乏约束机制，http：//finance.cnr.cn/gs/201205/t20120511_509599370.shtml）

二、罗维邓白氏买卖信息案的反思

1.营销信息获取与使用准则

罗维邓白氏案例中，罗维邓白氏公司以购买的方式非法获取公民个人信息，其行为已构成非法获取公民个人信息罪，触犯《中华人民共和国刑法》。

IT法律专家、中国政法大学知识产权中心研究员赵占领表示，根据《中华人民共和国刑法修正案（七）》规定，非法获取公民个人信息罪，将公民个人信息出售或者非法提供给他人，或者窃取或者以其他方法非法获取上述信息，情节严重的，处 3 年以下有期徒刑或者拘役，并处或者单处罚金。其他单位购买个人信息之后发送垃圾短信、垃圾邮件等进行营销，则可能侵犯公民个人生活安宁权，需要承担民事侵权责任。

市场营销调研活动涉及调研机构、调研委托方以及调研对象三方权益。根据ICC/ESOMAR发布的国际准则，调研者必须向资料提供者明确调查资料的收集目的和去向，以及严密保管被调查者的个人信息。

根据行业行为准则，非经委托者许可，调研机构和委托方绝不能泄露调研对象的信息。现实中，由于调研各个环节参与人员众多，保密原则需要所有调研人员共同履行。调研主体如果缺乏社会责任意识、人员管理不到位，都有可能违背行业道德准则从而导致调研对象信息泄露，对整个行业都会产生负面影响。

企业在未获得允许的情况下获取并兜售个人信息，以达到牟利目的，枉顾调研对象的利益。这类企业仅顾及自身的经济利益，未履行相应的法律责任和道德责任，其行为不仅违反了相关法律法规，更是危害到了社会公众的权益。

2. 知情同意与信息滥用

知情同意是网络调研主要涉及的道德风险之一，主要体现在未经被调查者同意，无差别获取信息；未经被调查者同意，使用信息；未经被调查者同意，向第三方提供消费者信息。

罗维邓白氏案件中，被告人及企业枉顾道德风险购买公民个人信息，非法获取个人信息具有主观恶意性。被告人孙某、王某向李某、袁某、崔某等人提出购买公民个人信息违反《中华人民共和国刑法》，但是罗维邓白氏公司及上述被告人在律师明确告知该项业务有触犯刑法可能性的情况下，仍然以变更合同名称的方式继续从事上述业务，直至 2012 年初才停止。

技术发展是对用户“知情同意”的考验。目前，网络信息技术的发展，例如人脸识别技术、人工智能技术、爬虫技术、APP 及软件开发工具包、插件技术等均可以在用户不知情的情况下实现无差别信息获取。

用户在不知情的情况下被收集非必要个人信息，从而为企业信息滥用埋下隐患。中国消费者协会 2018 年开展的 APP 信息收集情况显示，“位置信息”“通讯录信息”和“手机号码”等 3 种个人信息是过度收集或使用个人信息最常见的内容。其中很多个人信息与消费者通常理解的产品功能之间无明显关联，甚至明显超出合理范围。比如：①经过用户授权的信息收集，但是信息收集范围超过合理范围。企业在未明确告知用户个人信息使用方式的情况下获取信息，用于市场分析及其他用途。②未经用户授权的信息搜集，例如信息收集时未明确告知用户信息使用方式、公司向第三方提供信息时未征得用户同意。③征得用户授权的信息收集，但是在隐私政策等方面存在不合理免责条款或者默认同意等设置。④非法获取消费者个人信息、非法使用或出卖消费者个人信息。滴滴案例中的部分信息获取同样也没有征得用户同意。

网络信息收集方式也是对用户“知情同意”的考验。信息交换是网络调研中收集信息的方式之一。一般认为，数据共享的前提应建立在不损害用户隐私的基础之上。研究显示，特别领域的信息交换是有必要的，比如健康信息交换（HIE）通过加强患者数据共享提高病患护理的效率和质量。这类信息交换的初衷是通过信息共享实现医疗质量上升和医疗费用的下降。此外，个人健康信息还能为医疗机构之外的保险、制药等相关企业制定营销策略提供精准参考，因此这类数据具有较高的商业价值，成为企业追求巨额利润的重要信息来源。而个人健康信息包括病患身体特征、心理状况甚至家族遗传特征，具有高度的敏感性，其信息安全问题一直饱受争议。衍生信息是网络调研中另一类信息收集方式。大数据时代背景下，数据收集往往具有体量大、信息内容复杂、跨境等特征。互联网公司可以利用大数据算法得知很多用户未透露的“衍生信息”。伴随着人工智能算法效率的提升，信息共享技术层面的道德挑战日趋复杂。第三方公司利用网络获取公开数据生成“衍生信息”是否应该获得调研对象的知情同意、是否侵害调研对象的隐私权、是否属于信息滥用，这些在现实中均存在争议。

著名的案例来自2017—2022年的HIQ与LinkedIn诉讼案。在该案例中，利用公开数据为自己的客户做雇员的评估的数据分析公司HIQ Labs，利用爬取技术从LinkedIn网站上获取公开的求职者数据，帮助自己的企业客户分析和管理人力资源。LinkedIn是全球最大的职场社交平台，大量用户在该平台上公开自己的教育背景、从业经历等个人信息，因此拥有丰富的用户职业档案信息。HIQ为了更好地获得数据，还聘请了独立承包商turkers，通过手动方式查看和确认HIQ客户的员工身份。不过，2017年LinkedIn向HIQ发出停终（Cease and Desist）信件，要求HIQ停止抓取公开的LinkedIn会员个人文件资料，理由是HIQ的行为违反了美国的《计算机欺诈及滥用法令》（Computer Fraud and Abuse Act，CFAA）。该法令规定了两类非法访问受保护的计算机信息系统从而构成犯罪的行为：①未经授权访问。②虽获得授权访问但加以不当使用。HIQ则辩称，抓取的信息用于宏观分析，并未售卖用户的个人资料，LinkedIn阻止自己访问其公开数据的行为可能作为其限制竞争的一种手段而违反了加州法律。如果用户在LinkedIn建立个人档案且设定其档案全网可见，那么其教育背景、工作经历和技能等信息均可以被任何人访问。2019年美国联邦第九巡回法院、2021年美国最高法院、2022年加州地方法院均认定HIQ发现并抓取可在互联网上公开访问的数据并不违反《计算机欺诈及滥用法令》。

信息交换、数据共享在早期的网络市场调研道德规范中并未引起足够的重视。

公开报道中，人工智能初创公司Clearview AI因从网络社交平台收集超过30亿张人脸照片而备受争议，因为仅靠一张脸部照片就可以检索出全网所有的相关图片，包括照片的地址链接甚至更具体的个人信息数据，一旦数据隐私泄露将带来无法估量的损失。

网络调研的信息共享利用效率与信息安全、隐私保护之间存在着明显矛盾，亟须信息保护与数据治理体系的完善。

信息滥用与知情同意相似，也是网络调研主要涉及的道德风险之一，其情形包括违反市场营销调研目的、利益失衡、矛盾行为、滥用形式瑕疵等多种表现形式。孟德斯鸠论断："一切有权力的人都容易滥用权力，这是万古不易的一条经验。"网络调研技术环境将"运算"贯穿始终，由于技术力量的渗透和使用者利益的驱使，信息滥用的情形时有发生。

过度信息收集、违规收集信息、信息滥用与网络市场调研中信息获取方式和信息技术的发展有着密不可分的关系。

爬虫技术因其高效、便捷的特征已在互联网领域得到广泛应用。市场营销调研借助爬虫技术进行相关网络页面抓取、信息提取、数据挖掘及可视化，在一定程度上克服了传统调研及时性差、获取数据渠道单一、操作复杂、调研成本高昂等缺陷。这类技术的使用是否合法，是否侵犯网站所有者、个人信息提供者的权益，在不同国家仍旧存在争议。关于数据爬虫的合法性，中美两国存在不同解释。HIQ与LinkedIn诉讼案中，美国法院认为爬取公开数据无须获得额外授权即可进行。而根据中国互联网数据抓取的相关案例，企业即使是爬取公开的原始数据也需要获得"三重授权"，即"用户授权"+"平台授权"+"用户授权"原则。面对纷繁复杂的法律环境，企业在利用爬虫技术获取数据前，应结合具体的数据获取场景、使用目的以及适用的法域等因素进行综合评估，以避免暴露在数据获取相关的法律风险之下。

3.对弱势群体利益侵犯

对于普通消费者而言，罗维邓白氏非法获取公民个人信息行为会导致商铺推销、理财投资等骚扰电话和垃圾短信。但是对于弱势群体而言，由于非法信息买卖行为产生的后果可能更加严重。

在网络营销调研中，儿童和老年群体在内的特殊群体普遍缺乏个人数据保护的能力。从儿童方面获取信息是一个敏感话题。儿童与网络的接触日益频繁且呈现低龄化趋势，企业从儿童用户方面收集数据、展开营销活动的商业行为时是否尊重被调查对象的隐私权、知情权和自决权，在技术和程序上往往依赖企业的道德自觉。

老年群体方面的信息安全和隐私信任问题同样严峻。学者彼得·米尔沃德（Peter Millward）将老年群体的数字化使用障碍称为"银发数字鸿沟"，弗朗西斯卡·科莫内洛（Francesca Comunello）在此基础上提出"移动银发鸿沟"。老年人因为年龄歧视问题以及数字鸿沟问题而面临被双重边缘化的风险。2021年，"3·15"晚会曝光的老年智能机背后的骗局涉及受害者（购买此类智能机的老年人群）、加害者（贩卖此类手机的无良商家）和制造者（制造此类手机的人）3类人群。其中，加害者和制造者在利益至上观念的驱使以及市场巨大利益的诱惑下破坏市场规则，泄露老年群体信息，对老年人进行诈骗，做出违背法律的犯罪行为，心中更是没有道德伦理规范和底线，即没有所谓的“良心”。同时，作为受害者的老年群体，其信息安全和隐私信任问题在大数据时代下也由此变得更加严峻，没有得到较好的保障。据 2018 年人民网发布的《中老年人上网风险网络调查报告》显示，中老年网民群体最易遭受的 4 类风险，包括网络谣言、虚假广告、网络诈骗与低俗色情。部分企业利用老年人对互联网新技术的认知不足、网络风险防范能力普遍薄弱的特征展开市场调研和推广，针对中老年人的网络诈骗事件频频发生。虽然互联网和智能技术的迅速普及对青年和老年用户都有多种好处，但针对这两个群体的网络危机都出现了惊人的增长。

当企业在技术应用和市场调研时缺少基本的道德观念，对技术应用的后果缺乏充分的道德判断时，滥用技术和信息的情况会削弱社会福祉。

第七节　雅芳行贿门事件及其反思

一、雅芳行贿门事件

雅芳公司的前身是 1886 年由 David McConnell 创立的加州香水公司。1939 年，加州香水公司更名为雅芳公司（Avon）。雅芳公司是全美 500 强企业之一，是世界领先的美容化妆品及相关产品直销公司，也是第一家正式进入中国大陆市场的跨国直销公司。

雅芳公司创立之初，通过鼓励居家女性成为香水推销员，以“门对门、面对面”推销的方式打响名气。之后又凭借直销业低成本的领先优势，在美国市场迅速崛起。1990 年，进入中国大陆市场后，雅芳沿用其在全球的分销方式——招聘并培训女性直销人员推销产品。直销员被称作“雅芳小姐”，她们凭借自己的人际关系为这个外资品牌在中国建立了良好的口碑。1997 年，雅芳招聘的直销人员多达 35 万，雅芳中国的营业收入超过了 10 亿元。

2005 年 12 月 1 日，中国正式开放直销市场。2006 年 2 月，雅芳成为首家获得直销牌照的在华跨国企业。1990—1997 年，雅芳走的是全直销模式。1998 年，一纸传销禁令，让雅芳转型为以专卖店、专柜为主要零售通路的模式。2006 年，雅芳获得直销牌照后，又开始了传统零售渠道加直销渠道“两条腿走路”的独特模式。

《中国经营报》指出，几乎雅芳的每一次转型，都是以公司业绩为导向，以牺牲经销商的利益为代价的。1998 年，中国颁布传销禁令后，雅芳一度抛弃了众多的雅芳小姐，迅速推出以店铺为主的销售模式。2006 年，雅芳拿到直销牌照，计划重启人员销售模式，这一决定引发 60 多家专卖店店主齐聚雅芳广州总部表达抗议。

雅芳的“行贿门”事件曝光于 2008 年 6 月，雅芳全球CEO钟彬娴接到一名雇员的举报信，举报公司在中国有“不正当的用于中国官员差旅的开支”。随后，雅芳公司在纽约证券交易所发表公告表示，正针对中国地区的运营展开内部调查，原因是其涉嫌贿赂。雅芳在公告中披露，此次调查的重点是检视其中国有限公司是否违反了美国的《海外反腐败法》（FCPA）。按照美国《海外反腐败法》，禁止公司为获得业务，向外国官员给红包或送礼。

2011 年 5 月，华尔街日报以“雅芳‘贿赂门’：问题不止在中国”为题撰文披露，2010 年，雅芳辞退了全球内审和安全部门前主管伊恩·罗塞特，以及中国区总裁高寿康（S.K.Kao），首席财务长Jimmy Beh、中国区公司事务负责人孙长青（C.Q.Sun）。辞退原因涉及在中国市场所发生的贿赂问题，其中包括向中国官员支付不当的差旅和娱乐费用。由上述事件引爆的雅芳内部调查发现，除了原先的调查重点——中国，雅芳员工还向巴西、墨西哥、阿根廷、印度和日本的官员支付了数百万美元的问题款项。雅芳全球副董事长因此遭解雇，董事长钟彬娴也被迫离职。

2014 年 12 月，长达 6 年的雅芳涉嫌“贿赂门”事件终于画上句号。虽然雅芳坚称并未被指控“行贿”，但美国证券交易委员会（SEC）发出公告，雅芳将支付超过 1.3 亿美元了结案件。SEC在其官网发布的公告中指控称，雅芳公司违反《海外反腐败法》，即没有采取管控措施来监测、阻止子公司的员工和顾问支付礼物给中国政府官员。对此，雅芳同意支付 1.35 亿美元来解决美国证交会的指控和刑事罚款，和解款项有一半是刑事罚款，另一半是为就SEC提出的民事指控达成和解。雅芳中国公司则称：“和解协议中所指的是在 2008 年 9 月前后的不当行为。在美国的陈述声明中涉及的所有前雅芳中国管理人员都已不再在雅芳任职。”

在旷日持久的“贿赂门”事件影响下，雅芳的业绩也遭创。作为率先拿到中国直销牌照的直销巨头，雅芳在中国早已不复往日风光。2009 年，雅芳中国直销业绩只有 25 亿元人民币，跌出中国直销行业的前三名。2010 年，雅芳在中国市场亏损累计高达 1080 万美元。2014 年 11 月 3 日，国际信用评级机构标准普尔将雅芳评级从

“BBB-”下调至“BB+”，降至垃圾级别。

当其他直销企业业绩高歌猛进之时，雅芳中国的业务却开始出现亏损。表面原因是雅芳启动的内部反贿赂调查分散了公司的精力，或者是模式不对路，但归根结底还是人心思变。在直销这个行业，相比于丢失销售额，丢失商誉的后果显然会更为严重。

（资料来源：澎湃新闻，雅芳承认在华行贿9600笔：送官员奢侈品，5年花了逾千万https://www.thepaper.cn/newsDetail_forward_1286897;新京报，雅芳承认“在华行贿”，http://epaper.bjnews.com.cn/html/2014-12/19/content_552753.htm宋文明.雅芳中国“人事地震”渠道回归“全直销”[N].中国经营报,2011-05-16（C02）.）

二、雅芳行贿门事件的反思

1.直销与传销

直销又被称作“直接商业模式”（direct business model），实质上是通过简化渠道降低产品的流通成本，制造商直接与目标客户沟通的营销活动。直销员类似于独立销售商，具有进入成本低、方式灵活和累积效应等特点。直销包括单层次直销和多层次直销。多层次直销（multi-level marketing）是直销市场的主流，指通过发展两个层次以上的直销员并由直销员将本企业的产品直接销售给消费者的一种经营方式，世界上绝大多数直销企业采用的都是多层次直销模式。

随着雅芳公司的成功，安利和玫琳凯先后进入中国大陆市场。与雅芳“单层次直销”不同的是，安利和玫琳凯采用的是“多层次直销”。在多层次直销模式下，直销员不仅销售产品，还通过推荐销售员扩大销售队伍，因此其市场扩张和渗透能力更强。

雅芳等直销企业进入中国市场，与传统销售企业最重要的区别是无店铺销售、直销队伍以及直销员计酬制度。首先，传统企业的店铺模式是开门迎客，无店铺模式则是上门销售和服务。第二，直销企业招募、培训的直销队伍通过直接与顾客接触进行产品销售和售后服务。第三，直销员计酬制度是整个分销渠道运行的核心动力。单层次直销员计酬来自销售业绩的提成，多卖多得；多层直销模式下，直销员计酬通常由两部分构成，一是来自销售业绩的提成，二是来自团队业绩。直销员可以从自己招募的团队成员销售额中获得报酬，处于上级的直销员往往能够获得更高的报酬。

20世纪90年代，中国大陆市场沿用台湾地区的说法，将直销称为传销。1997年，国家工商行政管理总局颁布的《传销管理办法》第2条规定，传销是生产企业不通过店铺销售，而由传销员将本企业产品直接销售给消费者的经营方式，它包括多层次传销和单层次传销。“团队计酬”作为正当的营销模式为当时的法规允许。从法规定义上可以看出，当时所指的传销即直销，传销员即直销员。

多层次直销与后期备受争议的传销有着相同的特征：无店铺、金字塔结构的直销队伍以及团队计酬方式。在当时市场监管和法规尚不健全的情况下，部分企业以拉下线、提取佣金为目的，发展成为只传不销的骗局，不仅对社会造成巨大危害，也损害正规直销的声誉。还有一些企业打着“直销”的旗号，利用民众渴望快速致富的心理，以高额回报为诱饵，用欺骗和暴力手段对受骗人员进行强制“洗脑”。这些传销活动逐渐演化为一种有组织、有纲领、有体系的非法活动，成为经济领域里的“邪教”组织。冯雷（2006）指出，传销活动与直销渠道在形式上有相似性。传销不是企业销售产品的渠道模式，而是一种欺诈手段。

1998 年，国务院颁布通知，全面禁止任何形式的传销经营活动，要求原有传销企业全部转型为传统批发、零售。2001 年，中国正式加入 WTO 并承诺解除“无固定地点的批发或零售服务”的市场准入限制，这使得规范直销再次成为市场焦点。

在禁止传销和规范直销的立法过程中，基础概念的混淆是硬伤。国际通行的立法与行业规范中，“直销和金字塔销售”是两个对立的基础立法概念。金字塔销售通过发展下线获取利润，其本质是一种诈骗行为，又被称为“老鼠会”。以安利公司为例，1975 年，该公司曾被美国联邦贸易委员会控告从事金字塔销售活动。4 年后，法院最终判定安利公司行为属于直销，而不是金字塔销售。

菲利普·科特勒在《营销管理》中，将上门推销、邮购、厂家直销等由生产者直接销售给最终顾客的形式称作零级渠道，又称作直复营销渠道（direct marketing channel）。单层次直销符合零级渠道的特征。多层次直销尽管采用了上门推销等方式，但销售人员可以“拉人头”“收取入门费”形成金字塔式销售网络，通过赚取新成员缴纳的费用谋取利益，这使其具有潜在的诈骗特性。即便如安利的团队计酬模式，由于交易隐蔽性和人员分散性，在实践中也很容易演变成“金字塔式销售”。因此，2005 年国务院颁布的《禁止传销条例》中将“团队计酬”“拉人头”“收取入门费”均列入传销类型予以禁止。同年颁布的《直销管理条例》将直销合法化，但是该条例依然要求直销拥有固定营业场所，把直销界定为“直销企业招募直销员，由直销员在固定营业场所之外直接向最终消费者推销产品的经销方式”。

根据《禁止传销条例》，直销和传销的区别主要体现在 3 个方面：①是否存在“拉人头”活动。若企业要求被发展人员继续发展下级销售人员，并根据“拉人头”

的数量给付报酬，则为非法传销。②是否存在收取入门费现象。《直销管理条例》规定直销企业在招募直销人员时不得收取任何培训费用。若存在收取入门费或者是要求被发展人员购买产品才能加入的行为，则为非法传销。③是否存在“团队计酬”行为。直销员直接对直销企业负责，由直销企业根据个人销售业绩直接发放工资报酬。而在非法传销中，销售团队上下级组织关系严密，上级领导下级构成一个团队，上级销售人员可对下级的收入进行提成。传销与直销的区别，如表 10-4 所示。

文献研究显示，由于存在社会危害性，世界上多数国家和地区明确禁止“拉人头”“收取入门费”式传销。对于多层次直销中的“团队计酬”，如果是以销售商品为目的、以销售业绩为计酬依据，则应该列入合法经营的范围；如果是打着“团队计酬”的名义，实质上“以发展人员的数量作为计酬或者返利依据”，则依旧是属于非法经营的范畴。

表 10-4 传销与直销的区别

	传销	直销
法律属性	非法	合法
定义	根据国务院令第 444 号《禁止传销条例》，传销指组织者或者经营者发展人员，通过对被发展人员以其直接或间接发展的人员数量或者销售业绩为依据计算和给付报酬，或者要求被发展人员以交纳一定费用为条件取得加入资格等方式牟取非法利益，扰乱经济秩序，影响社会稳定的行为	中华人民共和国国务院令第 443 号《直销管理条例》，直销指直销企业招募直销员，由直销员在固定营业场所之外直接向最终消费者（以下简称消费者）推销产品的经销方式
计酬方式	1. 以下线的销售业绩为依据计算和给付上线报酬 2. 被发展人员交纳费用或者以认购商品等方式变相交纳费用 3. 对发展的人员以其直接或者间接滚动发展的人员数量为依据计算和给付报酬	按照直销员本人直接向消费者产品销售额计算
产品流通	存在虚拟产品	售卖企业产品
退换货制度	不允许退换货或者无货可退	消费者在规定时间内可以按照约定条件提出退换货
销售承诺	通过加入组织获得高额回报	直销员合法合规销售产品才能成功

2. 直销中的道德反思

最初进入中国市场的一些跨国直销企业自身带着营销的道德光环，这些企业的直销文化历经实践检验、广受赞誉。

雅芳公司在100多年的历史中不仅创造了化妆品行业的传奇神话，还形成了非常鲜明的女性文化。以“一切为了女性”（The company for women）为企业宗旨的雅芳，其直销体系的设计提供了大量的女性非正规就业机会，对于缓解就业压力、促进性别平等发挥了重要作用。雅芳公司致力于“成为全球美容业的领导者、成为女性的首选产品、成为最具影响力的直销公司、成为最理想的工作场所、成为最大的女性基金会、成为最受推崇的公司”，非常注重培养和造就女性领导、为女性提供晋升机会、关爱女性健康、履行社会责任。雅芳建立了一套以“诚实、信任、尊重、谦逊和信念”为核心价值观念和道德标准的运营指南，包括对员工、顾客和社会3个层次的责任感。在这种思想和价值观的指导下，雅芳内部制定了自己的一套指导原则：①为个人提供发展和盈利的机会，给他们富裕和快乐。②凭产品质量保证，向全球的家庭提供高品质产品。③以高度的热忱和诚意为每一位营业代表和顾客服务。④充分尊重为雅芳发展而奉献的职员和营业代表。⑤与人们一道，分享公司的发展和成功。⑥充分履行社会义务，为繁荣社会做出应有的贡献。⑦保持和发扬雅芳的友好精神。

安利公司向来以财务健全和经营稳健著称。企业创立之初便定下两项永不放弃的使命：“为消费者提供高品质的产品”“为社会大众提供一个创业机会”。安利奉行的价值观主要包括“伙伴关系”“诚信”“个人价值”“成就”“个人责任”。在安利的经营实践中，企业要求直销员必须首先是产品的使用者，亲戚朋友最好也是产品使用者，这样在进行推销时才更有可信度和说服力。20世纪70年代，安利曾经因为多层次直销体系受到美国联邦贸易委员会的调查，最终被认定“安利是销售产品，并非销售直销权，不是金字塔销售”。此外，安利公司大力投身慈善公益事业，在全球范围内展开与“儿童、环保、健康”3大主题相关的公益活动。

玫琳凯的黄金法则“你要别人怎样对待你，你也要怎样对待别人”被成功应用到企业管理和销售人员培训中。企业提出的“乐施”精神倡导员工理解顾客、团队，挖掘出了人性当中至善的一面。

随着直销企业进入东道国市场，他们将面临与母国市场截然不同的政治、法律和社会文化环境。企业经营决策时不仅要遵循企业自有的价值观念及道德标准，还必须考虑东道国市场的价值观念及道德标准。一般而言，直销面临的道德风险主要来自企业自身和营销人员。

直销渠道管理与传统渠道管理大相径庭。中国传统渠道管理在法律法规方面相对健全，而直销渠道模式自20世纪90年代才正式进入中国大陆市场，先后经历了自由发展、限制发展、全面禁止和规范发展的阶段。直销企业早期在营销人员招募和管理中呈现出诸多乱象，为后续的销售埋下隐患。

企业为了更多招募直销员，过分夸大直销成功机会。直销员激励制度是多层次直销企业的核心制度之一。团队计酬模式为直销员提供了一个快速致富的机会，直销人员只要积极地发展下线就有可能获得百万年薪甚至千万年薪。无法抗拒的利益诱惑使从业人员意识中弥漫着各种浮躁的投机思想、从业人员职业操守模糊，导致行业中不时出现损害消费者权益、损害社会公众利益、损害社会经济秩序的事件。盲目进入直销行业的从业者不断增多，有些人甚至沦为“直销难民”。

企业文化建设缺失，对直销队伍监管不力。直销本身是透过人员接触进行销售的方式，企业文化和直销队伍的素质至关重要。部分跨国直销企业在长期发展中形成了自己的直销文化，但多数企业缺乏企业文化培育过程，价值观和行为准则缺失。直销队伍的素质、直销队伍是否诚信经营关系到整个直销企业的形象。由于企业招募直销员采用无底薪契约合作制，早期的直销员就业上岗时没有门槛约束，企业与直销员之间关系松散，对直销员的引导和监管力度不足。前安利职业经理人陈湛（2007年）认为，直销业很多职业经理人上欺老板、下骗经销商，一切以自己效益最大化为目的。比如通过短期提高公司业绩作为跳槽资本，不顾及后期市场状况，没有职业道德；为了业绩夸大产品功效、虚假宣传来糊弄消费者；经销商恶性竞争。即便拥有积极企业文化的雅芳，其中国公司在2008年被曝出“贿赂门”，巴西、墨西哥、阿根廷、印度和日本等地也相继出现贿赂问题，无不折射出企业道德自律在商业活动中的局限性。由于东道国法律和市场监督缺位，跨国企业的市场不轨行为得不到有效制约，导致雅芳企业在中国国内未能因行贿而承担相应的法律责任。

第八节　爱马仕搭售案例及其反思

一、爱马仕搭售案例

爱马仕（Hermès）是法国奢侈品品牌，由Thierry Hermès于1837年在法国巴黎创立。爱马仕拥有皮具和马具、女士丝制品、男士丝制品、女士成衣、男士成衣、鞋履、腰带、帽子、手套、珠宝、钟表、香水、美妆、家具和生活艺术、餐瓷、petith等16大工艺部门。自1837年创立以来，爱马仕始终秉承着品牌的手工艺模式及人文价值观。创作的自由、对精美材质的追寻、精湛工艺的传承，造就实用、优雅、经得起考验的物件，也造就爱马仕的品牌特质。

爱马仕至今在中国市场已经开设34家门店。由于包袋类经典产品紧俏，爱马仕部分产品在市场上一直供不应求。

2024年1月12日，据中央广播电视总台经济之声《环球新财讯》报道，消费者为了购买一款爱马仕包袋，按照店员提出的要求先购买了140多万元的该品牌商品，但仍然没有买到自己想要的包袋。虽然爱马仕官方曾公开表示没有“配货”的说法，但据记者调查，这种销售行为一直存在。

浙江宁波的消费者杜女士向媒体反映，她本想在当地爱马仕门店购买一款包袋，但店员表示，想要买包，就得先“配货”。所谓“配货”就是爱马仕没有公开的一个“潜规则”，顾客想买一款经典包，必须先购买一定金额的其他商品。半年时间，杜女士在宁波阪急百货的爱马仕门店，消费了140多万元，甚至花17800元买一个狗窝，就为了方便买到心仪的包包。杜女士说：“‘配货’包括衣服、珠宝、鞋子之类的东西。配完货以后，店经理却说，我就不给你包，你能拿我怎么样？”

爱马仕官方客服中心：我们爱马仕是没有“配货”这个说法的。

记者：那如果店员有这个行为呢？

爱马仕官方客服中心：我们只能跟你说，爱马仕是没有官方“配货”这个说法的，也请您这边知晓一下。

记者：这包都可以买吗？

爱马仕宁波阪急百货专卖店销售人员：这边暂时都没现货的，要等的，您要的话可以帮您登记一下。

记者：要等多久啊？

爱马仕宁波阪急百货专卖店销售人员：这没具体时间的，颜色、款式来的都是随机的。

记者：展柜上都不能卖的啊？

爱马仕宁波阪急百货专卖店销售人员：对的，展示的。

记者：展柜里的包都是不卖的？

杜女士：对，都是不卖的。就像他跟我说，他说我们店里没有任何配货之说。只要你想买的东西，你都能买走。我就问他，我说你门口放的仅供观赏的包怎么说？他说那我们这些包不卖也没有办法。其实它那些包就是卖的，只要你满足了它的配货累积制度。

记者：他说没有现货？

杜女士：有现货，他们仓库里都是现货。

记者：为什么一定要去买这个包呢？

杜女士：女孩子嘛，总喜欢买点包咯，就是想拿自己喜欢的包。很简单的一个道理，心情不好想买个包。

记者：之前的这些消费，对于你来说是自愿的吗？

杜女士：不是，如果说我自愿，你没有跟我说任何这些话，我哐哐哐砸进去一百多万，你说我从来都没有允诺过你，那是我的问题。问题是你允诺过我，包括聊天记录都给你看了，你把你账面弄好看一点，后面好给你申请包，我是因为听了你的这句话。

杜女士：我其实有想过，这件事情播出之后，其一，我可能会被拉入黑名单，不会给我包，我无所谓。主要就是我要把这件事说出来。其二，作为这么大品牌，它们不应该这样子。

（资料来源：1818 黄金眼视频，https：//weibo.com/tv/show/1034：4988951203872806?from=old_pc_videoshow）

"配货 140 多万没买到心仪爱马仕包"被媒体报道后，话题快速冲上热搜第一。社交媒体平台上很多帖子都和爱马仕"配货"有关，诸如爱马仕"配货"攻略、"配货"红黑榜、"配货"开箱等。一位消费者还写道："不配是不可能的，碰得上一个好店员已经很幸运了。"

爱马仕中国方面曾表示，公司没有这样的规定，也没有“配货”的说法，包款只要有库存、没被预定、不是陈列品，就会卖给顾客。记者以消费者身份致电爱马仕客户服务中心，工作人员均声称没有“配货”的说法。客服表示，“我们门店所有的商品，都是没有您提及的‘配货’的说法的，只要在门店有可售库存，您都是可以直接购买的。”

记者调查购买过爱马仕包袋的消费者时，他们均表示，想要在爱马仕专柜购买热门款式，都需要购买一定数额的其他商品。比如，爱马仕铂金包售价9万多元，买10万元其他商品相当于1∶1“配货”，而对于一些热门商品，“配货”的比例则会达到1∶1.5。消费者张女士告诉记者：“根据包的款式和颜色，有不同比例的‘配货’，一般最少是1∶1.5，有的包款比较难买到，要么成为VIP，要么配更多的货。”消费者杨女士表示，有的爱马仕店员做法比较隐晦，不会亲口说出“配货”两个字，但会暗示消费者多买其他商品。看起来完全不强制，但如果没有买够一定额度的商品，对方都会以无货为由拒绝消费者购买心仪的包袋。

同时，爱马仕的老客户陈先生向记者坦言，一些店员在交流中并不忌讳“配货”二字，还会为他做一些“配货”安排。而要求购买的这些“配货”商品，通常都不是热销款，而是一些冷门商品或者“边角料”，比如皮带、鞋子、发卡，甚至鸡毛掸子、扑克牌、狗窝等。

二、爱马仕搭售案例的反思

在爱马仕搭售案例中，爱马仕门店违反了《中华人民共和国消费者权益保护法》第九条和第十条规定。

《中华人民共和国消费者权益保护法》（2013年）第九条规定：“消费者享有自主选择商品或者服务的权利。消费者有权自主选择提供商品或者服务的经营者，自主选择商品品种或者服务方式，自主决定购买或者不购买任何一种商品、接受或者不接受任何一项服务。消费者在自主选择商品或者服务时，有权进行比较、鉴别和挑选。”第十条规定：“消费者享有公平交易的权利。消费者在购买商品或者接受服务时，有权获得质量保障、价格合理、计量正确等公平交易条件，有权拒绝经营者的强制交易行为。”

事实上，无论是奢侈品还是普通商品，“搭售”“配货”等都违背了消费者自由选择的权利和公平交易的权利。

刘思强（2016年）认为，企业制定公平公正的价格显然是市场经济条件下商业道德的要求。价格公平公正是交易公平的具体形式，包括交易过程中双方的付出和收益之间的对等程度。根据相关研究，利用垄断势力和市场支配地位实施的捆绑销售显失公平，不符合商业道德规范。

奢侈品市场属于典型的卖方市场。尤其是爱马仕这类顶奢消费品，往往通过精准识别、锚定高净值群体以保持品牌价值，并达到盈利目的。在爱马仕搭售案例中，“配货”的本质却接近捆绑销售或者搭售，买卖双方处于严重不对等的地位。杜女士希望购买的产品由爱马仕独家供应，企业利用产品供不应求的机会和自身的市场支配地位要求消费者在购买足够金额的其他产品后才有资格购买理想的产品，消费者被迫购买与理想产品无关的产品。对于企业而言，“配货规则”可以达到筛选高净值顾客的目的，通过“配货”能够实现成交量和成交金额，并且降低不同品类产品的库存压力和销售风险。

“配货”案例的不道德性体现在消费者的被迫性和企业的强制性。据虎嗅报道，2022年8月，收购加拿大高端户外装备品牌始祖鸟的安踏集团一位高管曾公开表示，“未来始祖鸟在经营策略上会全面对标爱马仕，买经典款需要配货。”安踏为始祖鸟制定了更高的商业目标，同样瞄准高净值市场，并将始祖鸟定位于“运奢”品牌。尽管后续安踏表示并无“配货”计划，但是关于“配货”的言论还是激起了消费者市场的反感情绪。当企业借助市场优势地位进行“配货”、推销滞销产品时，有购买需求的消费者只能任由其宰割。

由于《中华人民共和国反不正当竞争法》（2017年修订）删除了《中华人民共和国反不正当竞争法》（1993年）第十二条规定“经营者销售商品，不得违背购买者的意愿搭售商品或者附加其他不合理的条件”的内容。依据法无禁止即自由原则，虽然爱马仕采取搭售或者捆绑销售行为并不违反《中华人民共和国反不正当竞争法》（2019年修正），但是顾客用140万元购买一些不必要的产品仅仅是为了达到购买理想产品的标准，就显得非常荒诞。

利·考德威尔在其《价格游戏》一书中，提到了关于定价道德的观点：“每个人在道德问题上都有自己的立场。顾客总是想要花最少的钱买最好的东西。你有责任不误导他们。”“爱马仕”包袋虽然有自己的公开定价，但是当消费者希望购买时，却不得不在销售人员的暗示下附加购买其他物品。显然，爱马仕搭售行为存在误导性。

参考文献

[1]Simon Blackburn.Oxford Dictionary of Philosophy[M]. Oxford: Oxford University Press, 2008.

[2]中国社会科学院语言研究所词典编辑室.现代汉语词典（第5版）[M].北京:商务印书馆,2005.

[3]茅于轼.中国人的道德前景（第三版）[M].广州:暨南大学出版社,2008.

[4]Charles Doyle.Oxford Dictionary of Marketing[M]. Oxford: Oxford University Press, 2016.

[5]高全喜.法律与道德不可偏废[N].人民日报,2016-4-18（7）.

[6]谢可训.人性视角下的法律与道德[N].人民法院报,2016-7-8（7）.

[7]迈克尔·R.所罗门,卢泰宏,杨晓燕.消费者行为学（第8版·中国版）[M].北京:中国人民大学出版社,2009: 13-15, 29.

[8]加里·阿姆斯特朗,菲利普·科特勒.市场营销学（原书第13版）[M].北京:机械工业出版社,2019: 427, 443.

[9]菲利普·科特勒,等.市场营销原理（亚洲版）[M].北京:机械工业出版社,2006: 419-420.

[10]菲利普·科特勒,凯文·莱恩·凯勒.营销管理（第15版）[M].上海:格致出版社,2016.

[11]Hunt, S.D.; Vitell, A.A.General theory of marketing ethics[J].Journal of Macromarketing.1986 , 6（1）:5-16.

[12]Hunt, S.D;Vitell, S.J.The General Theory of Marketing Ethics: A Revision and Three Questions[J].Journal of Macromarketing, 2006, 26（2）: 143-153.

[13]Edward J.O'Boyle; Lyndon E.Dawson Jr. The American Marketing Association Code of Ethics: Instructions for Marketers[J].Journal of Business Ethics, 1992, 11（12）: 930.

[14]韩洪灵,董恬媛,杨道广,等.资本市场吹哨行为正当性研究——德勤员工举

报事件引发的思考[J].财会月刊，2021 （7）：13-20.

[15] MSPA专业标准与道德行为通用守则[EB/OL].

http: //www.cmra.org.cn/timedit/attached/file/20181105/20181105071038_97984.pdf.

[16]卫海英.市场调研[M].北京：高等教育出版社，2016.

[17]毛郁欣，赵亮.大数据时代电商伦理前沿问题研究[M].沈阳：东北大学出版社，2016.

[18]菲利普·科特勒.市场营销原理（亚洲版·原书第4版）[M].北京：机械工业出版社，2021.

[19]郑丹，孙更杰. 市场调查实务[M].北京：中国对外经济贸易出版社，2002.

[20]张玉宏，秦志光，肖乐.大数据算法的歧视本质[J].自然辩证法研究，2017（5）.

[21]王霄，王小宁，苏磊，等.在线问卷调查的质量控制方法研究[J].统计理论与实践，2023 （4）：60-65.

[22]樊茗玥.网络调查数据质量控制研究[D].镇江：江苏大学，2012.

[23]邱仁宗，黄雯，翟晓梅.大数据技术的伦理问题[J].科学与社会，2014，4 （1）：36-48.

[24]菲利普·科特勒，凯文·莱恩·凯勒，亚历山大·切尔内夫.营销管理（16版）[M].北京：中信出版集团，2022：375.

[25]张勇.个人生物信息安全的法律保护——以人脸识别为例[J].江西社会科学，2021，41 （5）：157-168.

[26] Aridor G , Che Y K , Salz T .The Economic Consequences of Data Privacy Regulation: Empirical Evidence from GDPR[J].NBER Working Papers, 2020.

[27]瑞幸咖啡官网 https: //lkcoffee.com/about.

[28]许礼清，李向磊.瑞幸咖啡 “自爆”22亿造假 商业模式再遭质疑[EB/OL].中国经营报，2020-4-3. http: //www.cb.com.cn/index/show/zj/cv/cv13482471267.

[29]开发商抓拍客户人脸信息用来 “判客”[EB/OL].人民法院报，2022-11-2.http: //rmfyb.chinacourt.org/paper/html/2022-11/02/content_222211.htm.

[30]刘笑岑.爬虫无罪？—— “HiQ诉LinkedIn案裁决” [EB/OL].https: //mp.weixin.qq.com/s?__biz=MzU1NDY3NDgwMQ==&mid=2247485730&idx=1&sn=eceda2f0e88c93eed3a1c91934496024&chksm=fbdeb63ccca93f2a39d1649871fe011fd2dbf02f084047

9f4684008657857d44418b5ebae810&scene=27.

[31]张开平.HiQ诉LinkedIn案对我国互联网平台反垄断的启示[EB/OL].https: //baijiahao.baidu.com/s?id=1727609403229334943&wfr=spider&for=pc.

[32]京东集团官网 https: //about.jd.com/company.

[33]阿里巴巴集团官网 https: //www.alibabagroup.com/about-alibaba；

https: //www.alibabagroup.com/about-alibaba-businesses-1492004895883001856；

https: //www.alibabagroup.com/about-alibaba-businesses-1489015051867127808.

[34]京东举报天猫胁迫商家双 11 "二选一"，阿里：让消费者选择[EB/OL].

https: //www.thepaper.cn/newsDetail_forward_1392441.

[35]判了！京东向天猫索赔 10 亿+200 万律师费的"管辖大战"，最高法这样判！[EB/OL].https: //www.sohu.com/a/351107453_464165.

[36]京东诉天猫索赔 10 亿，"二选一"之争将走向何方[EB/OL].

https: //www.thepaper.cn/newsDetail_forward_4814259.

[37]市场监管总局依法对阿里巴巴集团控股有限公司在中国境内网络零售平台服务市场实施"二选一"垄断行为作出行政处罚[EB/OL].

https: //www.cnca.gov.cn/xwjj/scjgyw/art/2021/art_c951e8754f274d8a97596dd43ebff1ee.html.

[38]阿里被罚 182 亿 互联网平台反垄断破局[EB/OL].

https: //www.spp.gov.cn/zdgz/202104/t20210419_516009.shtml.

[39]美团公司官网 https: //www.meituan.com/.

[40]美团外卖官网 https: //waimai.meituan.com/.

[41]市场监管总局依法对美团在中国境内网络餐饮外卖平台服务市场实施"二选一"垄断行为作出行政处罚[EB/OL].

https: //www.samr.gov.cn/xw/zj/art/2023/art_31910760066b4f69aa119a20dee250ad.html.

[42]美团被罚 34.42 亿元 中纪委网站：反垄断监管规则更加清晰.

https: //www.chinanews.com.cn/cj/2021/10-09/9582084.shtml.

[43]监管再发力，美团被罚超 34 亿！经济日报独家解读："二选一"违法性一目了然[EB/OL].

https: //www.samr.gov.cn/zt/qhfldzf/art/2021/art_0ea4b661830a4428bc9c59d92b2b2191.html.

[44]王先林.持续强化反垄断执法 以公平竞争促进高质量发展[EB/OL].

http: //www.ce.cn/xwzx/gnsz/gdxw/202110/08/t20211008_36974556.shtml.

[45]贵州茅台酒股份有限公司官网

https: //www.moutaichina.com/maotaigf/qygk32/gsjj/index.html.

[46]五粮液集团公司官网

https: //www.wuliangye.com.cn/zh/main/main.html#/g=BRAND&id=12.

[47]茅台和五粮液公司被处以我国反垄断史上最大罚单[EB/OL].

https: //www.gov.cn/govweb/jrzg/2013-02/22/content_2338339.htm.

[48] 茅台五粮液被罚"纵向价格垄断协议"判断规则明晰[EB/OL].

https: //www.chinanews.com/cj/2013/02-22/4589085.shtml.

[49]贵州物价局公布罚单 茅台价格垄断被罚 2.47 亿[EB/OL].

https: //www.chinanews.com.cn/cj/2013/02-22/4588648.shtml.

[50]四川发改委公布罚单 五粮液价格垄断受罚 2.02 亿[EB/OL].

https: //www.chinanews.com.cn/cj/2013/02-22/4588651.shtml.

[51]中国知网官网

https: //www.cnki.net/.

[52] 市场监管总局发布知网滥用市场支配地位案行政处罚决定书[EB/OL].

https: //www.samr.gov.cn/fldys/tzgg/xzcf/art/2023/art_573401760f0e4ec98700f28a0c6d6ca5.html.

[53]知网实施垄断行为被罚 警醒企业建立体系化竞争合规机制[EB/OL].

https: //www.chinanews.com.cn/cj/2022/12-30/9924169.shtml.

[54]有力查办知网垄断案 促进行业规范健康发展[EB/OL].

https: //www.samr.gov.cn/xw/mtjj/art/2023/art_f1f87f3fd5c84ff6a216383688ddb924.html.

[55]海霸王食品网

http: //www.hpw.com.cn/about.aspx.

[56]市市场监管局公布一批反不正当竞争 “守护”专项执法行动典型案例[EB/OL].

https: //scjgj.sh.gov.cn/1073/20240109/2c984a728cd3f55d018cebea9be362ed.html.

[57] “猪肉水饺”馅料主成分竟是鸡肉和鸭皮，海霸王又因虚假宣传收罚单，此前已卖出 140 余万包[EB/OL].

https: //baijiahao.baidu.com/s?id=1787781914691486073&wfr=spider&for=pc.

[58] “猪肉水饺”里鸡鸭比猪肉还多，罚！这牌子，很多人买过……[EB/OL].

https: //www.thepaper.cn/newsDetail_forward_25963761.

[59]人民法院重点打击六类养老诈骗犯罪典型案例[EB/OL].

https: //www.court.gov.cn/zixun-xiangqing-369771.html.

[60]中华人民共和国2023年国民经济和社会发展统计公报[EB/OL].

https: //www.stats.gov.cn/sj/zxfb/202402/t20240228_1947915.html.

[61]人口老龄化及其衡量标准是什么[EB/OL].

https: //www.stats.gov.cn/zs/tjws/tjbz/202301/t20230101_1903949.html.

[62] “爱晚系”非法集资案二审宣判：曹某铭被判处无期徒刑[EB/OL].

http: //js.people.cn/n2/2020/0613/c360303-34084818.html.

[63]检察机关打击整治养老诈骗犯罪典型案例[EB/OL].

https: //www.spp.gov.cn/xwfbh/wsfbt/202206/t20220617_560010.shtml#1.

[64]湖南 “护苗”行动破获一起特大制售非法有害少儿出版物案 涉案码洋3.5亿元[EB/OL].https: //www.gov.cn/xinwen/2018-10/22/content_5333486.htm.

[65]湖南破获特大制售非法有害少儿出版物案 涉案码洋超3.5亿[EB/OL].

https: //www.chinanews.com/sh/2018/10-22/8656786.shtml.

[66]线上线下相结合 以案施训出实效——湖南益阳加快提升文化执法人员办案水平[EB/OL].https: //www.sohu.com/a/359566313_784905.

[67]湖南益阳成功破获 “3・12”特大制售非法有害少儿出版物案[EB/OL].

https: //baijiahao.baidu.com/s?id=1615168517316000037&wfr=spider&for=pc.

[68]湖南益阳侦破全国最大少儿非法出版物案：公鸡变五趾、唐诗被改名[EB/OL].https: //www.sohu.com/a/270566204_161795.

[69]抓了132人！公安机关破获一起特大海外医疗诈骗案[EB/OL].

https: //www.thecover.cn/news/RTrQh/kRuLk=.

[70] 2元的糖片卖39.8万元！这起涉案金额4.2亿元特大海外医疗诈骗案判了[EB/OL].https: //www.jiaxing.gov.cn/art/2020/12/30/art_1592154_59070441.html.

[71]公安部通报特大诈骗案！涉案金额近10亿[EB/OL].

https: //www.thecover.cn/news/CQJ2LwSUTQI=.

[72]公安部侦破特大海外医疗诈骗案[EB/OL].

https: //baijiahao.baidu.com/s?id=1619088216226343261&wfr=spider&for=pc.

[73]10 亿诈骗案：神药成分为糖每粒成本 2 元每盒卖 40 万[EB/OL].

https: //baijiahao.baidu.com/s?id=1621506107848560021&wfr=spider&for=pc.

[74]郑渊洁的微博 https: //weibo.com/zhyj?zw=ent；

https: //weibo.com/ttarticle/p/show?id =2309404891937722204279.

[75]30 年打假！ “童话大王”的维权战争[EB/OL].

https: //www.spp.gov.cn/spp/zdgz/202011/t20201112_484614.shtml.

[76]郑渊洁.童话都不敢这么写：郑渊洁演讲集[M].北京：知识产权出版社，2018: 42–57, 178–187.

[77]淮安中院公开宣判淮安 “2.22” 特大侵犯著作权案——2 被告单位 10 名被告人共判罚金 729 万元 10 人……[EB/OL].

https: //m.thepaper.cn/baijiahao_10177183.

[78]江苏省 2020 年网络市场十大典型案例[EB/OL].

https: //www.cqn.com.cn/ms/content/2021–02/25/content_8668725.htm.

[79]宁德煌.商德——中国古代商业文化瑰宝[M].昆明：云南科技出版社，2023: 56, 101, 123–125.

[80]国务院关于进一步加强食品安全工作的决定[EB/OL].

https: //www.gov.cn/zhengce/content/2008–03/28/content_4523.htm.

[81]国务院办公厅关于严厉打击食品非法添加行为切实加强食品添加剂监管的通知[EB/OL].https: //www.gov.cn/zwgk/2011–04/21/content_1849726.htm.

[82]中华人民共和国食品安全法[EB/OL].

http: //www.npc.gov.cn/zgrdw/npc/xinwen/2019–01/07/content_2070256.htm.

[83]李静.我国食品安全监管的制度困境——以三鹿奶粉事件为例[J].中国行政管理，2009 （10）

[84]国家市场监督管理总局职责[EB/OL].

https: //www.samr.gov.cn/jg/#zjzz.

[85]食品安全国家标准 食品中蛋白质的测定 （GB5009.5—2016）[EB/OL].

https: //www.anan.gov.cn/anan/cpbz/201801/279810e67f234308a64b5cb35ccada29/files/f64451a87e5145b28eb87de8922a0dc5.pdf.

[86]中共中央 国务院关于深化改革加强食品安全工作的意见[EB/OL].

https: //www.gov.cn/zhengce/2019-05/20/content_5393212.htm.

[87]北京同仁堂股份有限公司关于子公司北京同仁堂蜂业有限公司受到行政处罚的公告[EB/OL].

https: //www.tongrentang.com/file/upload/pdf/636855089747343 7503.pdf.

[88]郭婧.药品超高定价行为的反垄断规制研究[D].兰州：兰州财经大学，2022.

[89]林添松.我国药品流通业模式创新与价格监管改革研究[D].天津：南开大学，2015.

[90]陈学宇.药品超高定价的反垄断规制研究[D].厦门：厦门大学，2023.

[91]毛鑫.民航旅客苦“高额退票费”久矣[EB/OL].新华每日电讯.

http: //www.gd.xinhuanet.com/20240206/bbf5f5ed4dc64198ae5849a6fa2dd08f/c.html.

[92]张鹏飞.改签费离谱谁之过[N].北京日报，2018-5-9（18）.

[93]高泰帜，孙旭.机票退改签收费问题再探讨[J].民航管理，2020（5）：27-30.

[94]王艾冰.原料药垄断罚12亿元，相关药品降幅近90%[EB/OL].

https: //m.baidu.com/bh/m/detail/ar_10144195617610616867.

[95]王先林.4家药企被罚没逾12亿，专家：推动涉案药品从两千多元降至270元[EB/OL]. https: //m.thepaper.cn/baijiahao_25753531.

[96]张永斌.“两票制”对公立医院药品采购价格的政策效应分析[D].上海：上海财经大学，2022.

[97]中国民用航空旅客、行李国内运输规则[EB/OL].中国民用航空局，2015-11-2. http: //www.caac.gov.cn/XXGK/XXGK/MHGZ/201511/t20151102_8567.html.

[98]王振雅，邱越，陈琳辉等.广州白云山旗下企业的违规之道[N].健康时报，2022-8-12（3）.

[99]毛鑫“机票1800元，退票费1500元”！南航机票免费退改为何这么难？[EB/OL].新华网，2024-2-5. http: //gd.news.cn/20240205/7ed672a869ce4c0ebf816a4c80b8a4b3/c.html.

[100]徐澜波.因重大误解而撤销或变更合同的法律问题——由旅客错误购买特价航空机票不能“签转退”引发的思考[J].法学，2009（4）：122-131.

[101]郑金娥.退比买贵!机票“退改签”为何乱如麻？[EB/OL].央广网，2018-5-10. https: //finance.cnr.cn/gundong/20180510/t20180510_524228705.shtml.

[102]洪明.分销渠道中窜货行为及其治理策略研究[M].上海：上海财经大学出版社，2012.

[103]冯雷.直销与传销辨析：渠道创新与认知回归[J].中国工商管理研究，2006（5）：11-13.

[104] 张旭.车主成功提车并上险，拼多多与特斯拉 “大战”落幕？ [EB/OL]. https: //www.chinanews.com.cn/cj/2020/08-19/9268475.shtml.

[105]疫苗质量安全是不可触碰的 “红线” [EB/OL].

https: //www.gov.cn/xinwen/2016-04/13/content_5063824.htm.

[106]山东秦池酒业有限公司官网 http: //www.qinchi.com.cn/.

[107]吴晓波.大败局 1 （纪念版）[M].杭州：浙江大学出版社，2019: 1, 15, 28.

[108]泸州老窖官网 https: //www.lzlj.com/about/index.html.

[109]汾酒集团官网 https: //www.fenjiu.com.cn/intro/index.html.

[110]雷格・W.马歇尔，马克・W.约翰斯.营销管理 （第 2 版）[M].北京：机械工业出版社，2017: 3.

[111]三株集团官网 http: //sanzhu.cn/about.php?cid=14.

[112] Mark A.Dr.Brudnak.The Probiotic Solution: Nature's Best-Kept Secret for Radiant Health[M].U.S.: Dragon Door Publications, 1988.

[113]马克・A.布鲁奈克.益生菌是最好的药[M].长春：吉林文史出版社，2008.

[114]李佳蔚.吴炳新：重温三株旧梦.中国周刊，2009 （9）[EB/OL].

https: //style.sina.com.cn/news/2009-12-15/095852943_4.shtml.

[115]福建杨振华 851 生物科技股份有限公司官网 http: //www.851.com.cn/.

[116]上海交大昂立股份有限公司官网 http: //www.onlly.com.cn/.

[117]中华人民共和国国家标准《保健（功能）食品通用标准》 （GB16740—1997）[EB/OL].

http: //mpa.gd.gov.cn/attachements/2019/01/09/09945e43fee985a1f6ad34294b5e4d56.pdf.

[118]湖南高院终审判定三株胜诉[EB/OL].

https: //www.gmw.cn/01gmrb/1999-04/05/GB/18017%5EGM3-0504.htm.

[119]史玉柱、优米网.史玉柱自述：我的营销心得[M].上海：文汇出版社，2017.

[120]瓜子二手车官网 https: //www.guazi.com/aboutus?pageId=0.

[121] “销量遥遥领先”？ 瓜子二手车因广告不符事实被罚 1250 万[EB/OL].

https: //www.thepaper.cn/newsDetail_forward_2692561.

[122]瓜子二手车 “遥遥领先”宣传语失实，被罚 1250 万！ [EB/OL].

https: //www.sohu.com/a/279240483_100132756.

[123]浙江省杭州市税务部门依法对黄薇偷逃税案件进行处理[EB/OL].

https: //zhejiang.chinatax.gov.cn/art/2021/12/20/art_17746_529546.html.

[124]网络直播营销管理办法 （试行）[EB/OL].

https: //www.gov.cn/zhengce/zhengceku/2021-04/23/content_5601682.htm.

[125]网络主播行为规范[EB/OL].http: //www.nrta.gov.cn/art/2022/6/22/art_113_60757.html.

[126]人民网：带货达人别变 “逃税典型” 这些税法底线触碰不得[EB/OL].

https: //www.chinatax.gov.cn/chinatax/n810219/c102025/c5176971/content.html?eqid=8cdd6e13000467d00000000564270535%EF%BC%89.

[127] 新华社：查处黄薇偷逃税案件再次敲响警钟 直播行业规范发展仍需多部门协同发力[EB/OL].

https: //zhejiang.chinatax.gov.cn/art/2021/12/20/art_13226_529607.html.

[128]中华人民共和国个人所得税法[EB/OL].

https: //www.gov.cn/xinwen/2018-09/01/content_5318233.htm.

[129]中华人民共和国税收征收管理法[EB/OL].

https: //www.chinatax.gov.cn/chinatax/n810341/n810825/c101434/c12223115/content.html.

[130]周茂君等. 数字营销伦理与法规[M]. 北京：科学出版社，2023: 40-42.

[131]辛选官网 https: //www.xinxuan.net/.

[132]网红 “辛巴”带货燕窝被打假：首位质疑者称遭网暴 一个月不敢出门[EB/OL].https: //www.thecover.cn/news/VuIV3c3WdIk=.

[133] 辛巴拿出近 6200 万元退赔 “野蛮生长”的直播带货路在何方？ [EB/OL].

https: //www.thecover.cn/news/9GNQYKEOjSM=.

[134]辛巴带货燕窝案处罚通报直播公司被罚 90 万元[EB/OL].

https: //www.thecover.cn/news/A0Oh4yihmTA=.

[135]要求退赔消费者近 8000 万！ “辛巴假燕窝事件”后续来了[EB/OL].

https: //m.thepaper.cn/baijiahao_16293122.

[136]河南消协起诉辛巴案开庭，快手天猫也在被告之列，各方愿接受调解[EB/OL].

https: //m.thepaper.cn/baijiahao_18005541.

[137]河南省郑州市中级人民法院公告[EB/OL].

https: //zzfy.hncourt.gov.cn/public/detail.php?id=27720.

[138]网络直播销售侵害消费者权益主要表现形式及案例分析[EB/OL].

https: //www.cca.org.cn/zxsd/detail/29840.html.

[139]中华人民共和国广告法[EB/OL].

http: //www.npc.gov.cn/zgrdw/npc/xinwen/2018-11/05/content_2065663.htm.

[140]回应 “燕窝变糖水” 事件，中消协专家教你做精明消费者[EB/OL].

https: //www.thecover.cn/news/WjxyINOXk6s=.

[141]互联网广告管理办法[EB/OL].

https: //www.gov.cn/gongbao/2023/issue_10506/202306/content_6885261.html.

[142]辛巴售假燕窝公司注销，注册资本 500 万，曾因卖假燕窝被罚 90 万[EB/OL].https: //aiqicha.baidu.com/yuqing?yuqingId=028befe756f4a12b9a4669112aa67bfa&type=report.

[143] “燕窝事件” 终裁辛巴胜诉，涉案品牌方公司已吊销[EB/OL].

https: //www.bjnews.com.cn/detail/162675881014857.html.

[144]人民时评：直播带货，规范方能长远[EB/OL].

https: //www.thecover.cn/news/iWdzF1ukIbyH90qSdq8Jkw==.

[145]道恩・E・霍尔姆斯.大数据[M].南京：译林出版社，2020: 5, 15-19.

[146]解读《平台反垄断指南》：“大数据杀熟” 如何认定[EB/OL].

https: //www.thepaper.cn/newsDetail_forward_11293541.

[147]余建华，徐少华.浙江一女子以携程采集非必要信息 “杀熟” 诉请退一赔三获支持[N].人民法院报，2021-7-13 （3）.

[148]通力律师成功代理 “大数据杀熟第一案” 再审[EB/OL].

https: //www.llinkslaw.com/index.php?a=show&catid=12&id=3216.

[149]朱昌俊.大数据杀熟：无关技术 关乎伦理[N].光明日报，2018-3-28 （10）.

https: //news.gmw.cn/2018-03/28/content_28129727.htm.

[150] 3 个账号买同一航班相差 900 多？媒体：规范权力才能消除大数据杀熟[EB/OL].https: //www.thepaper.cn/newsDetail_forward_26140560.

[151]上网享便利 消费防算计[EB/OL].

https: //baijiahao.baidu.com/s?id=1598573372381484211&wfr=spider&for=pc.

[152]沃尔玛公司官网 https: //www.walmart.cn/aboutus-1/.

[153]Bradford C.Johnson.Retail: The Wal-Mart Effect[R].McKinsey Quarterly, 2002,（2）.

[154]Qingyi Huang, Vincent R.Nijs, Karsten Hansen, Eric T.Anderson.Wal-Mart's impact on supplier profits[J].Journal of Marketing Research, 2012, 49 （2）.

[155]魏才.沃尔玛在华十年困局[J].理财杂志，2006,（2）.

[156]王毓敏.沃尔玛文化困局[J].特区经济，2010,（10）.

[157]王丽.跨国零售企业本土化的利弊分析[J].现代商业，2008,（17）.

[158]吕皓.查处重庆沃尔玛店假冒 “绿色猪肉” 的几点做法[J].工商行政管理，2011,（24）.

[159]王光丽.跨国品牌缘何频频失信中国消费者[J].对外经济实务，2012,（2）.

[160]段梅红. “洋巨头” 集体遭遇危机[J].中国消费者，2012,（4）.

[161]杜舟.寻找中国企业的商业诚信[J].IT时代周刊，2011,（9）.

[162]Po Keung Ip.The Challenge of Developing a Business Ethics in China[J].Journal of Business Ethics, 2009, 88: 211-224.

[163]刘玉芽.跨国零售企业本土化实证研究[J].商业时代，2010,（4）.

[164]宁德煌，唐波.沃尔玛中国市场商业诚信危机现象反思[J].学术探索，2013,（6）.

[165]梅赛德斯-奔驰集团股份公司官网[EB/OL].
https: //group.mercedes-benz.com/en/.

[166]北京奔驰汽车有限公司官网[EB/OL].
https: //www.bbac.com.cn/CN/2/21/default.html.

[167]中华人民共和国反垄断法[EB/OL].
https: //www.gov.cn/flfg/2007-08/30/content_732591.htm.

[168]反垄断 “最大罚单” 背后的新动向[EB/OL].
https: //www.gov.cn/xinwen/2015-04/23/content_2852220.htm.

[169] 奔驰被罚 3.5 亿，反垄断步入常态化[EB/OL].
https: //www.sohu.com/a/13974939_114882.

[170]家乐福集团公司官网 https: //www.carrefour.com/en/group/history.

[171]家乐福的黑道式生存[EB/OL].

https: //finance.sina.com.cn/leadership/mglqz/20060316/16562423696.shtml.

[172]李飞，王高等.中国零售业发展历程（1981—2005）[M].北京：社会科学文献出版社，2006: 347-373.

[173]家乐福中国正式进入苏宁时代、好邻居便利店放开加盟[EB/OL].

http: //www.ccfa.org.cn/portal/cn/xiangxi.jsp?id=440350&ks=%E5%AE%B6%E4%B9%90%E7%A6%8F&type=2.

[174] “零售之王”的衰败，正是时代前进的缩影[EB/OL].

https: //baijiahao.baidu.com/s?id=1761610979756989480&wfr=spider&for=pc.

[175]家乐福也“入乡随俗”？[EB/OL].

https: //zqb.cyol.com/content/2003-09/29/content_742085.htm.

[176]高通公司官网

https: //www.qualcomm.com/company#about;

https: //stage.qualcomm.cn/company#about.

[177]国家发展改革委对高通公司垄断行为 责令整改并罚款60亿元[EB/OL].

https: //www.ndrc.gov.cn/xwdt/xwfb/201502/t20150210_955999.html.

[178]发改委公布高通案处罚决定书 披露高通垄断证据[EB/OL].

http: //econ.taiwan.cn/ec_dalu/201503/t20150303_9155216.htm.

[179]发展改革委对高通公司垄断行为责令整改并罚款60亿多元[EB/OL].

https: //www.gov.cn/xinwen/2015-02/10/content_2817230.htm.

[180]是什么让高通“认罚”60亿元——揭秘中国史上最大金额反垄断罚单[EB/OL].

https: //www.gov.cn/xinwen/2015-02/10/content_2817573.htm.

[181]范思博.高通的全球反垄断调查与标准必要专利研究[J].情报杂志，2021, 40（4）: 92-100.

[182]葛兰素史克官网https: //www.gsk.com/en-gb/；https: //www.gsk-china.com/.

[183]葛兰素史克（中国）投资有限公司涉嫌商业贿赂案侦查终结[EB/OL].

https: //www.gov.cn/xinwen/2014-05/14/content_2679308.htm.

[184]葛兰素史克中国公司被罚人民币30亿元 多名高管获刑[EB/OL].

https: //www.chinanews.com/fz/2014/09-19/6611409.shtml.

[185]葛兰素史克中国公司行贿事件：中国不是法外之地[EB/OL].

https: //www.chinanews.com/fz/2014/09-19/6611489.shtml[EB/OL].

[186] 短评：葛兰素史克案释放两大信号值得关注[EB/OL].

https: //www.gov.cn/xinwen/2014-05/14/content_2679497.htm.

[187]葛兰素史克总公司向中国人民的致歉声明[EB/OL].

https: //news.china.com/news100/11038989/20140919/18802053.html.

[188] 英国《2010 年反贿赂法》内容和特点[EB/OL].

https: //baijiahao.baidu.com/s?id=1682867657534614195&wfr=spider&for=pc.

[189]洋企业屡蒙羞走下神坛 中国消费者频遭 "区别对待"[EB/OL].

https: //www.chinanews.com.cn/gn/2013/08-19/5176633.shtml.

[190]邓白氏公司官网

https: //www.dnbchina.com/about-us/company/history.html?page_id=137&ctype=1.

[191]雅芳公司官网 https: //www.avonworldwide.com/about-us/our-story#1880.

[192]朱甫.安利与雅芳：全球两大直销巨头的直销模式与中国攻略[M].北京：中国物资出版社，2007: 184.

[193]刘胜.安利VS雅芳：对峙中国直销变异[J].商界：中国商业评论，2006 （2）：104-111.

[194]胡远江，王义.2009—2010 中国直销行业理论与商业案例剖析[M].北京：海洋出版社，2010: 10.

[195]爱马仕官网

https: //www.hermes.cn/cn/zh/content/272462-contemporary-artisans-since-1837/;

https: //www.hermes.cn/cn/zh/content/272445-creative-freedom/.

[196]消费者购买爱马仕包被捆绑销售 140 万 顶级奢侈品 "配货潜规则" 几时休[EB/OL]. 央广网.https: //weibo.com/ttarticle/p/show?id=2309404989447614627954.

[197]利·考德威尔.价格游戏[M].杭州：浙江大学出版社，2017.

[198]刘思强.垄断企业营销道德：测评及影响[M].北京：经济管理出版社，2016.

附录：我国市场营销相关法律、法规和管理办法名录（21 部）

1. 中华人民共和国消费者权益保护法

1993 年 10 月 31 日第八届全国人民代表大会常务委员会第四次会议通过。根据 2009 年 8 月 27 日第十一届全国人民代表大会常务委员会第十次会议《关于修改部分法律的决定》第一次修正。根据 2013 年 10 月 25 日第十二届全国人民代表大会常务委员会第五次会议《关于修改〈中华人民共和国消费者权益保护法〉的决定》第二次修正。

2. 中华人民共和国个人信息保护法

2021 年 8 月 20 日第十三届全国人民代表大会常务委员会第三十次会议通过。

3. 中华人民共和国反不正当竞争法

1993 年 9 月 2 日第八届全国人民代表大会常务委员会第三次会议通过。2017 年 11 月 4 日第十二届全国人民代表大会常务委员会第三十次会议修订。根据 2019 年 4 月 23 日第十三届全国人民代表大会常务委员会第十次会议《关于修改〈中华人民共和国建筑法〉等八部法律的决定》修正。

4. 中华人民共和国反垄断法

2007 年 8 月 30 日第十届全国人民代表大会常务委员会第二十九次会议通过。根据 2022 年 6 月 24 日第十三届全国人民代表大会常务委员会第三十五次会议《关于修改〈中华人民共和国反垄断法〉的决定》修正。

5. 中华人民共和国商标法

1982 年 8 月 23 日第五届全国人民代表大会常务委员会第二十四次会议通过。根据 1993 年 2 月 22 日第七届全国人民代表大会常务委员会第三十次会议《关于修改〈中华人民共和国商标法〉的决定》第一次修正。根据 2001 年 10 月 27 日第九届全国人民代表大会常务委员会第二十四次会议《关于修改〈中华人民共和国商标法〉的决定》第二次修正。根据 2013 年 8 月 30 日第十二届全国人民代表大会常务委员会第四次会议《关于修改〈中华人民共和国商标法〉的决定》第三次修正。根据 2019 年 4 月 23 日第十三届全国人民代表大会常务委员会第十次会议《关于修改〈中华人民共和国建筑法〉等八部法律的决定》第四次修正。

6. 中华人民共和国产品质量法

1993 年 2 月 22 日第七届全国人民代表大会常务委员会第三十次会议通过。根据 2000 年 7 月 8 日第九届全国人民代表大会常务委员会第十六次会议《关于修改〈中华人民共和国产品质量法〉的决定》第一次修正。根据 2009 年 8 月 27 日第十一届全国人民代表大会常务委员会第十次会议《关于修改部分法律的决定》第二次修正。根据 2018 年 12 月 29 日第十三届全国人民代表大会常务委员会第七次会议《关于修改〈中华人民共和国产品质量法〉等五部法律的决定》第三次修正。

7. 中华人民共和国食品安全法

2009 年 2 月 28 日第十一届全国人民代表大会常务委员会第七次会议通过。2015 年月 24 日第十二届全国人民代表大会常务委员会第十四次会议修订。根据 2018 年 12 月 29 日第十三届全国人民代表大会常务委员会第七次会议《关于修改〈中华人民共和国产品质量法〉等五部法律的决定》第一次修正。根据 2021 年 4 月 29 日第十三届全国人民代表大会常务委员会第二十八次会议《关于修改〈中华人民共和国道路交通安全法〉等八部法律的决定》第二次修正。

8. 中华人民共和国价格法

1997 年 12 月 29 日第八届全国人民代表大会常务委员会第二十九次会议通过。

9. 中华人民共和国电子商务法

2018 年 8 月 31 日第十三届全国人民代表大会常务委员会第五次会议通过。

10. 中华人民共和国广告法

1994 年 10 月 27 日第八届全国人民代表大会常务委员会第十次会议通过。2015 年 4 月 24 日第十二届全国人民代表大会常务委员会第十四次会议修订；2018 年 10 月 26 日第十三届全国人民代表大会常务委员会第六次会议《全国人民代表大会常务委员会关于修改〈中华人民共和国野生动物保护法〉等十五部法律的决定》修正；根据 2021 年 4 月 29 日第十三届全国人民代表大会常务委员会第二十八次会议通过的《全国人民代表大会常务委员会关于修改〈中华人民共和国道路交通安全法〉等 8 部法律的决定》修正。

11. 中华人民共和国刑法

1979 年 7 月 1 日第五届全国人民代表大会第二次会议通过，1997 年 3 月 14 日第八届全国人民代表大会第五次会议修订。后经十二次修正，最近一次修正为《中华人民共和国刑法修正案（十二）》，2023年12月29日，中华人民共和国第十四届全国人民代表大会常务委员会第七次会议通过，自2024年3月1日起施行。

12. 中华人民共和国民法典

2020年5月28日第十三届全国人民代表大会第三次会议通过。本法自2021年1月1日起施行。

13. 中华人民共和国著作权法

1990年9月7日第七届全国人民代表大会常务委员会第十五次会议通过。根据2001年10月27日第九届全国人民代表大会常务委员会第二十四次会议《关于修改〈中华人民共和国著作权法〉的决定》第一次修正。根据2010年2月26日第十一届全国人民代表大会常务委员会第十三次会议《关于修改〈中华人民共和国著作权法〉的决定》第二次修正。根据2020年11月11日第十三届全国人民代表大会常务委员会第二十三次会议《关于修改〈中华人民共和国著作权法〉的决定》第三次修正。

14. 中华人民共和国个人所得税法

1980年9月10日第五届全国人民代表大会第三次会议通过。根据1993年10月31日第八届全国人民代表大会常务委员会第四次会议《关于修改〈中华人民共和国个人所得税法〉的决定》第一次修正。根据1999年8月30日第九届全国人民代表大会常务委员会第十一次会议《关于修改〈中华人民共和国个人所得税法〉的决定》第二次修正。根据2005年10月27日第十届全国人民代表大会常务委员会第十八次会议《关于修改〈中华人民共和国个人所得税法〉的决定》第三次修正。根据2007年6月29日第十届全国人民代表大会常务委员会第二十八次会议《关于修改〈中华人民共和国个人所得税法〉的决定》第四次修正。根据2007年12月29日第十届全国人民代表大会常务委员会第三十一次会议《关于修改〈中华人民共和国个人所得税法〉的决定》第五次修正。根据2011年6月30日第十一届全国人民代表大会常务委员会第二十一次会议《关于修改〈中华人民共和国个人所得税法〉的决定》第六次修正。根据2018年8月31日第十三届全国人民代表大会常务委员会第五次会议《关于修改〈中华人民共和国个人所得税法〉的决定》第七次修正。

15. 中华人民共和国税收征收管理法

1992年9月4日第七届全国人民代表大会常务委员会第二十七次会议通过。根据1995年2月28日第八届全国人民代表大会常务委员会第十二次会议《全国人民代表大会常务委员会关于修改〈中华人民共和国税收征收管理法〉的决定》第一次修正。根据2001年4月28日第九届全国人民代表大会常务委员会第二十一次会议修订根据2013年6月29日第十二届全国人民代表大会常务委员会第三次会议《全国人民代表大会常务委员会关于修改〈中华人民共和国文物保护法〉等十二部法律的决定》第二次修正。根据2015年4月24日第十二届全国人民代表大会常务委员会第十四次会议《全国人民代表大会常务委员会关于修改〈中华人民共和国港口法〉等七部法律的决定》第三次修正。

16.直销管理条例

2005年8月23日中华人民共和国国务院令第443号公布。根据2017年3月1日《国务院关于修改和废止部分行政法规的决定》修订。

17.禁止传销条例

2005年8月23日中华人民共和国国务院令第444号公布。

18.网络直播营销管理办法（试行）

发文机关：国家互联网信息办公室、公安部、商务部、文化和旅游部、国家税务总局、国家市场监督管理总局、国家广播电视总局。发文时间：2021年4月23日。本办法自2021年5月25日起施行。

19.互联网广告管理办法

国家市场监督管理总局令第72号。2023年2月25日公布。本办法自2023年5月1日起施行。

20.互联网信息服务算法推荐管理规定

国家互联网信息办公室、工业和信息化部、公安部、国家市场监督管理总局令2022年第9号。2021年12月31日公布。本规定自2022年3月1日起施行。

21.国务院反垄断委员会关于平台经济领域的反垄断指南

国反垄发〔2021〕1号，2021年2月7日国务院反垄断委员会印发，本指南自发布之日起实施。

后　记

美国著名市场营销学家菲利普·科特勒教授认为："一些商业行为是明显不道德或不合法的。这些行为包括贿赂、窃取商业秘密、虚假欺骗广告、排他性销售、捆绑协议、质量或安全问题、虚假质保、错误标签、价格操纵或者非法歧视、进入壁垒和掠夺性竞争。" "良好的营销道德规范是可持续营销的基础。从长远来看，不道德的市场营销行为会伤害顾客和整个社会的利益。而且，最终它会毁掉企业的声誉和效率，进而危及企业的生存。因此，只有实施符合道德规范的市场营销行为才能实现可持续营销，达到维护长期顾客关系和企业利益的目的。"

在国际国内形势深刻变化、我国经济社会深刻变革的大背景下，由于市场经济规则、政策法规、社会治理还不够健全，受不良思想文化侵蚀和网络有害信息影响，道德领域依然存在不少问题。中国改革开放以来，实施着从计划经济到社会主义市场经济、从封闭市场走向开放市场的转变。中国企业营销道德问题在转型的中国市场十分严峻，例如：滥用市场支配地位、不正当竞争、假冒伪劣产品、知识产权领域盗版、价格欺诈、虚假广告及欺骗、信誉缺失等。营销道德是企业进行营销活动要遵循的准则和规范。企业营销道德失范，不仅严重侵害了我国消费者的权益，而且也会严重损害企业自身的信誉。信誉是企业的生命，重视信誉就是重视企业生命！

2001年12月11日，中国正式加入了世界贸易组织（WTO），中国对全球开放市场，外国跨国公司纷纷抢滩中国市场。外国跨国公司在其本土市场或成熟市场的运作相对规范，能够遵守法律和营销道德规范，而它在中国市场则搞"双重标准"，存在不少营销道德问题。外国跨国公司双重标准之所以发生，与中国市场相关法律法规不够完善和监管不够严格有关。在国外成熟的市场环境中，外国跨国公司的违法成本很高，一旦被监管部门发现，将面临巨额的处罚，甚至把公司罚得破产倒闭。在中国执法不够严、公司违法成本过低，导致一些外国跨国公司在中国市场屡次违法违规，虽然受到一定处罚，但是依旧我行我素，这说明中国处罚力度对这些公司来说无足轻重，其违法违规所得远远高于罚款支出。

本书在内容的编排上，按照营销道德及其准则、市场营销调研、市场营销竞争战略、目标市场营销战略、产品策略、定价策略、分销策略、促销策略、营销新领域和新发展这样一个体系来编写，尊重了市场营销学学科体系的完整性和系统性。为了更加全面反映中国市场营销道德问题，本书还增加了第十章，即外国跨国公司在华营销道德问题与反思。

本书共计收录了32个中国市场企业营销道德问题真实典型案例或事件。第一，对每个企业营销道德问题案例或事件进行深入分析与总结。第二，揭示企业营销道德失范的深层次原因。第三，进行企业营销道德问题的反思。第四，针对存在的企业营销道德问题，给企业提出具体改善对策与建议。

本书由昆明理工大学管理与经济学院宁德煌教授和昆明理工大学学报马琳博士合作完成。宁德煌教授负责撰写了第一章、第三章、第四章、第五章、第八章、第九章和第十章。马琳博士负责撰写了第一章第五节，第二章，第六章，第七章，第十章第六节、第七节、第八节，并参与撰写了第一章第四节。

在撰写本书的过程中，我们参考了大量的国内外书籍、期刊、报纸和电子文献，以及我国各级人民法院、人民检察院、公安机关、发展和改革委员会、市场监督和管理局、物价局等部门正式公布的市场营销违法犯罪典型案例，并且援引了一些观点，在此特向国内外有关作者表示我们最诚挚的谢意。

在本书附录中，我们列出了21部我国市场营销相关法律、法规和管理办法名录，方便本书读者查阅和学习。

本书由2021年度昆明理工大学研究生课程思政示范课建设项目《营销管理》（MBA）（A-1级示范课程）、2022年度昆明理工大学校级思政示范课程《生活中的市场营销学》经费资助出版，特此致谢。

宁德煌

2024年3月18日于昆明理工大学莲华苑